ESSAI BIBLIOGRAPHIQUE

SUR LES

OEUVRES

D'ALAIN-RENÉ LESAGE

PAR

HENRI CORDIER

MEMBRE DE L'INSTITUT

PARIS

LIBRAIRIE HENRI LECLERC

219, RUE SAINT-HONORÉ, 219

et 16, rue d'Alger.

1910

ESSAI BIBLIOGRAPHIQUE

SUR LES

OEUVRES

D'ALAIN-RENÉ LESAGE

PAR

HENRI CORDIER

MEMBRE DE L'INSTITUT

PARIS

LIBRAIRIE HENRI LECLERC

219, RUE SAINT-HONORÉ, 219

et 16, rue d'Alger.

—

1910

ESSAI BIBLIOGRAPHIQUE

SUR LES

ŒUVRES

D'ALAIN-RENÉ LESAGE

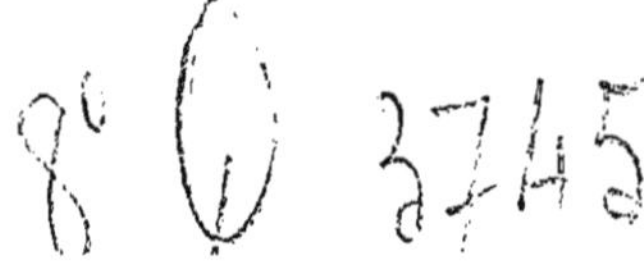

ALAIN-RENÉ LESAGE

1. — 1. — OEuvres choisies de Le Sage. Avec Figures. *A Amsterdam, & se trouve à Paris, rue et hotel
Serpente.* — M.DCC.LXXXIII, 15 vol. in-8.

[I] *Le Diable Boiteux,* augmenté d'une *Journée des
Parques* et des *Béquilles du Diable Boiteux.* Par Le Sage.
Avec Figures, pp. lxij-507.
Vie de Le Sage et Lettre du Comte de Tressan.
En tète, Portrait de Le Sage, par J. B. Guélard ; 4 fig.
de C.-P. Marillier, gravées par Vinc. Langlois, Patas, Le-
beau et Dambrun.

[II] *Histoire de Gil Blas de Santillane.* Par Le Sage.
Avec Figures. Tome premier, pp. xvi-624.
2 fig. de Marillier, gravées par De Longueil, Patas.

[III] — Tome second, pp. 638.
2 fig. de Marillier, gravées par R. de Launay.

[IV] *Les Aventures de M. Robert Chevalier, dit de Beauchêne, Capitaine de Flibustiers dans la Nouvelle-France.*
Rédigées par M. le Sage, pp. 476.
2 fig. de Marillier, gravées par Vinc. Langlois et De
Longueil.

[V] *Histoire de Guzman d'Alfarache*, Nouvellement traduite, & purgée des moralités superflues. Par Le Sage.
Avec Figures, pp. 444.
3 fig. de Marillier, gravées par de Launay et d'Elvaux.

[VI] — Tome second, pp. 424.
1 fig. de Marillier, gravée par J.-F. Borgnet.
A la fin du vol. les *Lettres Galantes d'Aristénète.*

[VII] *Le Bachelier de Salamanque,* ou les Memoires et
Aventures de Don Cherubin de la Ronda. Par Le Sage.
Avec Figures, pp. 554.
2 fig. de Marillier, gravées par Le Beau et Patas.

[VIII] Nouvelle Traduction de *Roland l'Amoureux,* de
Matheo Maria Boyardo, comte di Scandiano. Par Le
Sage. Avec Figures, pp. 430.
2 fig. de Marillier, gravées par Halbou et Patas.

[IX] — Tome second, pp. viii-397.
2 fig. de Marillier, grav. par Vin. Langlois et Mme
Ponce.

[X] *Histoire d'Estevanille Gonzalez,* surnommé le Garçon de Bonne humeur, Tirée de l'Espagnol. Par Le Sage.
Avec Figures, pp. 542.
2 fig. de Marillier, grav. par R. de Launay le Jeune et
J. L. de Lignon.

[XI] *Théatre français de Le Sage.* Contenant, *Crispin,*

rival de son maitre, Comédie. *Turcaret*, Comédie. *Critique
de la Comédie de Turcaret. La Tontine*, Comédie. *Le Point
d'honneur*, Comédie. Avec Figures, pp. 420.
2 fig. de Marillier, gravées par L. Pauquet et R. de
Launay le Jeune.

[XII] *Le Theatre de la Foire*, ou l'Opera Comique. Par
Le Sage. Avec Figures. Tome premier, pp. 526.
2 fig. de Marillier, gravées par Vinc. Langlois et Patas.

Contient : *Arlequin roi de Serendib. — La Foire de Guibray. — Arlequin Mahomet. — Le Tombeau de Nostrada-
mus. — La Ceinture de Venus. — Parodie de l'opera de
Telemaque. — Le Temple du Destin. — Les Eaux de Merlin. — Le Temple de l'Ennui. — Le Tableau du Mariage.
— L'Ecole des Amans. — Arlequin Hulla. — La Querelle
des Theatres. — La Princesse de Carizme.*

[XIII] — Tome second, pp. 582.
2 fig. de Marillier, gravées par Delignon et L. Halbou.

Contient : *Le Monde renversé. — Les Amours de Nan-
terre. — L'île des Amazones. — Les Funérailles de la
Foire. — Le Rappel de la Foire à la Vie. — Les trois
Commères*, avec leur Prologue. *— La Statue merveilleuse.
— La Forét de Dodóne. — La Fausse Foire*, Prologue.
— La Boite de Pandore. — La Téte noire.

[XIV] — Tome troisième, pp. 590.
2 fig. de Marillier gravées par J. L. De Lignon et De
Launay le Jeune.

Contient : *Le Régiment de la Calotte. — L'Ombre du
Cocher poete. — Le Rémouleur d'Amour. — Pierrot Romu-
lus. — Prologue. — La Force de l'Amour. — La Foire des
Fées. — Le Temple de Mémoire. — Les Comédiens Cor-
saires. — L'Obstacle favorable. — Les Amours déguisés.
— Achmet et Almanzine.*

[XV] — Tome quatrième, pp. 500.
2 fig. de Marillier, gravées par J. de Longueil et Borgnet.

Contient : *La Penelope moderne. — Les Spectacles malades. — Le Corsaire de Salé. — Les Couplets en procès. — La Reine du Barostan. — L'Industrie. — Zémine et Almanzor. — Les Routes du Monde. — L'Espérance. — Les Désespérés. — Sophie et Sigismond. — La première Représentation. — Les Mariages du Canada.*

Bib. nat., Inv. Y² 8083-8097, bel ex. en maroquin rouge plein, aux armes, malheureusement le vol. 7 manque. Un autre ex. Inv. 1838-1852 à la Réserve est complet, mais en veau.

Un portrait par Guélard et 32 fig. par Marillier, gravées par J. F. Borgnet, Dambrun, R. de Launay, J. L. de Lignon, d'Elvaux, Halbou, Vinc. Langlois, Lebeau, de Longueil, Patas, Pauquet, Mme Ponce.

« Les 32 dessins originaux à l'encre de Chine [par Pierre-Clément Marillier] en un vol. gr. in-8, mar. r. comp. t. d. — Vente Renouard (405 fr.). — Vente du Comte de la Bédoyère, 1863 (500 fr.). — Chez M. le Baron James de Rothschild. » (*Dessinateurs d'Illustrations au dix-huitième siècle* par le Baron Roger Portalis. — Paris, Morgand et Fatout, 1877, in-8, p. 377).

2. — 2. — OEUVRES CHOISIES DE LE SAGE. Avec Figures. — *Paris, de l'Imprimerie de Leblanc* — 1810, 16 vol. in-8.

I. pp. lii-479. — *Vie de Le Sage* et *Lettre du Comte de Tressan, a Paris, ce 20 janvier 1783. — Le Diable boiteux. — Les Béquilles du Diable boiteux. — Une Journée des Parques.*

II. pp. viii-622. — *Gil Blas.* — Livres I-VI.

III. pp. 631. — *Gil Blas.* — Livres VII-XII.

IV. pp. 452. — *Aventures du Chevalier de Beauchêne.*

V. pp. xii-420. — *Histoire de Guzman d'Alfarache.* I.

VI. pp. — 432. — *Histoire de Guzman d'Alfarache.* II. — *Lettres d'Aristénète.*

VII. pp. 544. — *Le Bachelier de Salamanque ou Mémoires et Aventures de Don Chérubin de la Ronda.*

VIII. pp. 406. — *Roland l'Amoureux.* I.

IX. pp. 400. — *Roland l'Amoureux.* II.

X. pp. 520. — *Histoire d'Estevanille Gonzalez,* surnommé le Garçon de bonne humeur.

XI. pp. 541. — *La Valise trouvée.* Première Partie, p. 1. — Seconde Partie. *Lettres d'Aristénète,* p. 107. — *Mélange amusant,* p. 195. — Œuvres dramatiques : *Le Traître puni,* p. 335 ; *Don Félix de Mendoce,* p. 445.

XII. pp. 453. — Théâtre françois : *Le Point d'honneur.* — *Don César Ursin.* — *Crispin rival de son Maître.* — *Turcaret.* — *Critique de Turcaret.* — *La Tontine.*

XIII. pp. xxx-440-69. — *Théâtre de la Foire.* I.

XIV. pp. 504-127. — *Théâtre de la Foire.* II.

XV. pp. 472-183. — *Théâtre de la Foire.* III.

XVI. pp. 448-249. — *Théâtre de la Foire.* IV.

Edité par C.-J, Mayer.

Bib. Nat., Salle publique, 8° Oo 2799-2814. — Brit. Mus., 98. c. 1-16.

3. — 3. — Œuvres choisies de Le Sage. *Paris, Didot,* 1813 (Voir Théâtre, *Recueil de Pièces*).

4. — 4. — ŒUVRES DE LE SAGE. *A Paris, chez An-toine Augustin Renouard.* MDCCCXXI, 12 vol. in-8.

De l'imprimerie de Rignoux.

[I] *Le Diable Boiteux,* pp. 128 — III — 335.
En tête : *Notice sur la vie et les ouvrages de Le Sage.*
Par P. H ᵗʰᵉ J. J.-B. Audiffret. *A Paris, chez Antoine-Augustin Renouard,* MDCCCXXI, pp. 128.
Les pages 111-128 renferment : Liste chronologique des pièces que Le Sage a composées seul ou en société avec d'autres auteurs, pour les théâtres de la Foire, depuis 1712 jusqu'en 1738.

[II] *Gil Blas.* — Tome premier, pp. 535.

[III] *Gil Blas.* — Tome second, pp. 560.

[IV] *Aventures du Chevalier de Beauchêne,* pp. 370.

[V] *Guzman d'Alfarache,* pp. 632.

[VI] *Le Bachelier de Salamanque,* pp. 436.

[VII] *Estevanille Gonzalez,* pp. 421.

[VIII] *Roland l'Amoureux.* Première Partie, pp. 465.

[IX] *Roland l'Amoureux.* Seconde Partie. — *Nouvelles Aventures de Don Quichotte.* Première Partie, pp. 354.

[X] *Nouvelles Aventures de Don Quichotte.* Seconde Partie, pp. 440.

[XI] *Théâtre,* pp. 511 [*Le Traître puni. — Don Félix de Mendoce. — Le Point d'Honneur. — Don César Ursin. — Crispin rival de son Maître. — Turcaret. — Critique de Turcaret.*]

[XII] *Théâtre, Mélanges,* pp. 484. [*La Tontine. — Les Amants jaloux. — Une Journée des Parques. — La Valise trouvée. — Mélange amusant*].

Bib. nat., Inv. Y² 48721-48732.

5. — 5. — ŒUVRES DE LE SAGE, précédées Des Éloges
de Le Sage qui ont partagé le Prix d'éloquence décerné par l'Académie française dans sa séance du 24
août 1822, par MM. Malitourne et Patin ; Et ornées
de Figures. Tome premier. *A Paris, chez Bouland-
Tardieu, Éditeur, rue du Batloir, n° 12, 1823, 32*
vol. in-8.

> Le premier vol. renferme le *Diable Boiteux*, les *Entre-
> tiens des Cheminées*, les *Béquilles du Diable Boiteux* et *Une
> Journée des Parques*.
>
> Imprimerie de Huzard-Courcier.
>
> Bib. nat., Inv. Y² 48733-64.

6. — 6. — ŒUVRES DE A. RENÉ LE SAGE, Ornées de
gravures. — *A Paris, chez Étienne Ledoux, libraire,
rue Guénégaud, n° 9, 1828, 12* vol. in-8.

> I. *Le Diable Boiteux*, pp. XLV-348, front. de Choquet,
> grav. par Pourvoyeur.
> Notice de Beuchot ; cette éd. reproduit celle de Re-
> nouard de 1821.
>
> II. *Gil Blas de Santillane*. Tome I, pp. 535, front. de
> Smirke, grav. par Pourvoyeur.
>
> III. *Gil Blas de Santillane*. Tome II, pp. 560, front. de
> Smirke, grav. par Pourvoyeur.
>
> IV. *Aventures du Chevalier de Beauchêne*, pp. II-370,
> front. de Devéria, grav. par Pourvoyeur.
>
> V. *Guzman d'Alfarache*, pp. 632, front. n. s.
>
> VI. *Le Bachelier de Salamanque*, pp. 436, front. n. s.
>
> VII. *Estevanille Gonzalez*, pp. 421, front. de Choquet,
> grav. par Pourvoyeur.

VIII. *Roland l'Amoureux.* Première Partie, pp. 465, front. de Deveria, grav. par Pourvoyeur.

IX. *Roland l'Amoureux.* Seconde Partie. — *Nouvelles Aventures de Don Quichotte.* Première Partie, pp. ii-402, front. de Deveria, grav. par Pourvoyeur.

X. *Nouvelles Aventures de Don Quichotte.* Seconde Partie, pp. 440, front. de Deveria, grav. par Pourvoyeur.

XI. *Théatre,* pp. 511, front. de Choquet, grav. par Pourvoyeur.

XII. *Théatre, Mélanges,* pp. 483, front. de Deveria, gravé par Pourvoyeur.

La Tontine. — *Les Amants jaloux.* — *Une Journée des Parques.* — *La Valise trouvée.* — *Mélange amusant.*

Imprimerie de Marchand du Breuil.

Bib. nat., Inv. Z. 53483 — 1/12.

7. — 7. — OEUVRE DE LESAGE. — *Le Diable Boiteux, Gil Blas, le Bachelier de Salamanque, Guzman d'Alfarache, Théâtre.* — Nouvelle Édition, ornée de 7 vignettes gravées par Ferdinand, d'après les dessins de Napoléon Thomas, précédée d'une notice biographique et littéraire par M. Prosper Poitevin. — *Paris, H. Delloye... [et] V. Lecou,* 1838, gr. in-8, pp. viii-796 à 2 col.

Le Théâtre renferme *Crispin* et *Turcaret.*

Bibl. nat., Inv. Z. 9332.

Collection du *Panthéon littéraire.*

8. — 8. — OEUVRES DE LESAGE. — *Le Diable boiteux, Gil Blas, Le Bachelier de Salamanque, Gusman d'Al-*

farache, Théâtre. — Nouvelle édition, ornée de 7 vignettes gravées par Ferdinand, d'après les dessins de Nap. Thomas. Précédée d'une notice biographique et littéraire par M. Prosper Poitevin. *Paris, chez Firmin Didot,* mdccclvii, gr. in-8, pp. viii-796 à 2 col.

Le Théâtre renferme *Crispin* et *Turcaret.*

Bib. nat., Inv. Z. 9333.

9. — 9. — Œuvres de Le Sage... Avec Notice et Notes par A. P. Malassis. *Paris,* 1877-1878, 4 vol. in-12.

Brit. Mus., 12239. aaa. 5.

Voir *Gil Blas.*

10. — 10. — Lectures littéraires. — Pages choisies des Grands Écrivains. — Lesage. — P. Morillot. — *Paris, Armand Colin,* 1896, in-18 jésus, pp. xv-343.

Coulommiers. — Imp. Paul Brodard.

Bib. nat., 8° Y² 49848.

Traductions.

11. — *Novels. [With a Memoir of the Author by Sir Walter Scott], in-8.

The Novelists' Library. Edited, with prefatory memoirs, by Sir Walter Scott. *London, J. Ballantyne,* 1821-4.
Brit. Museum, 12612. h.

12. — *WERKE. — Herausg. von Ernst Wallroth. Erste deutsche Gesammt-Ausgabe. 1r-5r Bd. *Gil Blas von Santillana.* Aus d. Franz. von Wallroth. *Stuttgart,* 1839, 5 vol. in-16. — 6r-10r Bd. *Der hinkende Teufel.* Aus d. Franz. von Fr. Seybold, 2 vol. — *Don Guzman von Alferache.* Aus d. Franz. v. Wlh. Hammer, 3 vol. *Ibid.,* 1840. — 11r u. 12r Bd. *Der Baccalaurus v. Salamanca,* übers. v. R. 2 vol. in-16. *Ibid.,* 1840.

Kayser.

13. — *LE SAGE's ŒUVRES CHOISIES. — Nach d. neuern Orthographie berichtigt u. mit e. vollständ. Verzeichnisse der Wörter u. Phrasen versehen von Christ. Ferd. Fliessbach. *Leipzig, Weidmann,* 1834, gr. in-12.

Kayser.

II. — LETTRES GALANTES D'ARISTENÈTE (1695).

14. — I. — LETTRES || GALANTES || d'ARISTENETE || Traduites du Grec. || Premiere Partie. || [fleuron] || A Rotterdam, || chez Daniel de Graffe, || Marchand Libraire. 1695. in-12, pp. 1/101.

Vingt-quatre lettres.

— Seconde partie. *Ibid.*, pp. 105/164.

Dix-sept lettres.

Bib. nat., Inv. Z. 13500.

Publié à Chartres (sous l'indication de Rotterdam) par les soins de Danchet, ami de Lesage. « Cette traduction paraphrasée d'Aristenète, faite, dit-on, d'après une version latine de Jacques Bongars, fut aussi froidement accueillie par les savants que par les gens du monde. Rien n'y laissoit entrevoir encore l'auteur de *Gil Blas*. Des quarante-deux lettres dont elle se compose, Le Sage en corrigea vingt-quatre, et les fit entrer dans la *Valise trouvée,* qu'il publia beaucoup plus tard ; mais quoique réimprimées en entier à Lille, et insérées dans *le Manuel des Boudoirs* en 1787, le nom seul du traducteur les a sauvées de l'oubli. » (Audiffret).

15. — 2. — Lettres || galantes || d'Aristenete, || traduites du grec, || par Alain-René Le Sage, || Nouvelle édition, || revue et corrigée. || — A Lille, || Chez C. F. J. Lehoucq, Libraire, rue || des Buisses, in-12, pp. 142.

Bib. nat., 8° Z 16194.

16. — 3. — Lettres || d'Aristenete || auxquelles || On a ajouté les Let- || tres choisies || d'Alciphron || Traduites du Grec. || A Londres || Aux dépens de la Compagnie || MDCCXXXIX, 3 ff. n. ch. p. la préf. + pp. 304.

Bib. nat., 8° Z 16194 et 8° Z 15138. — Relié avec l'éd. de Lille, s. d. Collection Ristelhueber No. 11863.

17. — 4. — OEuvres choisies de Le Sage. 1783 [Voir No. 1].

Les *Lettres d'Aristenète* sont imprimées à la fin du Vol. VI.

18. — 5. — OEuvres choisies de Le Sage. 1810 [Voir No. 2].

Les *Lettres d'Aristenèle* sont imprimées à la fin du Vol. VI.

*
* *

« Remarquerons-nous que nos deux confrères [Lesage et Danchet], même en mettant leur grec bout à bout, étaient incapables d'aller droit à l'original? Nous pourrions prouver qu'ils ne l'ont même pas regardé, en infligeant à notre auteur une collation avec la traduction latine de *Josias Mercerius* qui lui servit de modèle ; mais faisons-lui grâce et aussi au lecteur. » (Lintilhac, p. 25).

III. — Guzman d'Alfarache.

19. — 1. — Annexes à la *Bibliographie Le Sagienne* N° 1. — Les Traductions françaises du Guzman d'Alfarache — Étude littéraire et bibliographique

par Le Marquis de Granges de Surgères. *Paris, Léon Techener,* mdccclxxxvi, in-8, pp. 3o.

> Extrait du *Bulletin du Bibliophile.* — 25 ex. sur papier vélin vert (1 à 25) — 75 ex. sur papier vergé du xviiie siècle (26 à 100).

> Bib. Nat., 8° Q 1183.

> Le *Catalogue* à la fin de cet opuscule est divisé : Ier. — Traduction de Gabriel Chappuys. — II. — Traduction de Jean Chapelain. — III. — Traduction de Gabriel Brémond. — IV. — Traduction de Le Sage. — V. — Traduction de Le Sage abrégée par Alletz.

> L'auteur annonçait pour paraître prochainement dans la même série :

> II. — *Notice de l'édition originale des Lettres d'Aristénète.*

> III. *Les Comédies inédites du Théâtre de la Foire, etc.*

> Ces deux mémoires terminés avaient été lus par leur auteur à la Société des Bibliophiles Bretons ; la mort du Marquis de Granges de Surgères en a empêché l'impression.

20. — 2. — Histoire || de || Guzman || d'Alfarache, || Nouvellement traduite, || & purgée des moralitez superfluës. || Par Monsieur Le Sage. || [fleuron] || *A Paris,* || *chez Elienne Ganeau, ruë S. Jacques, près* || *la ruë du Plâtre, aux Armes de Dombes.* || — m.dcc.xxxii. || Avec Privilege du Roy. 2 vol.

in-12, pp. XVI + 4 ff. n. ch. p. l'app., priv. et tab. + pp. 406, 3 ff. n. ch. + pp. 412. Front. et 16 fig. de J.-B. Scotin.

I. — Front. et 10 fig. de J. B. Scotin, pp. 19, 46, 73, 93, 164, 246, 287, 328, 340 et 376. — II, 6 fig., pp. 16, 38, 243, 315, 346 et 378. — Les fig. des pp. 93 et 164 du T. I. appartiennent au T. II malgré l'indication des pl. au-dessus du T. I.

Priv. du 1er mars 1731, accordé pour six ans à Étienne Gancau.

Édition originale. — Barbier se trompe en la plaçant à la date de 1735.

Vente Guy Pellion (569), 51 fr.

Bib. nat., Inv. Rés. Y² 2366-2367. — Bib. J. de Rothschild (1551. — m. v., *Trautz-Bauzonnet*).

21. — 3. — * Le Sage. — Histoire de l'Admirable Don Guzman d'Alfarache, enrichie de figures en taille-douce. *A Paris, et se vend à Bruxelles, chez Jean Van Vlaenderen*, 1734, 3 vol. in-12.

22. — 4. — * *Amsterdam, Aux dépens de la Compagnie*, 1740, 2 vol. in-12, front. et 16 fig. en taille-douce.

Baillieu, lib., Paris, Nov. 1886 (388). — De Granges.

23. — 5. — * *Maestricht, Dufour et Roux*, 1777, 2 vol. in-12 (De Granges).

24. — 6. — OEUVRES. *Amsterdam,* 1783. [Voir No. 1,
T. V et VI].

25. — 7. — *Maestricht, E. Dufour,* 1787, 2 vol.
in-12, fig. (De Granges).

> 2 front. et 10 fig. non sig. — Médiocre reproduction
des fig. de Scotin.

26. — 8. — *Lille,* 1792, 4 vol. in-16. (De Granges).

27. — 9. — *Lille, Lehoucq,* s. d. (1794), 2 vol. in-12.
(De Granges).

28. — 10. — *Paris, Stéréotype d'Herhan, H. Nicolle,*
1806, 2 vol. in-12.

29. — 11. — OEUVRES. *Paris, Ledoux,* 1810. [Voir
No. 2, T. V et VI].

30. — 12. — OEUVRES. *Paris, Nicolle,* 1810.

31. — 13. — HISTOIRE DE GUZMAN D'ALFARACHE, par
Lesage. — [Médaillon]. Stéréotype d'Herhan. —
Paris, de l'Imprimerie de A. Belin. 1812, 2 vol.
in-12, pp. xiv-343, 344.

> *Chez H. Nicolle... [et] chez A. Belin.*
>
> Bib. nat., Inv. Y² 11189-11190 [Ex. du 5ᵉ Tirage.]

32. — 14. — Histoire de Guzman d'Alfarache, par
Lesage. — [Médaillon]. Stéréotype d'Herhan. —
Paris, de l'Imprimerie de A. Belin. 1813, 2 vol.
in-12, pp. xiv-343, 344.

> *Chez H. Nicolle... [et] chez A. Belin.*

> Bib. nat., Inv. Y² 11191-11192. [Ex. du 6ᵉ Tirage, en
> grand papier.].

33. — 15. — *Le Sage. —Histoire de Guzman d'Alfarache. *Paris, Dabo-Butschert,* 1815, 2 vol. in-18.

34. — 16. — *Paris, Dabo,* 1818, 2 vol. in-12 (de
Granges).

35. — 17. — *OEuvres, Paris, Genets,* 1818, 2 vol.
in-12 (de Granges).

36. — 18. — Histoire de Guzman d'Alfarache, par
Lesage. *A Paris, chez Genets jeune, libr., rue Dauphine, nᵒ 14. — De l'Imprimerie de Didòt le jeune.*
1821, 2 vol. in-12, pp. xvi-469, 480.

> Front. du t. I et du t. II par Choquet, gravé par Man-
> ceau.

> Bib. nat., Inv. Y² 11193-11194. — Un autre ex. en
> petit papier, Inv. Y² 11195-11196.

37. — 19. — OEuvres. *Paris, Renouard,* 1821. [Voir
No. 4, T. V.]

38. — 20. — *Œuvres choisies, *Paris, Renouard,* 1822 (de Granges).

39. — 21. — **Paris, Veuve Dabo,* 1824, 2 vol. in-18 (de Granges).

40. — 22. — Histoire de Guzman d'Alfarache, par Le Sage. *Paris, Ménard et Desenne, fils.* — 1825, 3 vol. in-12, pp. 326, 278, 292.

> Imprimerie de Carpentier-Méricourt, rue de Grenelle St.-Honoré, n. 59.
>
> *Bibliothèque française.*
>
> Bib. nat., Inv. Y² 11197-11199; ex. sans figures.

41. — 23. — Guzman d'Alfarache, par Le Sage. *Paris, Berquet, Quai des Augustins, n° 29.* M DCCC XXV, 4 vol. in-16, pp. 288, 251, 287, 260.

> Paris, Imp. de A. Belin. — Front. en tête de chaque volume.
>
> Bib. nat., Inv. Y² 11200-11203.

42. — 24. — *Paris, Ledoux,* 1828. [Voir No. 6, T. V.]

43. — 25. — Histoire de Guzman d'Alfarache par Le Sage précédée d'une notice sur la vie et les ouvrages de Le Sage, par Eloi Johanneau. *Paris,*

F. Dalibon, M DCCC XXIX, 3 vol. in-12, pp. 282, 287, 279.

> Notice en tête du Vol. I de *Gil Blas.*
>
> *Bibliothèque Omnibus dédiée aux Pères de Famille.*
>
> Bib. nat., Inv. Y² 11204-11206.

44. — 26. — HISTOIRE DE GUZMAN D'ALFARACHE. Par Le Sage. *Paris, chez A. Hiard, libraire-éditeur, rue Saint-Jacques, n° 131,* 1834, 3 vol. in-18, pp. 252, 259, 251.

> Imp. de Moquet et Cie., rue de la Harpe, n. 90.
>
> *Bibliothèque des Amis des Lettres.*
>
> Bib. nat., Inv. Y² 11207-11209.

45. — 27. — *Paris, Delloye,* 1838, in-8, fig. [Voir No. 7.]

46. — 28. — HISTOIRE DE GUZMAN D'ALFARACHE par Le Sage. — Nouvelle édition revue et corrigée. — *Paris, Garnier frères,* s. d. [185?], in-12, pp. 530.

> Imp. Tolmer, Poitiers.
>
> Bib. nat., 8° Y² 14583.

47. — 29. — *Paris, Didot,* 1857, gr. in-8. [Voir No. 8].

48. — 30. — Bibliothèque amusante. — HISTOIRE DE

Guzman d'Alfarache par Le Sage. — Gravures sur acier d'après les dessins de G. Staal. — *Paris, Garnier frères, s. d. [1864], in-8, pp. 502.*

Paris. — Imp. Simon Raçon et Cie.
Bib. nat., Inv. Z 42519.

49. — 31. — *Paris, Garnier, 1883, in-18* (De Granges).

Abrégé d'Alletz.

50. — 1. — Les || Aventures || plaisantes || de Gus-man || d'Alfarache, || Tirées de l'Histoire de sa vie, & revues || sur l'ancienne Traduction de l'Origi- || nal Espagnol. || [fleuron] || *A La Haye,* || *Et se trouve à Paris,* || *Chez la Veuve Duchesne, Libraire,* || *rue S. Jacques. au Temple du Goût.* || — M.DCC.LXXVII, 2 vol. in-12, pp. XII + 2 ff. p. l. tab. + pp. 291, 1 f. n. ch. p. l. tab. + pp. 299.

Front. en tête de chaque volume.

Bib. nat., Inv. Y² 11210-11211. — Y² Réserve 2368, seulement le T. II, veau aux armes de Marie-Antoinette. — Brit. Museum, 244. C. 6.

Pons Augustin Alletz, ancien oratorien, né à Montpellier en 1703; † à Paris, 7 mars 1785.

51. — 2. — Les || Avantures || plaisantes || de Gus-
man || d'Alfarache, || Tirées de l'Histoire de sa vie,
& revues || sur l'ancienne Traduction de l'Origi ||
nal Espagnol. || *A la Haye,* || *Et se trouve à Paris,* ||
Chez la Veuve Duchesne, Libraire, || *rue St-Jacques,*
au Temple du Goût. || — M.DCC.LXXVII. 2 vol.
in-12.

> Tirage des front. inférieur à celui de l'éd. précédente.

> Bib. nat., Inv. Y² 11212-11213 [Manque Vol. I] ; le
vol. II : 1 f. n. ch. p. 1. tab. + pp. 367.

52. — 3. — Histoire || de || Guzman || d'Alfarache, ||
Nouvellement traduite || & purgée des moralités su-
perflues. || Par Monsieur Le Sage. || [fleuron] || *A*
Amsterdam, || *Aux dépens de la Compagnie.* ||
M.DCC.LXXVII, 2 vol. in-12 en 4 parties ; fig.

> Bib. nat., Inv. Y² 11188 [manquent Vol. I et Vol. II,
4ᵉ partie].

53. — 4. — Les || Aventures || plaisantes || de || Gus-
man || d'Alfarache, || Tirées de l'Histoire de sa vie,
& || revues sur l'ancienne Traduction || de l'Original
Espagnol. || — *A Londres.* || — M.DCC.LXXXIII, 2 vol.
in-24, pp. xvi-283, viij-285.

> Bib. nat., Inv. Y² 11214-1 et 2.

54. — 5. — *Les mêmes. *A Paris et à Noyon, chez Antoine Bailleul* (vers 1786), 4 vol. in-18 (de Granges).

Traduction anglaise.

55. — Pleasant Adventures of Gusman, of Alfarache. Taken from the History of his Life, and translated from the Spanish into French, by M. Le Sage. Translated from the French, by A. O'Conner, Esq. In three volumes. *London : Allen & Co.*, 1812, 3 vol. in-12.

56. — M. Ricardo de Los Rios a dessiné et gravé pour une traduction anglaise 6 eaux-fortes dont un tirage exceptionnel de 80 ex. a été fait en in-4 sur papier du Japon, avant la lettre : Ces eaux-fortes représentent les sujets suivants :

> L'hôtesse, qui était une effroyable vieille. (Livre I. Chap. v).
> Où il est parlé de la rencontre d'un jeune homme. (Livre II. Chap. v).
> Ah ! mon ami Guzman, dit le Cardinal, c'est donc vous qui mangez mes fruits. (Livre III. Chap. vii).
> Guzman se dispose à partir. (Livre IV. Chap. viii).
> Retour de Guzman en Espagne. (Livre V. Chap. vi).
> Guzman remet la bourse au bon Père. (Livre VI. Chap. vii).

Traduction russe.

57. Гусманъ д'Алфарашъ истинная Гишпанская повѣсть Господина Лесажа.

Часть первая. (6 non chiffrées + 260.)
» вторая. (4 » » + 233.)
» третія. (4 » » + 276
+ 4 non chiffrées (fautes d'impression).
Часть четвертая. (4 » » + 243.)

Москва. Въ Типографіи Ф. Гиппіуса. 1804, in-8.

IV. — LE DIABLE BOITEUX.

Éditions françaises (1707).

58. — 1. — LE ‖ DIABLE ‖ BOITEUX. ‖ [Vig.] ‖ *A Paris, ‖ Chez la Veuve Barbin, au Palais, sur ‖ le Perron de la sainte Chapelle. ‖ —* M.DCCVII. ‖ *Avec privilege du Roy,* in-12, 4 ff. prél. n. ch. tit., préf., tab. + pp. 314 + 4 ff. n. ch. p. l. tab., ap. et priv. Front. *El Diablo coivelo* par Magdeleine Horthemels.

> Priv., 5 juin 1707, à la veuve Claude Barbin, pour six ans, de débiter exclusivement *le Diable boiteux* « composé par le sieur Le Sage ».

> Edition originale.

> M. Le Petit, écrit p. 482 : « Pendant le tirage de cette édition, un feuillet fut réimprimé, celui qui est paginé

17-18, et quelques corrections furent faites au texte primitif. Mais certains ex. ont échappé à ces corrections.
Celui de la vente Rochebilière, n° 657, était de ce nombre. Voici en quoi consistent les modifications : Page 17,
le dernier mot de la 18ᵉ ligne est orthographié *Ouy* dans le
premier texte ; il est écrit *Oüi* dans le carton. Page 18,
à la 3ᵉ ligne, le mot *laboratoire* commence par un *l* ordinaire dans le texte primitif ; il commence par un *L*
majuscule dans la réimp. Même page, aux lignes 22-23,
dans le 1ᵉʳ tirage, on lisait ; *La maîtresse d'un ministre* ;
dans le carton on lit : *La maîtresse d'un contador.* »

On lit dans le cat. de Rouquette (Janv. 1893, No. 580):

« Le Petit annonce, dans sa Bibliographie, un carton
pour la page 17 et 18, mais dans notre exemplaire il se
trouve non cart. pour les pages 141, 42, 43, 44, avec des
changements de pagination et de texte, légères piqûres de
vers. »
« Nous avons vu chez M. Eugène Paillet un ex. précieux, dans lequel cette gravure-frontispice est avant la
lettre. Il provient de la bibliothèque de Solar et de celle
d'Armand Bertin. Un autre ex., dont le frontispice est
dans le même état, appartient à M. Georges Masson. »
(Le Petit, p. 482.)

Facsimile du titre dans le Cat. Guy Pellion (fév. 1882,
No. 566, m. r., *Cuzin*, 595 fr., de la Bibliothèque du
comte de Sauvage) et dans Le Petit, p. 481, qui cite
(p. 482) les prix suivants : Vente Solar (1860), m. r.,
Trautz-Bauzonnet, 202 fr. ; Cat. Fontaine (1875), m. cit.,
Trautz, 700 fr. ; Lebeuf de Montgermont (1876), m. bl.,
Chambolle, 545 fr. ; Bul. Morgand (1887), ex. de Solar et
de Paillet. m. r., *Trautz-Bauzonnet*, 1 000 fr.

Bibl. nat., Inv. Réserve p. Y² 234., mar. rouge plein,
Thibaron-Joly, de la bibliothèque du Marquis de Champ
Repus. — Bib. J. de Rothschild (1547. — m. v. *Trautz-*

Bauzonnet.) Une épreuve du frontispice sans l'inscription *El Diablo coiuelo* a été vendue jusqu'à 5oo fr. (Cohen).

On lit dans la préface de l'édition originale du *Diable Boiteux* (1707) adressée à [feu] Luis Velez de Guevara : « Souffrez, Seigneur de Guevara, que je vous adresse cet Ouvrage. Il n'est pas moins de vous que de moy. Vôtre *Diablo Cojuelo* m'en a fourni le titre & l'idée. J'en fais un aveu public. Je vous céde la gloire de l'invention... Je me suis donc souvent écarté du texte, ou pour mieux dire, j'ay fait un nouveau Livre sur le même fonds.

« C'est ainsi que j'ay traité le Seigneur Alonso Fernandez de Avellaneda. Je n'ay pas traduit plus fidellement son Dom Quichotte, que vôtre Cojuelo. Cependant cet Avellaneda qui avoit déjà subi le sort des Ecrivains abandonnez des Lecteurs, est présentement en quelque réputation parmi nous ; au lieu que si je l'avois suivi litteralement, on me sçauroit mauvais gré de l'avoir tiré de l'oubli. »

59. — 2. — *Le Diable Boiteux. Seconde édition. *A Paris, chez la veuve Barbin,* 1707, in-12.

Cat. P. Chollet, lib., Bordeaux, sept. 1887. — Chaumont, lib., Paris, Oct. 1893, m. bl., *Hardy,* 45 fr.

60. — 3. — *Le Diable Boiteux. *Amsterdam,* 1707, in-12.

Brit. Muscum, 634. a. 18.

61. — 4. — *Le Diable Boiteux. Seconde édition. *Amsterdam,* 1707, in-12.

« La seconde édition est de 1707. On en fit une fausse

la même année. La vraie deuxième édition porte en tête
un fleuron signé au bas V. C. L. S. Le bas de la page
318 est en capitales italiques dans la fausse deuxième
édition. » (Léo Claretie, p. 430.)

Brit. Museum, 12513. a. 17.

62. — 5. — *Le Diable Boiteux. Quatrième édition.
Amsterdam, 1710, in-12.

Brit. Museum, 12511. a. 7.

Quérard marque : *Amsterdam,* 1708, ou 1710, in-12.

63. — 6. — Le || Diable || Boiteux. || Seconde édi-
tion. || [Marque.] || Sur l'Imprimé, || *A Paris,* || *Chez
la Veuve Barbin, au Palais, sur* || *le Perron de la
sainte Chapelle.* || — M.DCC.XX, in-12, 4 ff. n. ch.
tit., déd., tab., app. + pp. 318 + 5 ff. n. ch. tab.
et ode. Front. *El diablo coivelo.*

Bib. nat., Inv. Y² 11254.

64. — 7. — Le || Diable || Boiteux. || Par Monsieur
Le Sage. || Enrichi de Figures. || Nouvelle Edition
corrigée, refonduë, Ornée || de Figures, & augmen-
tée d'un Volume. || [fleuron] || *A Paris,* || *Chez la
Veuve Pierre Ribou, seul Libraire* || *de l'Académie
Roiale de Musique, Quai* || *des Augustins, à la des-
cente du Pont-* || *Neuf, à l'Image Saint Loüis.* — ||
M.DCC.XXVI. || Avec Privilege du Roi, 2 vol. in-12,

4

4 ff. n. ch. + pp. 324 + 1 f. n. ch. tab. et er.,
pp. 304 + 2 ff. n. ch. tab., ap. priv. et er.

Front. de F. du Bercelle, copie de celui de 1707, et
12 fig. du même sig. Dubercelle.

Bib. nat., Inv. Y² 11255-11256.

65. — 8. — *LE DIABLE BOITEUX. Nouvelle édition
corrigée,... et augmentée d'un volume. *Paris,* 1728,
2 vol. in-12.

Imp. à Rouen.

Brit. Mus., 12513. bb. 24.

66. — 9. — LE || DIABLE || BOITEUX. || Par Monsieur Le
Sage. || Nouvelle édition, || Corrigée, refondue, aug-
mentée d'un volume par || l'Auteur, & ornée de Fi-
gures, || avec || *les Entretiens serieux,* || *& Comiques
des Cheminées de Madrid,* || et || *les Bequilles dudit
Diable.* || Par Monsieur *** || [fleuron] || *A Paris,* ||
Chez Prault pere, Quai de Gévres, || *au Paradis.* ||
— M.DCC.XXXVII. || Avec Approbation & Privilege
du Roi. 2 vol. in-12, 4 ff. non ch. + pp. 332 + 2 ff.
n. ch. p. l'app. & priv., fig. de Dubercelle, pp. 350
+ 11 ff. n. ch. p. l'app., priv. et tab.

Edition dans laquelle parurent pour la première fois *les
Bequilles* et *les Entretiens*.

Dans le T. II, on lit sur le titre : *Par Monsieur B. de S.*
au lieu de *Monsieur* ***.

Bib. nat., Inv. Y² 11257-11258.

Les *Béquilles* sont de l'abbé L. Bordelon. — Cf. *Magasin encyclopédique*, t. XVII, un article de l'abbé de Saint-
Léger. (Barbier.)

67. — 10. — *Le Diable Boiteux. Nouvelle édition…
Avec *les Entretiens sérieux et comiques des Cheminées de Madrid. Et les Béquilles dudit Diable.* Par
Mr. B. de S. [L. Bordelon]. *Amsterdam,* 1739,
2 vol. in-12.

> Brit. Mus., 12514. a. 51.

68. — 11. — *Le Diable Boiteux, nouvelle édition,
augmentée d'*Une Journée des Parques,* etc. *Amsterdam, Pierre Mortier,* 1752, 10 fig. non signées.

> « On retrouve les mêmes figures dans une édition de
> 1776 et dans une autre de 1785. » (Cohen).

69. — 12. — *Le Diable Boiteux. *A Amsterdam,
chez Pierre Mortier,* 1753, 2 vol. in-12.

> Figures de Dubercelle. — Cat. Alisié (342), libr.,
> Avril 1898.

70. — 13. — Le || Diable || Boiteux. || Par Monsieur
Le Sage. || Nouvelle Édition, || Corrigée & augmen-
tée.|| d'*une Journée des Parques,* || du même Auteur,
|| avec || *les Entretiens serieux* || & *Comiques des Che-
minées de Madrid,* || et || *les Bequilles du Diable Boi-*

teux. || Par Monsieur ***. || Enrichie de Figures en Taille-douces. || *A Paris,* || *Chez Damonneville, Quai des Augustins,* || *à saint Etienne.* || — M.DCC.LVI. || *Avec Approbation & Privilége du Roi.* 2 vol. in-12, pp. XII-360, 472, fig. de Dubercelle.

De l'Imprimerie de Prault, Quai de Gêvres, 1756.

Bib. nat., Inv. Y² 11259-11260.

71. — 14. — LE || DIABLE || BOITEUX. || Par Monsieur Le Sage. || Nouvelle édition, || Corrigée & augmentée || d'*une Journée des Parques,* || du même Auteur. || avec || *les Entreliens serieux* || *& Comiques des Cheminées de Madrid,* || et || *les Bequilles du Diable boiteux.* || Par Monsieur ***. || Enrichie de Figures en Taille-douces. || *A Paris,* || *Chez Damonneville, Quai des Augustins,* || *à saint Etienne.* || — M.DCC.LVI.= *Avec Approbation & Privilége du Roi.* 3 vol. in-12, pp. XII-264, 2 ff. n. ch. -+ pp. 265 à 360, 1 à 224, 2 ff. n. ch. -+ pages 225 à 472.

De l'Imprimerie de Prault, Quai de Gêvres, 1756.

Front. et 3 fig., pp. 27, 57, 178 (Vol. I); 6 fig., pp. 1, 31, 199, 265, 345, 451 (Vol. II); 2 fig., pp. 244/322 (vol. III).

Priv., fin Vol. I, 31 janvier 1752 à *Laurent-François* Prault pour six années et plusieurs ouvrages, qui cède *le Diable Boiteux* à son père, *Pierre Prault,* qui cède à son tour ses droits à Damonneville.

Bib. nat., Inv. Y² 48625-7. — Bib. de J. de Rothschild

(1548. — Ex. en papier de Hollande, aux armes de
Mme . de Pompadour (1954), qui provient des ventes
Radziwill (985) et O. de Béhague).

72. — 15. — LE || DIABLE || BOITEUX. || Par Monsieur
Le Sage. || Nouvelle Édition, || Corrigée & augmen-
tée || d'*une Journée des Parques*, || du même Auteur.
|| Avec || *Les Entretiens serieux* || & *Comiques des
Cheminées de Madrid*, || et || *les Bequilles du Diable
Boiteux.* || Par Monsieur ***. || Enrichie de Figures
en Taille-douces. || *A Paris*, || *Chez Damonneville,
Quai des Augustins*, || *à saint Etienne.* || M.DCC.LVI.=
Avec Approbation & Privilége du Roi, 2 vol. in-
12, pp. x + pp. 360, 336.

> Bib. nat., Inv. Réserve Y² 2370-2371, ex. sur Papier
> de Hollande.

73. — 16. — *LE DIABLE BOITEUX. *A Amsterdam,
chez Pierre Mortier,* 1757, 2 tomes en un vol.

> Front. et 12 fig. de Dubercelle, non signées (fig. de
> l'éd. de 1726).

> Cat. 31, 1893, J. Alisié, lib. (296), Paris.

74. — 17. — *LE DIABLE BOITEUX. Nouvelle édition,
ornée de figures. Avec les *Entretiens sérieux et comiques des Cheminées de Madrid*, et les *Béquilles du dit
Diable.* Par Monsieur ***. Edimbourg, A. Donaldson, 1761, in-12, pp. 364.

> Brit. Mus., 12518. a. 34.

75. — 18. — *Le Diable Boiteux. *Paris, Musier,* 1765, 3 vol. pet. in-12.

> Front. et 12 fig. non sig. — Ex. de la vente Lebeuf de Montgermont, aux armes de la Comtesse du Barry, 700 fr. (Cohen).

76. — 19. — Le || Diable || boiteux, || Par M. Le Sage. || Nouvelle édition, || Corrigée, refondue, augmentée d'un Volume || par l'Auteur, & ornée de Figures. || avec || *les Entretiens* || *sérieux et comiques* || *des cheminées de Madrid,* || et les || *Béquilles dudit Diable.* || Par M. B. de S. || *A Amsterdam,* || *Chez Pierre Mortier.* — m.dcc.lxvi, 2 vol. in-12, 5 ff. n. ch. + pp. 192 [lire 196], 2 ff. n. ch. + pp. 212. Front.

> Bib. nat., Inv. Y² 48628-629.

76 bis. — 19 bis. — Le || Diable || boiteux. || Par Monsieur Le Sage. || Nouvelle Edition corrigée, || refondue || et ornée de Figures. || [fleuron] || A Londres, || Chez Pierre Van Cleef. || 1768.

> Facsimile du Titre dans l'éd. de Jouaust, 1868. Voir No. 128. — 71. — Ne se trouve pas au British Museum.

77. — 20. — Le Diable || boiteux, || Par M. Le Sage. || Nouvelle édition, || Corrigée, refondue, augmentée d'un Volume || par l'Auteur, & ornée de Figures. || avec || *les Entretiens* || *sérieux et comiques* || *des*

Cheminées de Madrid, || et *les* || *Béquilles dudit Dia-
ble.* || Par M. B. de S. || — *A Amsterdam,* || *chez
Pierre Mortier.* || — M.DCC.LXXIII, 2 vol. in-12.

Bib, nat., Inv. Y² 48630-48631 [Manque Vol. I].

78. — 21. — LE DIABLE || BOITEUX, || Par Mr. Le Sage,
|| Nouvelle édition, || Corrigée, refondue, augmen-
tée d'un Volume || par l'Auteur, & ornée de Figures.
|| avec || *les Entretiens* || *sérieux et comiques* || *des
Cheminées de Madrid,* || et *les* || *Béquilles dudit Dia-
ble.* || Par M. B. de S. || — *A Amsterdam,* || *Chez
Pierre Mortier.* || — M.DCC.LXXV, 2 vol. in-12.

Bib. nat., Inv. Y² 48632-48633 [Manque Vol. II].

79. — 22. — LE || DIABLE || BOITEUX, || Nouvelle édi-
tion, || augmentée || d'*une Journée des Parques,* || et
des *Bequilles* || *du DiableBoiteux.* || Par Monsieur
Le Sage. || *A Paris,* || *Chez* || *Musier, Libraire, rue du
Foin* || *Saint-Jacques.* || *Fournier, Libraire, rue du
Hure-* || *poix, près le Pont Saint-Michel.* || M.DCC.LXXIX.
|| *Avec Approbation, & Privilége du Roi.* 4 vol. in-
12, pp. XXII + 1 f. n. ch. + pp. 201, III-150, III-152,
IV-147 + 2 ff. n. ch. ap. priv.; fig. de Dubercelle.

Bib. nat., Inv. Y² 11261/4.

80. — 23. — LE || DIABLE || BOITEUX, || Nouvelle édi-

tion, || augmentée || d'une *Journée des Parques,* || et des *Bequilles* || du *Diable boiteux.* || Par Monsieur le Sage. || A Paris, || *Chez* || *Muster, Libraire, rue du Foin* || *Saint-Jacques.* || *Fournier, Libraire, rue du Hure-* || *poix, près le Pont Saint-Michel.* || M.DCC. LXXIX. || *Avec Approbation,* & *Privilége du Roi,* 3 vol. in-12.

Bib. nat., Inv. Y² 48634-48636 [Manquent les Vol. I & II.]

81. — 24. — *LE DIABLE BOITEUX. Nouvelle édition augmentée d'une *Journée des Parques,* et des *Béquilles du Diable Boiteux. Paris,* 1781, 4 vol. in-12.

Brit. Museum, 12515. de. 7.

82. — 25. — ŒUVRES CHOISIES DE LE SAGE. *Amsterdam,* 1783. [Voir No. 1, T. I.]

83. — 26. — LE || DIABLE || BOITEUX, || nouvelle édition, || augmentée || d'une *Journée des Parques,* || et des *Bequilles* || du *Diable boiteux.* || Par Monsieur le Sage. || A Londres. || — M.DCC.LXXXIV, 3 vol. pet. in-12.

Bib. nat., Inv. Y² 48637-9. [Manquent Vol. II et III.]

84. — 27. — LE || DIABLE || BOITEUX, || Nouvelle édition, || augmentée || d'une *Journée des Parques,* || et

des *Bequilles* || *du Diable Boiteux.* || Par Monsieur le Sage. || *A Paris,* || *Chez Musier, Libraire, Quai des* || *Augustins.* || — M.DCC.LXXXVI. || *Avec Approbation* & *Privilege du Roi.* 3 vol. in-12, 2 ff. n. ch. + pp. 210, 2 ff. n. ch. + pp. 251, 2 ff. n. ch. + pp. 220, fig. de Dubercelle.

Bib. nat., Inv. Y² 11265-11267.

85. — 28. — *Le Diable Boiteux. Nouvelle édition. *A Paris,* 1792, in-8.

Cat. Rouquette (832).

86. — 29. — *Le Diable Boiteux, augmenté des *Béquilles du Diable*; précédé d'une Notice sur Le Sage. *Dijon, Frantin,* 1797, 2 vol. in-8.

La notice sur Le Sage est celle de Mayer.

Quérard.

87. — 30. — *Le Diable Boiteux, augmenté des *Béquilles du Diable boiteux.* Édition stéréotype, d'après le procédé d'Herhan. *Paris, H. Nicolle,* 1805, 2 vol. in-18, 2 fr. 50 ; ou 2 vol. in-12, pap. fin, avec 4 fig., 5 fr. ; et sur pap. vélin, 10 fr.

Édition qui a eu plusieurs tirages, entre autres : Nicolle et A. Belin, 1812, 2 vol. in-18, ou 1813, 2 vol. in-12 ; Dabo, 1819, 2 vol. in-18 ; Vᵉ Dabo, 1824, 2 vol. in-18.

Quérard.

88. — 31. — *LE DIABLE BOITEUX. Avec *les Béquilles dudit Diable* et les *Entretiens sérieux et comiques des Cheminées de Madrid. Windsor,* 1807, 2 vol. in-12.

>Brit. Mus., 12511. aa. 18.

89. — 32. — ŒUVRES CHOISIES DE LE SAGE. *Paris,* 1810. [Voir No. 2, T. I.]

90. — 33. — LE DIABLE BOITEUX, augmenté des *Béquilles du Diable boiteux,* par Le Sage. [Médaillon] Stéréotype d'Herhan. *Paris, de l'imprimerie de A. Belin,* 1813, 2 vol. in-12, pp. XVI-215, 222.

>Avec une Notice sur Le Sage.
>
>Bib. nat., Inv. Y^2 48640-1. — 8ᵉ tirage.
>
>Le 7ᵉ tirage est de 1812, Brit. Mus., 12511. de. 23.

91. — 34. — LE DIABLE BOITEUX, augmenté des *Béquilles du Diable boiteux,* par Le Sage. *Paris, Dabo, Tremblay, Feret et Gayet, quai des Augustins,* no. 49, 1819, 2 vol. in-12, pp. XVI-215, 222.

>Notice sur Le Sage.
>
>Senlis. Imprimerie stéréotype de Tremblay.
>
>Bib. nat., Inv. Y^2 48642-3.

92. — 35. — LE DIABLE BOITEUX, augmenté des *Béquilles du Diable boiteux,* par Lesage. — *A Paris,*

Chez C. C. Le Tellier, Boulevard S.-Antoine, n° 71 ;
*et à Boulogne, chez Le Roy-Berger, Imp.-libraire,
grande rue,* n° 34. — 1819, 2 vol. in-12, pp. xvi-
260, 279.

> Notice par P. Hédouin.
>
> Boulogne, de l'Imprimerie de Le Roy-Berger.
>
> Bib. nat., Inv. Y² 48644-5.

93. — 36. — * Le Diable Boiteux, augmenté des *Béquilles du Diable boiteux.* (Édition publiée avec une
Notice sur Le Sage par H. Hédouin). *Boulogne, Le-
roy-Berger* ; *et Paris, C.-C. Letellier,* 1820, 2 vol.
in-18, 2 fr. 50.

> Quérard.

94. — 37. — Le Diable boiteux, par Lesage ; suivi
des *Béquilles du Diable boiteux,* de l'*Entretien des
Cheminées de Madrid,* et d'une *Journée des Parques.* Avec une notice sur Lesage. — *A Paris, Chez
Genets jeune, libr., rue Dauphine,* n° 14. — *De
l'imprimerie de Didot le jeune.* 1820, 2 vol. in-12,
pp. lx-265 + 1 f. n. ch. p. l. tab., 310 + 1 f. n. ch.
p. l. tab., fig.

> La Notice est de Beuchot et suivie d'une Liste chronolo-
> gique des ouvrages composés par Lesage, pour les théâtres
> de la Foire, ou qui lui sont attribués, de 1712 à 1738.
>
> Bib. nat., Inv. Y² 48646-7.

95. — 38. — LE DIABLE BOITEUX, Par Le Sage ; Augmenté des *Entretiens sérieux et comiques des cheminées de Madrid,* et suivi des *Béquilles du Diable Boiteux. A Paris, Chez Lebegue,* 1821, 2 vol. in-12, pp. 276, 295 + 1 f. n. ch.

> Forment la cinquième livraison, Tome XLVII et XLVIII de la *Bibliothèque d'une Maison de Campagne.*
>
> Bib. nat., Inv. Z 42862-42863.

96. — 39. — ŒUVRES DE LESAGE. *Paris,* 1821. [Voir No. 4, T. I.]

97. — 40. — ŒUVRE DE LE SAGE. Paris, 1823. [Voir No. 5, T. I.]

98. — 41. — LE DIABLE BOITEUX, augmenté des *Béquilles du Diable boiteux,* par Le Sage. [Médaillon.] *A Paris, chez Mme Veuve Dabo, à la librairie stéréotype, rue du Pot-de-fer,* n° 14, 1824, 2 vol. in-12, pp. 222, 215.

> Senlis, Imprimerie stéréotype de Tremblay.
>
> Bib. nat., Inv. Y² 48648-9.
>
> Tirage en 1825, Brit. Mus., 12512. aa. 26.
>
> Quérard cite : *Berquet,* 1824, 2 vol. in-32.

99. — 42. — LE DIABLE BOITEUX, par Le Sage : avec

un *essai littéraire* par M. A. Le Sourd. *A Paris, Chez
Werdet libraire, rue du Battoir*, n° 20 — MDCCCXXVI,
2 vol. in-16, pp. XXIV-228, 238.

Tit. et front. gravé.

A Paris. — De l'Imprimerie de Rignoux, rue des
Francs-Bourgeois-S.-Michel, n° 8.

*Collection des meilleurs romans françois, Dédiée aux
Dames.*

Bib. nat., Inv. Y² 48650-48651.

Quérard donne 1825.

100. — 43. — LE DIABLE BOITEUX. — *A Paris, chez
Dauthereau, libraire...* 1827, 2 vol. in-16, pp. XVI-
252, 258.

Notice sur la vie et les écrits de Lesage, traduite libre-
ment de l'anglais de Sir Walter-Scott.
Imprimerie de Firmin Didot.

Sur le faux-titre : Lesage, Tome septième [et hui-
tième].

Collection des Meilleurs Romans Français et Etrangers.
1827. — Jeudi, 16 août. — Jeudi, 23 août.

Bib. nat., Inv. Y² 48652-3.

101 — 44. — ŒUVRES. *Paris,* 1828. [Voir No. 6,
T. I.]

102. — 45. — LE DIABLE BOITEUX par Le Sage. Précédé

d'une *notice* sur la vie et les ouvrages de Le Sage par
Éloi Johanneau. — *Paris, F. Dalibon et Cie*, éditeurs,
MDCCCXXIX, 2 vol. in-12, pp. 241, 221 + 1 f. n
ch. p. l. tab.

> La notice est dans le Vol. I de *Gil Blas.*
>
> Imp. et fonderie de Rignoux.
>
> *Bibliothèque Omnibus...*
>
> Bib. nat., Inv. Y² 48654-5.

103. — 46. — LE DIABLE BOITEUX, par Lesage. *Paris,
au Bureau principal des Éditeurs, Rue des Grés-St.-
Jacques, N° 10.* — 1830, in-8, pp. 400.

> *Les Béquilles du Diable Boiteux*, pp. 387 seq.
>
> Paris. — Imprimerie et Fonderie de Fain, Janvier 1830.
>
> Bib. nat., Inv. Y² 48656.

104. — 47. — LE DIABLE BOITEUX. Par Le Sage. —
*Paris, Au Bureau des Éditeurs, rue Saint-Jacques
n° 156* — 1830, 2 vol. in-12, pp. 236, 218 + 1 f.
n. ch. p. l. tab.

> Paris, Grimprelle. — Nantes, Suireau. — Sens, Tho-
> mas Malvin. — Angoulême, Perrez-Leclerc.
>
> Imp. de Marchand du Breuil.
>
> Bib. nat., Inv. Y² 48657-8.
>
> Quérard cite : *Hiard,* 1830, 2 vol. in-18.

105. — 48. — Le Diable Boiteux, par Le Sage. *Paris, Chez Treuttel et Würtz*, 1834, in-8, pp. iii-371.

L.-E. Herhan, Imprimeur-stéréotype, rue Saint-Denis, n° 380.

Sur le titre Portrait de Le Sage.

Nouvelle Bibliothèque classique.

Bib. nat., Inv. Y² 48659.

106. — 49. — Le Diable Boiteux, augmenté des *Bé quilles du Diable Boiteux*, par Lesage. — *Paris, Librairie de Lecointe, quai des Augustins, n° 49*, 1835, 2 vol. in-12, pp. 214, 212.

Notice sur Le Sage.

Imprimerie de M. F.-A. Saurin, rue de la Mairie, no. 10, à Poitiers.

Nouvelle Bibliothèque des Classiques français.

Bib. nat., Inv. Y² 48660-48661.

107. — 50. — Le Diable Boiteux, par Lesage. — *Paris, Adolphe Rion, éditeur, rue des Grands-Augustins*, 18-1835, 2 vol. in-16, pp. 174 + 1 f. n. ch. tab., 173 + 1 f. n. ch. tab.

Paris, Imprimerie de Poussielgue, rue du Croissant-Montmartre, n. 12.

Bib. nat., Inv. Y² 48662-48663.

108. — 51. — Œuvres. *Paris,* 1838. [Voir No. 7.]

109. — 52. — Le Diable Boiteux par Lesage. —
Nouvelle édition, ornée de figures. *Paris, Chez les
Marchands de Nouveautés* — 1839, 2 vol. in-12,
pp. 144, 139.

    Imp. de Mad. Poussin, rue Mignon 2.

    Bib. nat., Inv. Y² 48664-48665.

110. — 53. — Le Diable Boiteux de Le Sage, précédé d'une *notice* sur l'auteur, et suivi du *Carnaval
du Diable,* Par M. Grandmaison-y-Bruno, Licencié
en Droit. — *Poitiers, chez tous les libraires, Bourges,
chez Just. Bernard, Bordeaux, chez Gassiot,* 1839,
in-12, pp. 194.

    Poitiers. — Imp. de F.-A. Saurin.

    Bib. nat., Inv. Y² 48666.

111. — 54. — « On a publié en 1839, en 6 livraisons, un ouvrage intitulé : *Pamphlet du Diable,* chapitre omis dans le *Diable boiteux* de Lesage ; traduit
de l'espagnol, par Jacob le Muscophile. (*Lyon, imp.
de Boursy fils,* in-8) » [Bourquelot.]

112. — 55. — Le Diable Boiteux Par Le Sage illustre par Tony Johannot précédé d'une *notice* sur Le
Sage par M. Jules Janin. [Vig.] *Paris, Ernest Bourdin*

et Cie*, éditeurs, 16, rue de Seine S*[t] *G*[in]*. —* 1840,
gr. in-8, pp. XVI-380, front. de Brevière et tit. gravés,
140 fig. dans le texte.

Typ. Lacrampe et Cie.

Bib. nat., Inv. Y² 1028 Réserve.

« Texte encadré d'un double filet noir. Il existe un
prospectus de 4 pp., illustré, imprimé dans le format du
livre, par Lacrampe et comp., donnant les conditions de
la souscription. A paru en 33 livraisons à 30 cent. La
1re est enregistrée dans la *Bibliogr. de la France* du
20 juillet 1839, la dernière, dans celle du 25 janvier 1840.
(10 fr. l'ouvrage complet). Il a été tiré, en outre, quelques ex. sur pap. de Chine.

« En dem. mar., n. rogné, 4 fr. 25, Dutacq ; en dem.
rel., dor. en tête, ébarbé, 10 fr., Arnauldet; broché,
57 fr., E. C*** (Porquet, 1886); sur pap. de Chine, en
dem. mar. vert, n. rogné avec la couverture (*Champs*),
85 fr., Bouret. — Un ex. en feuilles, sur Chine, est coté
125 fr., *Bull. Morgand,* n° 11316 » (Vicaire).

113. — 56. — Le Diable boiteux, illustré par Tony
Johannot, précédé d'une notice sur Le Sage, par
Jules Janin. *Paris, Ernest Bourdin,* 1842, gr. in-8,
pp. XVI-380.

Typ. Schneider et Langrand.

Il y a des ex. sur Chine.

« Dans cette éd. les feuilles sont numérotées en des-
sous des filets ; dans celle de 1840, les numéros des
feuilles sont imprimés entre la dernière ligne de texte et
le filet intérieur » (Vicaire).

Cat. Morgand, lib., 1883 (8940), m. v., non rogné,

Petit, sur Chine, 100 fr. — Lucien Gougy (392), Cat. 162, m. bl., *Chambolle-Duru*, sur Chine, 300 fr.

114. — 57. — LE DIABLE BOITEUX, suivi des *Béquilles*, Par Le Sage. — *Paris, Ledentu, libraire, quai des Augustins, 31 — 1842*, 2 vol. in-12, pp. XI-212, 220.

Nancy, Impr. de A. Paullet.

Bib. nat., Inv. Y² 48667-48668.

115. — 58. — LE DIABLE BOITEUX, par A.-René Le sage. Nouvelle édition, augmentée de la vie de l'auteur. — *Paris, B. Renault, éditeur, 1844*, 2 vol. in-12, pp. 128, 120.

Front. grossièrement gravé en tête de chaque vol.

Imp. de P. Baudouin, rue des Bouch. St.-Germain, 38

Bibilothèque amusante.

Bib. nat., Inv. Y² 48669-48670.

116. — 59. — LE DIABLE BOITEUX, par Lesage. *Paris, Louis Labbé, 1845*, 2 vol. in-16, pp. 174+1 f. n. ch. p. l. tab., 173+1 f. n. ch. p. l. tab.

Paris, Imp. d'Édouard Bautruche, rue de la Harpe, 20.

Collection des meilleurs ouvrages français et étrangers.

Bib. nat., Inv. Y² 48671-48672.

117. — 60. — *Le Diable Boiteux, par Le Sage, illustré par Tony Johannot, précédé d'une notice sur Le Sage par M. Jules Janin. *Paris, Ernest Bourdin,* 1845, gr. in-8.

118. — 61. — Le Diable Boiteux, par A.-René Lesage. Nouvelle édition, augmentée de la vie de l'auteur. — *Paris, B. Renault, éditeur,* 1846 [lire 1845], 2 vol. in-12, pp. 108, 108.

> Front. grossièrement gravé en tête de chaque vol.

> Paris. — Imp. de Lacour et Cie., rue Saint-Hyacinthe-Saint-Michel 33.

> Bib. nat., Inv. Y² 48673-48674.

> Bourquelot cite : *Paris, Gavard,* 1848, in-4, pp. 48, *Romans illustrés.*

119. — 62. — Le Diable Boiteux de Le Sage, précédé d'une notice sur l'auteur par G.-F. de Grandmaison-y-Bruno. Troisième édition. — *Paris, chez J. Lecoffre et C°, libraires, rue du Vieux-Colombier, 29 —* 1855, in-12, pp. VIII-192.

> Paris. — Imp. de Mᵐᵉ Vᵉ Dondey-Dupré, rue Saint-Louis, 46, au Marais.

> Bib. nat., Inv. Y² 48675.

120. — 63. — Œuvres. *Paris,* 1857. [Voir No. 8.]

121. — 64. — Bibliothèque Nationale Collection des

meilleurs auteurs anciens et modernes. — Le Diable
Boiteux par Le Sage. *Paris, Dubuisson et C°, 5 rue
Coq-Héron,* 15 octobre 1863 [et] 1ᵉʳ Novembre 1863,
2 vol. in-16, pp. 192, 192.

> Paris. — Imp. de Dubuisson et Cie, rue Coq-Héron, 5.
> Bib. nat., Inv. Y² 48676-48677.

122. — 65. — Bibliothèque amusante. — Le Diable
Boiteux suivi de *Estévanille Gonzales* par Le Sage. —
Gravures sur acier d'après les dessins de G. Staal.
— *Paris, Garnier frères,* s. d. [1864], in-8, pp. 531.

> Bib. nat., Inv. Z. 42520.

123. — 66. — Bibliothèque Nationale Collection des
meilleurs auteurs anciens et modernes — Le Diable
Boiteux par Le Sage. *Paris, Dubuisson et Cie., 5 rue
Coq-Héron* — Nouvelle édition — Juin 1864, 2 vol.
in-16, pp. 192, 192.

> Paris. — Imp. de Dubuisson et Cie, rue Coq-Héron, 5.
> Bib. nat., Inv. Y² 48678-48679.

124. — 67. — Bibliothèque Nationale Collection des
meilleurs auteurs anciens et modernes — Le Diable
Boiteux par Le Sage. *Paris, Dubuisson et Cie, rue
Coq-Héron, 5 — Lucien Marpon 4-7 Galeries de*

l'Odéon. — Troisième édition — Novembre 1864,
2 vol. in 16, pp. 192, 192.

> Paris. — Imp. de Dubuisson et Cie, rue Coq-Héron, 5.
> Bib. nat., Inv Y² 48680-48681.

125. — 68. — Bibliothèque Nationale Collection des
meilleurs auteurs anciens et modernes — LE DIABLE
BOITEUX par Le Sage. *Paris, Bureaux de la Publication, 5 rue Coq-Héron* — Quatrième édition. —
Décembre 1865, 2 vol. in-16, pp. 192, 192.

> Paris. — Imprimerie de Dubuisson et Cie, rue Coq
> Héron 5.
>
> Bib. nat., Inv Y² 48682-48683.

126. — 69. — Bibliothèque nationale Collection des
meilleurs auteurs anciens et modernes. — LE DIA-
BLE BOITEUX par Le Sage. *Paris, Bureaux de la Publication, 5 rue Coq-Héron* — Cinquième édition. —
Juin 1866, 2 vol. in-16, pp. 192, 192.

> Paris. — Imprimerie de Dubuisson et Cie, rue Coq
> Héron 5.
>
> Bib. nat., Inv. Y² 48684-5.

127. — 70. — LE DIABLE BOITEUX par Le Sage seule
édition complète suivie de l'*Entretien des cheminées
de Madrid* et d'*Une journée des Parques* par le même
auteur et précédée d'une notice par M. Pierre Jannet. *Paris, Chez E. Picard, libraire, Quai des Grands-*

Augustins, 47 — MDCCCLXVII, 2 vol. in-16, pp. XVI-235, 278 + 1 f. n. ch. p. l. tab.

Paris, Imp. chez Jules Bonaventure, 55, Quai des Grands Augustins.

Nouvelle Collection Jannet.

Prix du vol. Papier glacé, rel. en percaline, 2 fr. — Papier vélin, broché, dans un étui, 5 fr. — Papier de Chine (tiré à 16 ex.) 15 fr.

Bib. nat., Inv. Y² 48686-48687.

128. — 71. — Les Romans classiques du XVIIIe siècle publiés par G. d'Heilly et F. Steenackers — LE DIABLE BOITEUX par Le Sage. — *A Paris, Chez D. Jouaust, Imprimeur, rue Saint-Honoré,* 338 — 1868. in-8, pp. XVI-306 + 1 f. n. ch. p. l. tab.

Tirage

300 ex.	sur	papier vergé.
20	—	papier Whatman.
20	—	papier de Chine.
2	—	parchemin.

320 [*sic*] ex. numérotés.

Bib. nat., Inv. Y² 48688.

D'après les éditions de 1707 et de 1726.

A la vente de la Bibliothèque Alfred Piet, Paris, 1902, a figuré sous le no. 302 « L'un des 2 exemplaires tirés sur PARCHEMIN, auquel on a ajouté une suite de ONZE CHARMANTS DESSINS *à l'encre de Chine,* par HUOT. — Cette suite qui, croyons-nous, n'a pas été gravée, provient de la collection J. SIEURIN et fut vendue 720 fr. (n° 55 du catalogue). »

129. — 72. — Le Diable Boiteux par Le Sage —
Nouvelle édition complète précédée d'une notice sur
Le Sage par Sainte-Beuve. — *Paris, Garnier frères,*
1874, in-18, pp. xxxviii-392.

> Bib. nat., Inv. Y² 48689.

130. — 73. — Le Diable Boiteux par Le Sage seule
édition complète suivie de l'*Entretien des Cheminées
de Madrid* et d'*Une journée des Parques* par le même
auteur et précédée d'une notice par M. Pierre Jannet.
Paris, Alphonse Lemerre, mdccclxxvi, 2 vol. in-16,
pp. xvi-236, 278 + 1 f. n. ch. p. l. tab.

> Imp. Eugène Heutte et Cⁱᵉ, à Saint-Germain.
>
> *Nouvelle Collection Jannet.*
>
> Bib. nat., 8° Y² 10652.

131. — 74. — Le Diable Boiteux par Le Sage — Nouvelle édition complète précédée d'une Notice sur Le
Sage par Sainte-Beuve — *Paris, Garnier frères*
1877, in-12, pp. xxxviii-392.

> Clichy. — Imp. Paul Dupont.
>
> Bib. nat., 8° Y² 924.

132. — 75. — ŒEuvres de Le Sage Avec une Notice

par M. Anatole France. — LE DIABLE BOITEUX. —
Paris, Alphonse Lemerre. MDCCCLXXVIII, 2 vol. in-
12, pp. xx-232, 260.

> Dans le Vol. II : *Entretien des Cheminées de Madrid,*
> p. 171. — *Une Journée des Parques,* p. 193.

> *Petite Bibliothèque littéraire,* Auteurs anciens. Imp. Ch.
> Unsinger.

> Il a été tiré 70 ex. sur papier Whatman et 60 sur pa-
> pier de Chine numérotés.

> Bib. nat., 8° Y² 52550.

> Il a été tiré une suite de 9 eaux-fortes, gravées par
> Louis Monziès, d'après Henri Pille (15 fr.) ; sur Chine,
> Whatman et grand Hollande, avant la lettre (25 fr.) ; il
> y a également des ex. sur Japon, avant la lettre.

133. — 76. — A. R. Le Sage — LE DIABLE BOITEUX
avec une préface par H. Reynald Doyen de la Faculté des Lettres d'Aix Gravures à l'eau-forte par Ad.
Lalauze. *Paris, Librairie des Bibliophiles,* MDCCCLXXX.
2 vol. in-16, pp. xv-196, 224 + 1 f. n. ch.

> Imprimé par D. Jouaust pour la *Petite Bibliothèque ar-
> tistique* MDCCCLXXX.
> Port. et 4 eaux-fortes dans le Vol. I ; 4 eaux-fortes dans
> le Vol. II.

> Tirage à petit nombre + 30 ex. sur papier de Chine et
> 20 sur papier Whatman, avec ép. des *gravures avant la
> lettre.*

Il a été fait un tirage en *Grand Papier* ainsi composé :
10 ex. sur papier du Japon (n°s 1 à 10).
20 ex. sur papier de Chine (n°s 11 à 30).
20 ex. sur papier Whatman (n°s 31 à 50).
170 ex. sur papier de Hollande (n°s 51 à 220).
220 exemplaires, numérotés.

Pour ce dernier tirage, les gravures se trouvent en triple épreuve dans les ex. sur papier du Japon, et en double ép. dans les ex. sur pap. de Chine et pap. Whatman.

Gravures, Vol. I.

Bib. nat., 8° Y² 4339.

134. — 77. — LE DIABLE BOITEUX par Le Sage. *Gustave Havard,* s. d., gr. in-8, pp. 48 à 2 col.

Les Romans illustrés, 20 cent. la livraison.

Dessins par J.-A. Beaucé. —Gravures par A. Lavieille.

Paris. — Imp. Simon Raçon et Cie, rue d'Erfurth, 1.

Bib. nat., Inv. Y² 3669.

135. — 78. — LE DIABLE BOITEUX par Le Sage —

Nouvelle édition complète précédéc d'une notice sur
Le Sage par Sainte-Beuve. — *Paris, Garnier Jrères,*
s. d. [1880], in-12, pp. xxxviii-392.

Paris. — Imp. Paul Dupont.

Bib. nat., 8° Y² 11631.

136. — 79. — Le Diable Boiteux par Le Sage seule
édition complète suivie de l'*Entretien des cheminées
de Madrid* et d'*Une journée des Parques* par le même
Auteur et précédée d'une notice par M. Pierre Jannet. *Paris, C. Marpon & E. Flammarion. — E. Picard, éditeur, 5, passage des Favorites,* s. d. [1883],
2 vol. in-16, pp. xvi-235 + 2 ff. non ch., 278 + 1 f.
n. ch.

Paris. — Imp. de Ch. Noblet, 13, rue Cujas.

Nouvelle collection Jannet-Picard. — 1 fr. le vol.

Il y a une éd. de luxe avec tirages spéciaux avec vignettes en tête de pages, culs-de-lampe, fleurons, etc. vélin
ord., 2 fr. — vélin (fil) à la forme, 4 fr. — Chine véri-
table (en étui) 15 fr.

Bib. nat., 8° Y² 5741.

137. — 80. — Le Sage — Le Diable Boiteux précédé
d'une Étude sur Le Sage par M. Villemain. — *Paris, G. Charpentier,* 1884, in-12, pp. 314.

Chaumont. — Typ. Cavaniol.

Bib. nat., 8° Y² 7443. — Dans cet ex. la notice de Villemain manque.

138. — 81. — Le Diable Boiteux par Le Sage — Nouvelle édition complète précédée d'une Notice sur Le Sage par Sainte Beuve. — *Paris, Garnier frères,* s. d. [1884], in-12, pp. xxxviii-392.

> Paris. — Imp. Paul Dupont.
>
> Bib. nat., 8° Y² 15246.

139. — 82. — Lesage — Le Diable Boiteux Nouvelle édition complète précédée d'une notice sur l'auteur. *Paris, E. Dentu,* 1884, in-16, pp. xiii-300.

> Imp. Georges Jacob. — Orléans.
>
> *Bibliothèque choisie des Chefs-d'œuvre français et étrangers,* xix.
>
> Bib. nat., 8° Z 1895.

140. — 83. — Le Diable Boiteux suivi de *Le Bachelier de Salamànque* par Le Sage. — *Paris, Firmin Didot,* 1885, in-18, pp. 615 + 1 f. n. ch. tab.

> Bib. nat., 8° Y² 7250.

141. — 84. — Bibliothèque des Écoles et des Familles — Le Diable Boiteux édition abrégée a l'usage de la Jeunesse suivie d'extraits de *Gil Blas de Santillane* par Le Sage. — *Paris, Hachette,* 1887, gr. in-8, pp. 238, 63 vignettes.

> Imp. A. Lahure.
>
> Bib. nat., 8° Y² 40469 ; un autre ex., 8° Y² 40466.

142. — 85. — Lesage. — Le Diable Boiteux avec introduction littéraire et étude biographique par Charles Simond. *Paris, Henri Gaulier*, s. d., in-16, pp. 32.

Nouvelle Bibliothèque Populaire à 10 cent., No. 115.

Angers, Imp. Burdin.

Bib. nat., 8° Z 10658.

143. — 86. — Bibliothèque des Écoles et des Familles — Le Diable Boiteux édition abrégée a l'usage de la Jeunesse suivie d'extraits de *Gil Blas de Santillane* par Le Sage. — Deuxième édition. — *Paris, Hachette*, 1890, gr. in-8, pp. 238.

Paris. — Imp. A. Lahure.

Bib. nat., 4° Y² 1657.

144. — 87. — Bibliothèque nationale Collection des meilleurs auteurs anciens et modernes — Le Diable Boiteux par Le Sage. — *Paris, Librairie de la Bibliothèque nationale*, 1895, 2 vol. in-32, pp. 192, 192.

Bib. nat., 8° Y² 17604.

145. — 88. — Bibliothèque des Écoles et des Familles — Lesage Le Diable Boiteux édition abrégée à l'usage de la Jeunesse suivie d'extraits de *Gil Blas*

de Santillane — Troisième édition. — *Paris, Hachette,* 1896, gr. in-8, pp. 238.

> Coulommiers. — Imp. Paul Brodard.

> Bib. nat., 8° Y² 18110.

146. — 89. — Bibliothèque nationale Collection des meilleurs auteurs anciens et modernes — Le Diable Boiteux par Le Sage. — *Paris, Librairie de la Bibliothèque nationale,* 1898, 2 vol. in-32, pp. 192, 192.

> Bib. nat., 8° Y² 19507.

147. — M. Ricardo de Los Rios a dessiné et gravé pour une traduction anglaise 4 eaux-fortes dont un tirage exceptionnel pour l'artiste de 80 ex. a été fait en in-4 sur papier du Japon, avant la lettre. Ces eaux-fortes représentent les sujets suivants :

> Le Diable apparaît à Cléophas. (Chap. i).
> Le Comte de Belflor tombe dans la rue en sortant de voir Léonor. (Chap. iv).
> Francillo revient voir ses parents. (Chap. ix).
> Adieu, Madame, il faut vous fuir pour sauver ma vertu... (Chap. xiii).

148. — Boissonade, art. sur le *Diable Boiteux,* inséré dans le *Journal de l'Empire,* 25 oct. 1812 ; reproduit dans la *Critique littéraire sous l'Empire,* du même, II, p. 271.

149. — Voir l'article *Diable boiteux* dans le *Grand Dictionnaire* de Larousse.

Espagnol (1)

150. — EL DIABLO ‖ COIVELO. ‖ Novela de la ‖ otra vida. ‖ Traduzida a esta ‖ por Luys Velez de Gueuara. ‖ Año 1646. ‖ *En Barcelona.* ‖ — *En la Emprenta administrada por Sebastian* ‖ *de Cormellas Mercader.* in-8, 4 ff. n. ch. + ff. 67.

> Bib. nat., Inv. Y² 48772. — Un autre ex., Y² 11252, titre à moitié déchiré.

151. — EL DIABLO COJUELO, ‖ verdades soñadas, ‖ y novelas de la otra vida, ‖ traducidas a estas ‖ por Luis Velez de Guevara. ‖ Añadido al fin con ocho Enigmas curiosos ‖ y dos Novelas. ‖ [Vig.] ‖ *Madrid* MDCCLXXXV. ‖ *En la Imprenta del Consejo de Indias.* in-12, 6 ff. n. ch. + pp. 257.

> Bib. nat., Inv. Y² 48773.

1. Je donne les éditions de Guevara et celles de Lesage. — Voir No. 58 la préface du dernier au premier. — Guevara, né en 1570 à Ecisa (Andalousie), est mort à Madrid en 1644. La première éd. du *Diablo cojuelo* est de Madrid, 1641, in-8.

152. — El Diablo Coxuelo, Verdades soñadas, y novelas de la otra vida, Traducidas á esta por Luis
Perez de Guevara. Nueva Impresion. — *En Madrid,
en la Imprenta de Benito Cano. — Año de* 1812,
in-16, pp. 176.

Bib. nat., Inv. Y² 48774.

153. — El Observador nocturno, ó el Diablo cojuelo,
compuesto en frances, á imitacion del que escribió
Luis Velez de Guevara, por Lesage, traducido al castellano. *Paris, en la Librería de Teofilo Barrois Hijo,
Quai Voltaire,* nº 11. — 1822, 2 vol. in-12, pp. 224,
242.

En la Imprenta de J. Smith.

Bib. nat., Inv. Y² 48785-6.

154. — El Observador Nocturno, ó el Diablo cojuelo,
compuesto en frances, á imitacion del que escribió
Luis Velez de Guevara, por Lesage ; traducido al
castellano. — *Perpiñan, en la Imprenta de J. Al-
zine,* 1824, 2 vol. in-12, pp. 118, 240.

Bib. nat., Inv. Y² 48787-48788.

155. — El Diablo cojuelo, verdades soñadas y novelas de la otra vida, traducidas a esta por Luis Velez
de Guevara. — Nueva Edicion corregida. — *Paris,*

Imprenta de Gaultier-Laguionie. — MDCCCXXVIII, in-16, pp. XXIV-156.

Bib. nat., Inv. Y² 48775.

156. — El Observador Nocturno, ó Diablo cojuelo, por Mr. Le-Sage : Traducido al castellano, Y adornado con dos láminas finas. Con licencia. *Reus : Imprenta de Sanchez, octubre* 1830, 2 vol. in-32.

156 *bis.* — El Diablo cojuelo. Nueva version castellana. Edicion de lujo, con 120 grabados en madera y 2 hermosisimas láminas en acero, por una Sociedad de Artistas. Madrid : Imprenta de Alegria y Charlain... 1842, gr. in-8, pp. 328.

Portugais

157. — O Diabo coxo. Novella escrita em francez por Lesage, Autor de Gil Blas, Estevinho Gonsalves, etc., etc. Traduzida Por José da Fonseca. *Paris, Typographia de Beaulé e Jubin, Rua de Monceau Saint-Gervais,* 8. — 1838, 2 vol. in-12, pp. 240, 220.

Bib. nat., Inv. Y² 48776-48777.

Italien

157 *bis.* — Il || Diavolo || zoppo, || Opera || Portata dal
Spagnuolo in Francese || dal Signor N. N. || E dal
Francese nel volgare Italiano || dall' Abbate || Nicola
Felletti, || consacrata || A Sua Eccelenza il Signor ||
D. Carlo Caraffa, || Duca di Madaloni, Marchese ||
d'Arenzo, Kavaliere del || Toson d'Oro, &c. || [fleu-
ron] || *Venezia,* m.dcc.xiv. || *Presso Gio : Battista
Recurti,* || *In Merceria alla Religione.* || *Con Licenza
de' Superiori, e Privilegio.* in 12, 4 ff. n. ch. +
pp. 298 + 3 ff. n. ch. p. 1 tab. Front.

158. — Il || Diavolo || zoppo, || Opera || Portata dallo
Spagnuolo nel Francese || dal Signor N. N. || E dal
Francese nel volgare Italiano || Dall' Abate || Ni-
cola Felletti. || [Vig.] || *In Venezia,* mdccxxi. || *Presso
Gio : Battista Recurti,* || *Alla Religione.* || *Con Licenza
de' Superiori, e Privilegio.* in-12, pp. 264, front.

   Bib. nat., Inv. Y² 48778.

Anglais

159. — *The Devil upon Two Sticks, translated into
English. *London,* 1708, 2 vol.

160. — *The Devil upon Two Sticks. *London*, 1729, 2 vol. in-12, Cuts.

Lowndes.

161. — *Le Diable Boiteux : or, *the Devil upon two Sticks,* [from the French of A. R. Le Sage]. The seventh edition. *London*, 1741, 2 vol. in-12.

Brit. Mus., 1208. b. 29/30.

162. — *The Devil on Crutches, with *Asmodeus' Crutches, and Dialogues of Two Chimneys.* 1750, 2 vol. in-12.

Cat. Arthur Reader, lib., Lond., 1888 (212).

163. — *The Devil upon Crutches. *London*, 1759, 2 vol. in-12, grav.

Lowndes.

164. — The Devil upon Sticks. Newly Translated from the *Diable Boiteux* of M. Lesage. To which are pre- fixed, *Asmodeus's Crutches,* A Critical Letter upon the Work ; And *Dialogues between some Chimneys of Madrid.* The Second Edition. In two volumes. *Berwick: Printed for R. Taylor.* mdcclxxiii, 2 vol. in-12.

En tête du Vol. I frontispice gravé par Phinn & Mit- chelson.

165. — THE DEVIL UPON TWO STICKS. Translated from the *Diable Boiteux* of M. Le Sage. To which are prefixed *Asmodeus's Crutches*, A Critical Letter upon the Work; and *Dialogues between two Chimneys of Madrid*. Ornamented with Cuts. *London : Printed by John Rivington, jun. For W. Strahan, T. Lowndes, T. Becket, and E. Johnston.* MDCCLXXVIII, in-12, pp. XXIII-291 + 9 ff. pour l'index.

166. — THE DEVIL UPON TWO STICKS. Translated from the *Diable boiteaux* [sic] of Monsieur Le Sage. To which are prefixed, *Asmodeus's Crutches*, a Critical Letter upon the Work : and *Dialogues between two chimneys of Madrid*. In two volumes. *London : Printed for Harrison and Co...* MDCCLXXX, 2 vol. in-8, pp. XV-1 79 et 81 145.

> 4 Planches de Stothard grav. par Walker (2) et Heath (2).

167. — THE DEVIL UPON TWO STICKS. Translated from the *Diable boiteaux* of M. Le Sage. Embellished with engravings. To which are prefixed, *Asmodeus's Crutches*, A Critical Letter upon the Work : and *Dialogues Between two Chimnies of Madrid*. Cooke's Edition. *London : Printed for C. Cooke...* s. d., in-12, pp. XVIII-268. [1793].

> Forme le Vol. 16 de la collection de Cooke.

168. — *The Devil upon Two Sticks in England;
being a continuation of Le Diable Boiteux of Le
Sage. 1790, 4 vol. in-12.

Par William Coombe.

Brit. Mus., N. 1884.

169. — The Devil upon Two Sticks in England :
being a continuation of le *Diable Boiteaux* of Le
Sage. Fourth edition. *Haud passibus æquis.* Virgil.
*London : Printed for Sherwood, Neely, and Jones...
By G. Sidney,* 1811, 6 vol. in-12.

170. — The Devil upon Two Sticks. Translated from
the *Diable Boiteaux* of M. Le Sage. To which are
prefixed, *Asmodeus's Crutches,* A Critical Letter upon
the Work ; and *Dialogues between two Chimneys of
Madrid. London : Printed for J. Walker and Co. ;*
etc. 1815. pet. in-12, pp. xxiv-265 + 10 f. index.

Walker's *British Classics.*

171. — *The Devil upon Two Sticks. — *Penny National Library,* Vol. 4 [1830?], in-8.

Brit Mus., 1157. l. 4.

172. — Asmodeus ; or The Devil on Two Sticks. By
Alain René Le Sage. With a biographical Notice of
the Author, by Jules Janin. Translated by Joseph

Thomas ; and illustrated by Tony Johannot. *London : Joseph Thomas, Finch lane*, mdcccxli, gr. in-8, pp. xx-401.

173. — *Asmodeus. — London, Willoughby*, 1846, gr. in-8.

English Cat. of Books.

174. — Illustrated Literature of all Nations. Asmodeus : or, the Devil on two Sticks. By Le Sage. Illustrated with seventy engravings. Price 8 Pence. *London : John K. Chapman* [1852] in-fol. à 2 col., pp. 64.

175. — The Lame Devil. An expurgated edition of Le Sage's *Diable Boiteux. London : Charlton Tucker*, 1870, in-8, pp. vii-152.

176. — The Devil on Two Sticks. By Alain René Le Sage, Author of « Gil Blas », etc., etc. Translated from the French. *London : William Tegg*, 1877, in-32, pp. ix-388. — Vig., pub. à 2/-.

177. — The Devil on Two Sticks... Translated from the French. *London : William Tegg*, 2d. ed., 1878, in-32.

English Cat. of Books.

178. — *Asmodeus : or, the Devil on Two Sticks, illustrated by Johannot. *London, Routledge, 1878, in-8.*
English Cat. of Books.

179. — Asmodeus ; or, The Devil on Two Sticks. By
Alain René Le Sage. With a biographical Notice of
the Author, by Jules Janin. Illustrated by Tony
Johannot. *George Routledge and Sons, London [&],
New-York, 1879, in-8, pp.* xxviii-419.
Bradbury, Agnew & Co. Printers, Whitefriars, London.

180. — *Asmodeus, or the Devil upon Two Sticks ;
preceded by *Dialogues... between two Chimneys of
Madrid.* Translated from the French... With... etchings... by R. de los Rios. *London, J. C. Nimmo
and Bain, 1881, in-8, pp.* xix-332.
Brit. Mus., 12238. c. 1. — Voir No. 147 pour les illustrations de Los Rios.

181. — *The Devil on Two Sticks... Illustrated [1887].
*Dicks' English Library of Standard Works, etc. Vol.13,
[1884, etc.], in-4.*
Brit. Mus., 12620. i. 3.

182. — *Asmodeus... *London, G. Routledge and Sons,
[1888], in-8, pp.* xxviii-419.
Excelsior Series.
Brit. Mus., 012547. f. 11.

183. — *Devil on Two Sticks, illustrated by Bre-
viere. *London, Dicks,* 1889, in-8.

English Cat. of Books.

Allemand.

184. — Der || hinkende Teufel || ein || Comischer Ro-
man || des || Herrn le Sage || aus || dem Französis-
chen übersetzet. || — *Frankfurt und Leipzig,* || *bey
Heinrich Ludwig Brónner,* 1777, pet. in-8. front.
grav. + 3 ff. prél. ch. + pp. 384.

185. — *Le Diable Boiteux. Mit grammat., krit. nud
erklärenden Noten, auch e. Wörterbuche. *Leipzig,
Baumgärtner,* 1832, gr. in-12.

Kayser.

186. — *Le Diable Boiteux. 2ᵉ éd. corr. et revue sur
les meilleures copies ; avec des remarques par C.
P. Froebel. *Rudolstadt,* 1833, 2 vol. in-8.

Kayser.

187. — *Der hinkende Teufel. Mit Illustrationen

nach Tony Johannot. *Pforzheim, Dennig, Finck u. C.*, 1840, 8 hefte gr. in-8.

> Kayser.

188. — *DER HINKENDE TEUFEL. Neue sorgfältige Uebertragung. Mit holzstichen nach Tony Johannot. 1843.

> Kayser.

189. — *DER HINKENDE TEUFEL. Aus dem Französ. des Le Sage. Uebers. von D. Barrasch. 2 vol., pp. v-263.

> Nos. 43 et 44 de *Classiker des In-und Auslandes*. Berlin, 1853-1858.
>
> Kayser.

190. — Le Sage's DER HINKENDE TEUFEL. Deutsch von Levin Schücking. *Hildburghausen. Verlag des Bibliographischen Instituts*. 1866, 2 parties in-8.

> Forment les Nos. 35 et 36 de la *Bibliothek ausländischer Klassiker*.

191. — *Lesage. — DER HINKENDE TEUFEL.

> Nos. 353-4 de l'*Universal Bibliothek*, Leipzig, 1871-6, in-16.
>
> Kayser.

192. — * DER HINKENDE TEUFEL v. A. R. Le Sage.
Mit einer Einleitung v. Ferd. Lotheissen.

> No. 8 de la *Collection Spemann*, Stuttgart, 1881-2, in-8.
> Kayser.

193. — * DER HINKENDE TEUFEL. Von Lesage. Übers. v.
Levin Schücking.

> Nos. 69-71 de *Meyer's Volksbücher*, Leipzig.
> Kayser.

194. — * Le Sage. — DER HINKENDE TEUFEL. Durch-
geseh. v. Frdr. Gleich. 1891.

> Nr. 511-513 de *Bibliothek der Gesamt-Litteratur des
> In-u. Auslandes*. Halle, Hendel.
> Kayser.

Russe.

195. — Л. Р. Лесажъ. — Хромой бѣсъ. Переводъ П. Канча-
ловскаго. — Москва — 1895. Типо — Лит. Д. А. Бенчъ Бруе-
вича, Мясницкая, Козловскій пер., д. Пряпишникова. (Titre
+ portrait hors texte, portant l'inscription : Алэнъ
Ренэ Лесажъ | 1668-1747 + pp. III — XXXI + 360.
Avec 8 gravures hors texte. Sur le verso de la cou-
verture est imprimé : Изданіе П. К. Пряпишникова. | Цѣна
1 руб. 50 коп., на веленевой бумагѣ 2 руб. | Складъ книги
у П. К. Пряпишникова. Москва, Ильинка, Ипатьевскій пер. д.
Гуськова. pet. in-8.

196. — Повѣсть о Хромоногомъ Бѣсѣ, сочиненная на Францус-
скомъ языкѣ господиномъ Лесажемъ въ двухъ частяхъ, переведена Академіи Наукъ Студентами Дмитріемъ Легкимъ и
Дмитрїемъ Мокѣевымъ. — Въ Санктпетербургѣ при Императорской Академіи Наукъ 1763 года (Titre général + pp.
236 + 234) N. B. La IIe partie est sans titre.

197. — Повѣсть о Хромоногомъ Бѣсѣ, сочиненная на Француз-
скомъ языкѣ господиномъ Лесажемъ — переведена Академіи
Наукъ студентами Дмитрїемъ Легкимъ и Дмитрїемъ Мокѣевымъ. — третьимъ тисненіемъ. — Въ Санктпетербургѣ, Имп.
Акад. Наукъ 1791 года. 2 vol. in-8, pp. 223, 219.

Bibl. nat., Inv. Y² 48779-48780.

198. — Повѣсть о Хромоногомъ Бѣсѣ, сочиненная на Француз-
скомъ языкѣ господиномъ Лесажемъ . . . ., переведена
Академіи Наукъ студентами Дмитрїемъ Легкимъ и Дмитрїемъ
Мокѣевымъ — четвертымъ тисненіемъ — Въ Санктпетербургѣ, при Императорской Академіи Наукъ 1817 года.

Часть первая (Titre + pp. 214).

Часть вторая (Titre + pp. 210).

199. — Хромоногій Бѣсъ. Соч. Ле Сажа. Переводъ Г. Пасынкова.

Часть I (4 pages, non chiffrées + pp. 216 + table des
matières).

Часть II (Titre + pp. 243 + table des matières).

Часть III (»   + pp. 208 +   »   ).

Санктпетербургъ. Печатано въ Типографіи Штаба Отдѣльнаго
Корпуса Внутренней Стражи. 1832. in-12.

200. — Хромый Бѣсъ. — Соч. Лесажа. Перев. В. Волжскій.

Часть I (Titre général gravé : Хромой бѣсъ. [Figure du Diable boiteux, dessin de Kotzebue, gravé par Galaktionov. Рисов. Коцебу. — Гр. Галактіоновъ.] Санкпетербургъ. 1832.) Titre + 6 pages, non chiffrées + pp. 228 + t. d. m.)

Часть II (Titre + pp. 254 + t. d. m.)

Часть III (» + pp. 218 + «)

Санктпетербургъ. Въ Типографіи Александра Смирдина. 1832. in-18.

201. — Хромой чортъ — *Le diable boi teux (sic !)* — Соч. Лесажа [Vignette] Москва. Типографія С. Орлова по Пречистенскому бульвару, домъ Забѣлина 1874. in-8 (Titre + (3 — 182) + II (table des mat.) (Sur le recto de la couverture : Хромой чортъ. Соч. Лесажа [Vignette]; sur le verso de la couverture : Изданіе С. И. Леухина. Цѣна 2 руб : сер : Лит. А. И. Стрѣльцова, на Моросс. Д. Челов : люб. Комит. Avec 14 illustrations hors texte) (1).

Polonais.

202. — *Djabel Kulawy przez...* po francuzku napisany, a na polski jezyk przez J. Panią Annę z Groz-

(1) Je dois les titres russes à l'obligeance du savant M. Oscar de Lemm, Conservateur au Musée asiatique de l'Académie Impériale des Sciences de St. Pétersbourg.

manich Narbuttową przełozony. Tom I. *Warszawa,*
1804, w 8 ce. 3 złp.

203. — *Toż, przctłomaczony. Edycya druga. Tomów
II. *Warszawa, nakład L. Kocha,* 1804, w 8 ce. 8 złp.

204. — *DIABEL KULAWY. Przekład dra T. Tripplina.
Illustracya A. Beaucé, z dodaniem Mazurka J. F.
Dobrzyńskiego i Walca : « Podarek dla płci pięknej »
jungla (Ze Zbioru : Skarbiec arcydzieł.) II. Częs'ci.
Warszawa, Merzbach, 1854, w 4 ce, str. 68. 85 kop. ;
zniz. 42 1/2 kop.

Estreicher.

Tchèque.

205. — KULHAVÝ DABEL. Napsal René Le Sage. Přeložil
Antonin Hansgirg. *V Praze, Nakladatel Theodor
Mourek,* 1873, petit in-8, pp. 302.

Magyar.

206. — *A SÁNTA ÖRDÖG... Francziából forditotta Varga
B., 1883, in-16, pp. 360.

Olcsó Könystsár, Sz. 161, 1875, etc.

Brit. Mus., 12215, aa.

Suédois.

207. — GREFWEN AF BELFLOR OCH MADEMOISELLE LEO-
NORA DE CESPEDES KÄRLEKS-HANDEL. Til egit och fleras
nöjen samt oskyldiga tidsfördrif, förswenskad 1752.
*Westerås, Tryckt hos Joh. L. Horrn, Kongl. Con-
sist. och Gymn. Boktr.*, 1752, in-8, pp. 64.

> [Traduit, par Abraham Sahlstedt, du ch. iv du « Dia-
> ble Boiteux » : *Histoire des amours du comte de Belflor et
> de Léonor de Cespèdes.*]

208. — WÄNSKAPS-STARCKHET, bepröfwad emellan
twenne Spanska Cavallicrer Don Fadrique De Men-
doza och Don Juan De Zorate, samt theras kärleks-
handel och åtskilliga öden med Donna Theodora De
Cienfuentes, och hwad emellan thesse och Don Al-
varo Porce ther wid förefallit. *Westerås, Tryckt hos
Joh. L. Horrn, Kungl. Consist. och. Gym. Boktr.*,
1752. in-8, pp. 88.

> [Traduit, par Abraham Sahlstedt, du ch. xiii du « Dia-
> ble Boiteux » : *La force de l'amitié.*]

208 *bis*. — LE DIABLE BOITEUX, eller den halta Djef-
wuln. Öfversättning ifrån Fransyskan. *Stockholm,*

Tryckt hos Andreas Holmerus, år 1772, in-8, pp. 48.

> Traduction qui devait comprendre l'ouvrage entier et qui a été interrompue au chapitre IV.

209. — GREFVE DE BELFLORS OCH FRÖKEN LEONORA DE CESPEDES KÄRLEKSHÄNDELSER. Spansk Anecdote. Fri öfversättning af n-g-k-. *Stockholm,* 1786. *Tryckt hos And. J. Nordström.* in-8, pp. 72.

> [Traduit du ch. IV du « Diable Boiteux ».]

210. — HALTE FAN. Öfversättning ifrån Spanskan. *Götheborg, tryckt hos Lars Wahlström,* 1798. in-8, pp. 236.

> [Traduction du « Diable Boiteux » par Per Adolf Granberg.]

211. — VÄNSKAPENS MAKT. Spansk original. Öfversatt från Engelskan. *Götheborg, tryckt hos Sam. Norberg,* 1812, in-8, pp. 80.

> [Traduction du ch. XIII du « Diable Boiteux ».]

212. — ASMODEUS, en ung students äfventyr, dä han ifrån taketfär beskåda hvad alla i hufvudstaden hafva för sig i sina rum. Af Le Sage, författare till Gilblas de Santillana. (Le Diable boiteux). Med planscher.

Stockholm, P.-A. Huldberg, 1842. 2 vol. in-12,
pp. 168, 164.

[Traduit par (Hinrik ?) Sandström.]

213. — Asmodeus (Le Diable Boiteux.) En ung students äfventyr af Le Sage. Öfversättning. *Stockholm,
F. C. Askerbergs förlag,* 1878, in-8, pp. 272.

> Je dois les titres des ouvrages suédois et danois à l'obli-
> geance du savant conservateur de la Bibliothèque royale
> de Stockholm, M. E. W. Dahlgren.

Danois.

214. — Halte Fanden. Eller Menneskenes hemmelige
Feil og Laster, paa een behagelig Maade lagt for Da-
gen. Sammenskreven först paa Spansk, dernest oversat i det Franske Sprog, og efter denne Oversættelse
verteret paa Dansk. *Kjöbenhavn,* 1746-47. 2 vol.

2ᵉ édition :

215. — Halte Fanden eller den hinkende Diævel, fo-
restillende Menneskenes hemmelige Feyl og Laster
paa en behagelig moraliserende Maade. Dette Skrift
er först sammanskreven paa Spansk, dernæst oversat
udi det Franske Sprog, og nu paa Dansk oversat, 2.
Oplag, giennemsect, föröget saa og ziiret med Kob-
berstykker. *Kjöbenhavn,* 1749-50, 2 vol.

Divers.

216. — ŒUVRES CHOISIES || DU PRINCE || CASTRIOTTO D'AL-
BANIE || Contenant || Le portrait caractéristique du
Prince hérédi- || *taire de Prusse,* revu & augmenté par
l'Auteur, || une lettre au Congrès de l'Amérique & plu
sieurs || autres pieces qui n'avoient point encore été ||
imprimées. || Avec le portrait de l'auteur. || Aux-
quelles on a joint || Le fragment d'un nouveau cha-
pitre du *Diable* || *boiteux,* envoyé de l'autre monde
par M. le || *Sage* ; où se trouve un Dialogue entre *le
Comte* || *de Ruppen, le Comte du Nord, le Comte* ||
de Slonim & Warta. || M.DCC.LXXXII. pet. in-8, 2 ff.
n. ch. p. l. tit. et le Port. + pp. 16 + pp. 96.

> Bib. nat. 8° Z. — Le Brit. Museum 934. h. 13/9, le
> marque The Hague. — Le « Fragment d'un nouveau
> Chapitre du *Diable boiteux,* envoyé de l'autre monde par
> M. le Sage » occupe les 16 premières pages.
> Quérard, *France littéraire,* X, p. 563, s. v. Zannowich
> (Stephano) donne :
> — Fragment d'un nouveau chapitre du *Diable boiteux*
> envoyé de l'autre monde par Le Sage, 1781.
> Le Prince Castriotto d'Albanie, né le 18 février 1751
> imposteur dont le véritable nom est Stephano Zanno-
> wich. Cet aventurier se suicida à Amsterdam le 25 mars
> 1786. Voir l'article que lui a consacré la *Biographie uni-
> verselle* (Barbier).

217. — LE PETIT DIABLE BOITEUX DES ENFANTS ou le

Bon Génie de la Jeunesse imité de Lesage par M. L.
Regley... *Paris, P. Brunet,* 1862, in-12, pp. 246.

Bib. nat., Inv Y² 61740.

218. — Il existe un opéra comique, *le Diable boiteux,*
musique de Haydn, représenté à Vienne vers 1770.

219. — SONGS, CHORUSSES, RECITATIVE, AND DIALOGUE,
with a Description of the Scenery &c. &c. in the
new pantomine, called *Harlequin and Asmodeus ;
or, Cupid on Crutches,* as performed at the Theatre-
Royal, Covent-Garden. *London : Printed and Published by J. Barker...* 1810 [Ten-Pence] In-8, pp. 23.

Arranged by Mr. Farley ; music by Mr. Ware.

219 *bis.* — *LE DIABLE BOITEUX A PARIS, comédie épi-
sodique en un acte, mêlée de couplets. *Paris,
Delaunay,* 1814, in-8, pp. 48.

« Attribué par Quérard à Louis-François LHÉRITIER,
de l'Ain, et par le catalogue Soleinne à Auguste GILLES,
plus connu sous le nom de SAINT-GILLES ou d'Auguste
GALLISTINES. » (Barbier.)

220. — *LE DIABLE BOITEUX, ou Anecdotes secrètes de

Paris et des provinces, par une société de patriotes.
4 n^os in-8. *Louvre* [1790].

> Le catalogue Delisle de Sales porte un *Diable politique*,
> 2 vol. in-8, sans date. (Hatin, p. 169.)

221. — * Le Diable boiteux, journal critique et littéraire. 26 n^os in-8. [1816].

> (Est Daemon in nobis, agitante calescimus illo. (Hatin,
> p. 334.)

222. — * Le Diable boiteux, recueil politique et littéraire. In-8. (1818). (Hatin, p. 341).

223. — ' Le Diable boiteux, feuilleton littéraire, journaux des spectacles, des mœurs, des arts et des
modes. 14 juillet 1823-31 juillet 1825. 4 vol. gr.
in-4.

> Devient le 1er août : *Le Frondeur impartial,* journal de
> littérature..... Puis : *le Frondeur,* journal impartial de
> littérature... 1er août 1825-18 juillet 1826, 2 vol.
> in-fol.

> Dans le genre du *Miroir,* et autres petites feuilles fon-
> cièrement politiques sous des apparences littéraires. Celle-
> ci, qui fut tuée juridiquement, eut pour rédacteurs le
> vaudevilliste Moreau, Eugène de Monglave, Ader, Pros-
> per Chalas, de Montrol, etc. (Hatin, p. 351.)

224. — * Le Diable boiteux, journal politique, véri-

dique, charivarique, dramatique, et Vive la république ! In-fol.

> 3 nᵒˢ spécimens avec dessin différent. — Sans signature, mais réd. en chef E. Gigault de la Bédollière. Devait paraître le 15 mai [1848] mais fut remplacé par l'*Indépendant*. (Hatin, *Bibl. de la Presse*, p. 452.)

225. — *Le Diable boiteux a l'Assemblée nationale. Rédacteur en chef Ch. Tondeur. 29 mai-24 juin, 5 nᵒˢ in-fol.

> Cet animal est fort méchant
> Quand on l'attaque il se défend.

> Le *Croque-Mort de la presse* parle d'un nᵒ 6 du 23 juin, avec le sous-titre de *pamphlet de la république rouge*; gér. Ch. Tondeur, que je n'ai pas vu ; mais il donne la date du 21 juin au nᵒ 5, qui est ainsi daté : « Du jeudi 22 juin au samedi 24 » ; ce qui me porterait à croire à quelque confusion. — Distribuait force *coups de béquille* aux membres du gouvernement provisoire et aux hommes du *National* [1848]. (Hatin, p. 452.)

226. — *Asmodée, *le Diable boiteux* de 1823, par Eugène de Montglave et autres, 5 mai, in-4. [1857].

> Je ne cite cette feuille éphémère — elle n'eut qu'un nᵒ — que pour le nom de son rédacteur en chef, un des vétérans du métier, et qui s'était acquis de nombreuses sympathies. Repris le 5 juin sous le titre de *Le Diable boiteux de 1823*, in-4. (Hatin, p. 531.)

227. — *Le Diable boiteux. 2 nᵒˢ pet. in-fol. [1857] (Hatin, p. 533.)

V. — GIL BLAS DE SANTILLANE.

Éditions françaises (1715).

228. — I. — HISTOIRE || DE || GIL BLAS || DE SANTIL-
LANE. || Par Monsieur Le Sage. || Enrichie de Figu-
res. || [Vig.] || *A Paris,* || *Chez Pierre Ribou, Quay*
des || *Augustins, à la Descente du Pont Neuf,* || *à*
l'Image saint Loüis. || — M.DCC.XV. || *avec Approba-*
tion, & Privilege du Roy. 2 vol. in-12, pp. 394
+ 1 p. n. ch. er., fig. hors texte ; 4 ff. n. ch. p. l.
tab., app., etc. + pp. 335, fig. — Tome Troisieme.
|| Edition nouvelle. || [Vig.] || *A Paris,* || *Chez la veuve*
Pierre Ribou, Quay des || *Augustins, à l'image S.*
Loüis. || — M.DCC.XXIV. || *Avec Approbation & Privi-*
lege du Roy. in-12, 4 ff. n. ch. p. l. tit., tab. + pp.
362 + 1 f. n. ch. er., fig. hors texte. — Tome IV.
|| [Vig.] || *A Paris,* || *Chez Pierre-Jacques Ribou, vis-*
à-vis || *la Comedie Françoise, à l'Image S. Loüis.* ||
M.DCC.XXXV. || *Avec Approbation & Privilege du Roy,*
in-12, 4 ff. n. ch. p. l. tit. et la tab. + pp. 347
+ 1 f. n. ch. p. l. priv., fig.

Bib. nat., Inv. Y² 9944-9947.

App. dans le Vol. II, 2 janvier 1715 ; priv., 20 fév.
1715, à Pierre Ribou.

App. dans le vol. IV, 19 oct. 1733 ; priv., 8 avril 1734,
à Pierre-Jacques Ribou.

I. — 8 fig., pp. 1, 62, 113, 130, 161, 292, 319 et
372. — II. — 10 fig., pp. 1, 11, 26, 135, 144, 169, 177,
189, 296, 330. — III. — 8 fig. n. sig., pp. 1, 15, 46,
104, 123, 134, 288, 304. — IV. — 8 fig., pp. 1, 17,
30, 68, 87, 185, 328, 342, signées : *Dubercelle In. et
Fecit*. (Cf. Le Petit).

Édition originale.

« Les deux premiers volumes du chef-d'œuvre de Lesage parurent en 1715 avec 16 figures. Le 3ᵉ vol. parut
en 1724 et le 4ᵉ en 1735 avec la réimpression des vol.
précédents. Les amateurs ont formé des ex. en réunissant
les diverses parties originales. Les fig. y sont naturellement meilleures.

« On connaît 2 titres à la date de 1714 pour le premier vol. » (Cohen). Le Comte de Lignerolles et M. Lau-
gel en possèdent chacun un. (Le Petit).

« On trouve généralement le tome troisième, avec la
mention : *Édition nouvelle,* sur le titre. L'ex. (Vente Daguin (1073), 1905, possède un second titre sans mention aucune. »

Facsimile du t. I. Cat. Guy Pellion (fév. 1882, 567,
m. bl., doublé de mar. rouge, *Cuzin Maillard,* 2 400 fr.)
et des T. I, III et IV, dans Le Petit, pp. 483, 484, 485.

229. — 2. — *Histoire de Gil blas de Santillane...
Seconde Édition. *Paris, Pierre Ribou,* 1715. 2 vol.
in-12, fig.

« Seconde édition, copiée exactement, page pour page
et ligne pour ligne, sur la première, parue la même année et avec les mêmes figures. » (Claudin, Nᵒ. 21060.)

230. — 3. — Histoire || de || Gil Blas || de Santil-
lane. || Par Monsieur Le Sage. || [Vig.]. || *A Amster-*
dam, || *Chez David Mortier,* Libraire.. || mdccxvi,
4 vol. in-12.

> Bib. nat., Inv. Y² 9948-9951.

231. — 4. — Histoire || de || Gil Blas || de Santil-
lane. || Par M. Le Sage. || Troisième Edition. ||
[Vig.] || *Imprimé à Roüen, & se vend* || *A Paris,* || *Chez*
la veuve Ribou, Quay des Augustins, à la || *décente du*
Pont neuf, Image saint Loüis. || — mdccxxi. || *Avec*
Approbation, & Privilege du Roy. 4 vol. in-12.

> Les Vol. III et IV portent la date m.dcc.xxx.
> Bib. nat., Inv. Y² 9952-9953.

232. — 5. — Histoire || de || Gil Blas || de Santil-
lane. || Par M. Le Sage. || Troisième edition. || [Vig.]
|| *A Paris,* || *Chez la veuve Ribou, ruë des Fossez* ||
S. Germain, vis-à-vis la Comedie || *Françoise, à*
l'Image S. Louis. || — m.dcc.xxx. || *Avec Approba-*
tion, & Privilege du Roy. 4 vol. in-12.

> Bib. nat., Inv. Y² 9956-9959.

233. — 6. — Histoire || de || Gil Blas || de Santil-
lane. || Par M. Le Sage. || Quatrième edition. ||
[Vig.] || *A Paris,* || *Chez la Veuve Ribou, vis-à-vis* || *la*

Comedie Françoise, à l'Image || *Saint-Loüis.* || M.DCC. XXXII–M.DCC.XXXVII, || *Avec Approbation & Privilege du Roy.* 4 vol. in-12.

> Bib. nat., Inv. Y² 9960-9963. — *Mar. rouge* ; de la Bibliothèque de Choisy-le-Roy.

234. — 7. — LES || AVANTURES || DE || GIL BLAS || DE SANTILLANE. || Par Monsieur Le Sage. || Nouvelle Edition. || [Vig.] || *A Amsterdam,* || *chez Herman Uyt-werf.* M.DCC XXXIX–M DCC XXXV, 4 vol. pet. in-12.

> Bib. nat., Inv. Y² 9964-9966.

> Quérard cite : Amsterdam, Herman Uytwerf, 1729, 1733, 1735, 4 vol. in-12.

235. — 8. — HISTOIRE || DE || GIL BLAS || DE || SANTIL-LANE, || Par Monsieur Le Sage. || Cinquième Édition, || avec Figures. || [Vig.] || *A Amsterdam,* || *Aux dé-pens de la Compagnie,* 1740, 4 vol. in-12.

> Bib. nat., Inv. Y² 9968-9971.

236. — 9. — HISTOIRE || DE || GIL BLAS || DE SANTIL-LANE. || Par M. Le Sage. || Dernière Edition revue, & corrigée. || [Vig.] || *A Paris,* || *Par les Libraires As-sociés.* || — M.DCC.XLVII. || Avec Approbation & Pri-vilége du Roy. 4 vol. in-12.

> I. — 4 ff., pp. 402 + 3 ff. (tab.) et 8 fig. pp. 1, 64, 119, 148, 168, 300, 328 et 380. — II. — 2 ff., pp. 342 + 2

ff. (tab.) et 9 fig. pp. 12, 28, 144, 157, 174, 179, 197, 304 et 338. — III. — 2 ff., pp. 381 + 3 ff. (tab.) et 8 fig., pp. 10, 20, 53, 108, 142, 182, 295 et 317. — IV. — 4 ff., pp. 369 + 5 ff. (tab. et priv.) et 7 fig. pp. 1, 18, 33, 74, 94, 198 et 350.

32 fig. hors texte non sig., dernière édit. publiée du vivant de l'auteur.

De l'Imprimerie de Quillau, 1747. — Bib. nat., Inv. Y² 9976-9979. — Bib. James de Rothschild, 1549, m. v. *Trautz-Bauzonnel.*

Priv. pour neuf ans, 30 janvier 1739, à *Jean-Baptiste Juin,* qui le cède à *Pierre Gandouin, Gabriel Valleyre, Huart, Nyon fils, Clouzier, Prault fils, Bordelet, David l'aîné, Damonneville* et *Ganeau.*

« Il existe deux éd. sous la même date. L'original se reconnaît de la copie ou contrefaçon, à ce que les figures sont retournées sur la dernière. Ainsi, sur la première figure du premier vol., le chanoine doit être à gauche, tandis qu'il est à droite sur la copie. En outre, le fleuron imprimé en haut de la première page représente un temple sur l'éd. originale et un ornement sur la contrefaçon. On reconnaît encore la bonne éd. à ce que, jusqu'à la page 180 du 4ᵉ vol., les *i* dépassent le texte.

« De beaux ex. reliés par Trautz, vente Lebœuf de Montgermont, 1120 fr., vente du baron R. P..., 685 fr., et 360 fr., vente du comte Roger.

« Un ex. non rogné se trouve dans la bibliothèque de M. E. Paillet.

« Réimp. en 5 vol. in-12 en 1759, avec les figures retouchées (De 25 à 30 fr.). » (Cohen).

« Il y a une deuxième édition de cette année-là, contrefaçon. On reconnaît la vraie à la forme des J : dans la vraie, ils posent sur la ligne ; dans la fausse, ils sont traversés par elle. La vraie a, page 1, un fleuron que l'autre n'a pas, un temple ruiné. La vraie porte, p. 369 : De

l'Imprimerie de Quillau, 1747. » (Léo Claretie, p. 431).
— Cf. Le Petit, p. 488.

Tandis que la contrefaçon vaut de 3o à 4o fr., Le Petit (Facsimile du titre, p. 486) donne les prix suivants
pour la bonne éd. de 1747 : Vente Armand Berlin (1854),
m. r., *Duru*, 100 fr.; Vente Solar (1860), veau fauve,
79 fr.; Vente Potier (1870), m. r., *Chambolle*, 38o fr. ;
Cat. Fontaine (1875), m. r., *Trautz*, 8oo fr. ; (1879),
m. r., *Trautz*, 1 55o fr.; Lebeuf de Montgermont (1876),
mar. r., *Trautz*, 1 120 fr.; Bul. Morgand (1887), ex. de
Paillet, m. doublé, *Cuzin*, 2 000 fr.

Vente Guy Pellion (568), rel. ancienne, 2o5 fr.

237. — 10. — * GIL BLAS. — Nouvelle édition, avec
des figures. *Londres*, 1749, 4 vol. in-12, fig.

Brit. Mus., 12511. cc. 3.

238. — 11. — * GIL BLAS. — Nouvelle édition, avec
des belles figures. *Amsterdam et Leipzig*, 1755, 4 vol.
in-12.

Brit. Museum, 12511. a. 31.

Quérard : Leipzig (sous le titre d'*Aventures*), 1756,
4 vol. petit in-8.

239. — 12. — HISTOIRE || DE || GIL BLAS || DE SAN-
TILLANE. || Par M. Le Sage. || Nouvelle edition. ||
Avec Privilége de S. M. le Roi de Pol. Élect. de
Saxe. || — *A Dresde, et a Leipzig*, || *chez George
Conrad Walther*, || *libraire du Roi.* || 1756. 4 vol.
pet. in-8, grav.

240. — 13. — Histoire || de || Gil Blas || de San-
tillane. || Par M. Le Sage. || Derniere Edition, re-
vue & corrigée. || [Vig] || *A Paris,* || *Par les Libraires
Associés.* || — m.dcc.lvii. || *Avec Approbation & Pri-
vilége du Roy.* 4 vol. in-12.

>   Bib. nat., Inv. Y² 9980-9983.

241. — 13 *bis.* — Histoire || de || Gil Blas || de San-
tillane. || Par M. Le Sage. || Nouvelle edition, ||
revue & corrigée. || [fleuron] || *A Paris,* || *Par les
libraires associés.* || — m.dcc.lix. || *Avec Approbation
& privilége du Roi,* 5 vol. in-12, pp. 371 + 2 ff. n.
ch. tab., 455 + 1 f. n. ch., 344 + 2 ff. n. ch., 341
+ 2 ff. n. ch., 338 + 5 ff. n. ch., fig.

>   De l'Imprimerie de Moreau.
>
>   Bib. nat., Inv. Réserve Y² 2114-2118, mar. rouge
> plein, aux armes de Marie-Antoinette.

242. — 14. — *Gil Blas. — Dernière édition, revue
et corrigée. Avec des figures. *Londres,* 1760, 4 vol.
in-12.

>   Brit. Museum, 12511. cc. 4.

243. — 15. — *Les Aventures de Gil Blas de Santillane, par Monsieur Le Sage, nouvelle édition avec
de belles figures. *Amsterdam et Leipzig, chez Arkstée
et Merkus,* 1767, 4 vol. in-12.

>   1 fleuron sur le tit. du tome Ier et 32 fig. grav. par
> Frankendaal. (De 60 à 80 fr.). (Cohen).

244. — 16. — HISTOIRE || DE || GIL BLAS || DE SANTIL-
LANE. || Par M. Le Sage || Nouvelle Edition, revue &
corrigée. || [Vig.] || *A Paris,* || *Chez les Libraires
associés.* || — M.DCC.LXVIII. || *Avec Approbation &
Privilége du Roi.* 4 vol. in-12.

Bib. nat., Inv. Y² 9989-9992. [Manquent les Vol. I,
II et III].

245. — 17. — HISTOIRE || DE || GIL BLAS || DE SANTIL-
LANE. || Par M. Le Sage. || Nouvelle Édition. || [Vig.]
|| *A Paris,* || *Par la Compagnie des Libraires.* || —
M.DCC.LXXI. || *Avec Approbation & Privilége du Roi.*
4 vol. in-12.

De l'Imprimerie de Le Breton, premier Imprimeur du
Roi, 1771.

Bib. nat., Inv. Y² 9993-9996. [Manque Vol. I].

246. — 18. — HISTOIRE || DE || GIL BLAS || DE SANTIL-
LANE. || Par M. Le Sage. || Nouvelle Édition. || [Vig.]
|| *A Paris,* || *Chez Durand, Libraire, rue S. Jacques.*
|| M.DCC.LXXI. || *Avec Approbation & Privilége du Roi.*
4 vol. in-12.

De l'Imprimerie de Le Breton.

Bib. nat., Inv. Y² 9997-10000 [Manquent Vol. II, III,
et IV.]

247. — 19. — HISTOIRE || DE || GIL BLAS || DE SANTIL-

LANE. || Par M. Le Sage. || Nouvelle Édition. || [Vig.]
|| *A Paris,* || *Chez Humblot, Libraire, rue S. Jacques.*
|| M.DCC.LXXI. || *Avec Approbation & Privilége du
Roi.* 4 vol. in-12.

De l'Imprimerie de Le Breton.

Bib. nat., Inv. Y² 10001-10004. [Manquent Vol. II,
III et IV].

248. — 20. — HISTOIRE || DE || GIL BLAS || DE SANTIL-
LANE. || Par M. Le Sage. || Nouvelle Édition. || [Vig.]
|| *A Paris,* || *Chez Le Jay, Libraire, rue S. Jacques.*
|| — M.DCC.LXXI. || *Avec Approbation & Privilége du
Roi.* 4 vol. in-12.

De l'Imprimerie de Le Breton.

Bib. nat., Y² 10005-10008 [Manquent les Vol. II, III,
IV].

249. — 21. — HISTOIRE || DE || GIL BLAS || DE SAN-
TILLANE, || Par Mr. Le Sage. || Nouvelle Edition, re-
vue & corrigée. || [Vig.] || *A Paris,* || *Chez les Librai-
res associés.* || — M.DCC.LXXVII. || *Avec Approbation
& Privilege du Roi,* 4 vol. in-12.

Bib. nat., Inv. Y² 10009-10012. [Manquent Vol. III
et IV.]

250. — 22. — * GIL BLAS. — Nouvelle édition, revue

et corrigée. Avec des figures. *Londres,* 1777, 4 vol. in-12.

    Brit. Museum, 12511. a. 30.

251. — 23. — * Histoire de Gil Blas de Santillane, par M. Le Sage. *Londres* (Cazin), 1783, 4 vol. in-12.

    29 fig. non sig. — Mauvaise copie des figures de Dubercelle (Cohen).

252. — 24. — Œuvres choisies. 1783. [Voir No. 1, T. II et III].

253. — 25. — Histoire || de || Gil Blas || de Santillane. || Par M. Le Sage. || Nouvelle Édition. || [Vig]. || *A Paris,* || *Par la Compagnie des Libraires.* || — M.DCC.LXXXVI-LXXXVII. || *Avec Approbation, & Privilége du Roi.* 4 vol. in-12.

    Bib. nat., Inv. Y² 10013-10016.

254. — 26. — * Histoire de Gil Blas de Santillane. *Lille, Lehoucq,* 1794, 6 vol. in-18.

    6 fig. non sig. — Cohen.

255. — 27. — Histoire || de || Gil Blas || de Santillane, || Par Lesage. || Édition ornée de Figures en taille douce, gravées || par les meilleurs Artistes de

Paris. || — *De l'imprimerie de Didot jeune.* || *A Paris,* || *Chez Janet, rue Jacques, vis-à-vis celle des Mathu-* *rins.* || *Hubert, graveur, place du Panthéon, n° 16.* || L'an troisième. 4 vol. in-8, pp. 398, 333, 382, 368.

100 Figures de Bornet, Charpentier et Duplessi-Ber-taux, gravées par J.-J. Hubert ou sous sa direction.

Bib. nat., Inv. Réserve Y² 3177-3180, grand papier.

« Cet ouvrage existe en grand papier vélin avec les fig. avant la lettre... On le trouve également de format in-12 avec les mêmes fig. » (Cohen).

« 30 fr. ; sur carré superfin d'Angoulême, premières épreuves, 42 fr. ; sur papier grand raisin vélin, fig. avant la lettre, 150 fr. ; ou 4 vol. in-12, avec les mêmes fig. — Il a été tiré des deux formats des ex. sur pap. vélin avec les gravures avant la lettre. » (Quérard).

Un ex. en mar. orange, dos orné, fil. sur les plats, dou-blé de mar. bleu, double encad. de fil. et de dent. à l'in-térieur, tr. dor., par Cuzin, doré par Marius Michel, dans le catalogue de la lib. A. Rouquette, Mars 1907, No. 1219, 1 500 fr., renfermait les pièces suivantes : exem-plaire contenant les figures de Bornet, etc. *avant la let-tre* et auquel on a ajouté :

1° *16 dessins originaux* non signés, finement exécutés à la sépia.

2° La suite complète de 1 portrait et 28 figures de Monnet.

3° La suite complète des 8 figures et vignettes de De-senne en *2 états : eau-forte pure* et avant lettre sur Chine monté.

4° La suite complète de 12 dessins de Marillier gravés par Villerey, épreuves avant la lettre sur Chine monté.

5° La suite complète de 24 gravures de Devéria avant
la lettre sur Chine monté.

6° La suite complète de 20 figures de Gavarni.

7° La suite complète des 24 figures de Smirke en double tirage.

8° La suite complète de 6 figures de Staal dont 1 portrait, épreuves en 2 *états* : avant la lettre sur Chine monté
et avec lettre.

9° La suite complète de 1 frontispice et 15 eaux-fortes
de Pille avant la lettre sur Chine.

10° 2 gravures in-12 de Devéria pour une collection
que Ch. Gosselin devait publier. L'une est en 2 états dont
l'eau-forte pure, l'autre est à l'état d'eau-forte pure.

11° 29 figures de Camaron. — 15 figures d'une suite
espagnole. — 46 figures non signées, et 7 portraits par
Sixdeniers, Saint-Aubin, Duprécl, etc. — En tout 376
pièces.

256. — 28. — *Histoire de Gil Blas de Santillane*,
par M. Le Sage, nouvelle édition, ornée de 12 gravures. *Paris, Berlin,* an V, 4 vol. in-8.

Fig. de Marillier, gravées par Villerey.

257. — 29. — *Le même.* Édition ornée de sept figures en taille douce, gravées par Bovinet et Copia,
d'après les dessins de Chaillou et d'Angelica Kauff-
mann. *Paris, T.-P. Berlin,* an VI (1798), 6 vol. in-
18, 3 fr. 60, ou sur format in-12, pap. vélin, 12 fr.

Il en a été tiré un ex. sur vélin dans le format in-12,
(Quérard).

258. — 30. — Gil Blas corrigé ; ou Histoire de Gil Blas de Santillane. Par M. Le Sage. Dont on a retranché les Expressions & Passages contraires à la Décence, à la Religion, & aux Mœurs, & à laquelle on a ajouté un recueil de traits brillans, des plus célèbres poëtes françois. Par J. N. Osmond. *A Leeds : chez l'auteur & se trouve, à Londres : chez MM. Lackington, Allen & Cᵒ...* MDCCXCVIII, 4 vol. in-12.

259. — 31. — * Histoire de Gil Blas de Santillane. Par M. Le Sage. Nouvelle édition avec douze gravures d'après Marillier. *Paris, Volland,* 1801, 4 vol. in-8.

Cat. D. Morgand, février 1907, 1058 ; papier vélin ; épreuves avant la lettre, 50 fr.

260. — 32. — Histoire de Gil Blas de Santillane, par Lesage. Édition ornée de figures en taille-douce, gravées par les meilleurs artistes de Paris. *A Paris, Imprimerie de Chaignieau aîné,* l'an IX (1801), 4 vol. pet. in-8.

1 port. gravé par Lingée et 28 fig. par Monnet, gravées par Bovinet, Dambrun, Duparc, Godefroy, Lingée, Malapeau et Masquelier.

« Édition assez jolie. Elle existe sur papier vélin. Les fig. se trouvent aussi avant la lettre, les numéros et les

noms des artistes, qui, cependant, sont parfois tracés à la
pointe. Sous la même date en 8 vol. in-18 avec les mêmes fig. » (Cohen.)

« Tome I : pp. x (faux-tit., tit., décl. de l'auteur et « Gil
Blas au lecteur ») + 446. — Port. et 11 fig. hors texte.

« Tome II : 2 ff. (faux tit., et tit.) + pp. 36o. — 5 fig.
hors texte.

« La date du titre de ce tome est de l'an IV au lieu de
l'an IX. Après le mot *artistes,* on a ajouté sur ce tome
les mots : *de Paris.*

« J'ai vu plusieurs exemplaires et tous portaient *an IV*
au lieu de *an IX.* Il est à remarquer aussi qu'au v° du
faux-titre on lit : *A Paris, chez Chaignieau aîné, imp.-
lib., rue de Chartres, n° 343 ; Devaux, libraire, même rue,
n° 382* tandis que sur les autres tomes ces adresses sont
les suivantes : *A Paris, chez Chaignieau aîné, imp.-lib.,
rue de la Monnaie, n° 27, près le Pont-neuf ; Maradan,
libraire, rue Pavée-André-des-Arts, n°16 ; Pigoreau, lib.,
cloître Germain-l'Auxerrois ; Devaux, libr., Palais-Egalité,
n° 181.*

« Tome III : pp. 420 y compris le faux-tit. et le tit. —
6 fig. hors texte.

« Tome IV : pp. 407 y compris le faux-tit. et le tit. et
5 pp. non ch. (Catalogue des livres de fonds qui se trouvent chez Chaignieau aîné...) — 6 fig. hors texte.

« Pub. à 24 fr. sur papier fin ; à 48 fr. sur pap. vélin
fig. avant la lettre.

« Le *Journal typographique,* de Roux, 5ᵉ année, p. 134,
annonce sous la même date une éd. in-18, en 8 vol. contenant les mêmes grav. et publiée à 12 fr. sur pap. ordinaire ; à 24 fr. sur pap. fin, et à 48 fr. sur pap. vélin,
fig. avant la lettre. » (Vicaire.)

261. — 33. — Hɪsᴛoɪʀᴇ ‖ ᴅᴇ ‖ Gɪʟ Bʟᴀs ‖ ᴅᴇ Sᴀɴᴛɪʟ-
ʟᴀɴᴇ, ‖ Pᴀʀ Lᴇ Sᴀɢᴇ. ‖ [Vig.] ‖ *A Paris,* ‖ *de l'Im-*

primerie de Fournier fils. || An XII-1804, 5 vol. in-24.

Bibliothèque portative du voyageur.

Bib. nat., Inv. Y² 10021-10025.

Quérard cite : *Paris, Chaigneau, an X* (1802), 4 vol. in-8, 29 fig. — *Paris, Janet, an XI* (1803), 4 vol. in-8, 15 grav. et port. — *Fournier, an XIII* (1805), 5 vol. in-32. — *H. Nicolle, an XIII* (1805), 4 vol. in-18 ou in-12, Herhan.

262. — 34. — * HISTOIRE DE GIL BLAS DE SANTILLANE. *A Londres, Longman,* 1809, 4 vol. gr. in-8.

24 Figures de Robert Smirke.

« Suite très agréable qu'il faut trouver à la lettre grise et sur papier de Chine avec le mot *proof.* Les fig. sont gravées par Armstrong, Fittler, Golding, Neagle, Parker et Raimbach. » (Cohen.)

263. — 35. — OEUVRES CHOISIES. *Paris, Leblanc,* 1810. [Voir No. 2, T. II et III).

264. — 36. — HISTOIRE || DE || GIL BLAS || DE SANTIL-LANE, || par Lesage. — || [Médaillon] || Stéréotype d'Herhan. || — *Paris,* || *de l'Imprimerie de A. Be-lin.* || 1813, 4 vol. in-12, pp. VIII-304, 254, 284, 276.

Il y a plusieurs tirages de cette édition dont un en 1812.

Bib. nat., Inv. Y² 10026-10029, grand papier.
Bib. nat., Inv. Y² 10030-10033.

265. — 37. — *Gil Blas. — Nouvelle édition, revue
et corrigée. *Londres,* 1816, 4 vol. in-12.

Brit. Museum, 12491. a. 30.

266. — 38. — Histoire || de || Gil Blas || de Santil-
lane, || par Lesage. || *A Paris,* || *Chez Genets jeune,
libr., rue Dauphine, nº 14.* || — *De l'imprimerie de
Didot le jeune.* || 1818. 4 vol. in-12, pp. viii-408,
342, 391, 375. Grav.

Ces fig. sont de Choquet, grav. par Pauquet.

Bib. nat., Inv. Y² 10034-10037.

267. — 39. — Histoire || de Gil Blas || de Santil·
lane || par Le Sage. || *De l'imprimerie et de la fonde-
rie* || *de P. Didot l'aîné...* || *Paris.* mdcccxix, 3 vol.
in-8, pp. lxviij + 362, 458, 518.

*Collection des meilleurs ouvrages de la langue françoise,
dédiée aux amateurs de l'art typographique, ou d'éditions
soignées et correctes. — Chez P. Didot l'ainé, ci-devant au
Louvre, présentement rue du Pont de Lodi.*

Bib. nat., Inv. Y² 10038-10040.

268. — 40. — Histoire de Gil Blas de Santillane,
Par Lesage. *A Paris, Chez Lebègue* 1819, 6 vol. in-
12, pp. 300, 295, 253, 290, 249, 260, Port.

Forment la livraison première et les Tomes I-VI de la
Bibliothèque d'une Maison de Campagne.

Bib. nat., Inv. Z 42820-42825.

Quérard cite : Lebègue, 1820, 6 vol. in-12.

269. — 41. — Histoire || de ||·Gil Blas || de Santil-
lane, || par Lesage. || [Médaillon] || Stéréotype
d'Herhan. || — *Paris,* || *Dabo, Tremblay, Feret et
Gayet,* || *quai des Augustins,* n° 49. || 1819. || 4 vol.
in-12, pp. viii-304, 254, 284, 276.

Bib. nat., Inv. Y² 10041-10044.

270. — 42. — Histoire de Gil Blas de Santillane,
par Le Sage ; édition collationnée sur celle de 1747
corrigée par l'auteur, avec un examen préliminaire,
de nouveaux sommaires des chapitres, et des notes
historiques et littéraires, Par M. le Cte François de
Neufchateau, De l'Académie françoise, etc... *A Paris,
Chez Lefèvre, libraire, rue de l'Éperon, n° 6 —*
mdcccxx, 3 vol. in-8, pp. lxiv-440, 524, 454.

> En tète : *Examen de la question de savoir si Le Sage est
> l'auteur de Gil Blas.....* Lu à l'Académie Françoise, dans
> sa séance extraordinaire du mardi 7 juillet 1818 ; Revu
> et corrigé, avec des notes relatives à la présente édition.

> A Paris, de l'Imprimerie de Crapelet, 1820.

> Bib. nat., Inv. Y² 10182-10184.

> « 9 fig. de Desenne hors texte. — Pub. à 22 fr. 50 sur
> pap. ord. et sur pap. satiné, à 24 fr. Il a été tiré des ex.
> sur gr. pap. vélin. Les gravures existent à l'état d'eau-
> forte, avant et avec la lettre, sur blanc et sur Chine.
> M. Henri Testard, de Londres, me signale un ex. de cette
> éd., qui fait partie de sa bibliothèque, imprimé sur pa-
> pier jonquille, fig. avant la lettre. « Sur l'une des feuilles

de garde, m'écrit-il, on lit cette note d'une écriture du temps : *Un seul exemplaire de ce papier.* » Les fig. sont tirées sur papier jonquille. Cet ex., ajoute-t-il, provient de la vente de Hamilton-Palace. » (Vicaire.)

271. — 43. — HISTOIRE || DE || GIL BLAS || DE SANTIL-LANE, || par Lesage. || — *Paris,* || *Ménard et Desenne, fils.* || 1821, 6 vol. in-12, pp. VIII-253, 243, 243, 238, 275, 239.

> *Bibliothèque française.*
> Imprimerie de Demonville.
> Bib. nat., Inv. Y² 10045-10050.

272. — 44. — ŒUVRES. *Paris, Renouard,* 1821. [Voir No. 4, T. II et III.]

273. — 45. — HISTOIRE || DE GIL BLAS || DE SANTIL-LANE. || A Paris, || *Chez J. P. Aillaud, libraire, quai* || *Voltaire,* n° 21. || — 1822, 5 vol. in-12, pp. VII-183, 224, 275, 273, 243.

> Bib. nat., Inv. Y² 10051-10055.

274. — 46. — HISTOIRE DE GIL BLAS DE SANTILLANE, par Lesage. *Paris, Charles Gosselin, Mame-Delaunay, Parmantier, éditeurs.* M.DCCC.XXII, 4 vol. in-16, pp. 414, 340, 384, 378.

> *Collection des meilleurs ouvrages de la langue française, en prose et en vers.*
> Bib. nat., Inv. Y² 10056-10059.

275. — 47. — ŒUVRES. *Paris, Bouland-Tardieu, 1823.*
[Voir No. 5].

276. — 48. — HISTOIRE DE GIL BLAS DE SANTILLANE,
par Lesage. — [Médaillon]. *A Paris, Chez Mme Veuve
Dabo, à la librairie stéréotype, rue du Pot-de-fer,
n° 14, 1824, 4 vol. in-12, pp. VIII-304, 254, 284,
276.*

> Stéréotype d'Herhan.

> Bib. nat., Inv. Y² 10060-10063.

277. — 49. — HISTOIRE DE GIL BLAS DE SANTILLANE,
par Lesage. — Édition stéréotype. — *A Paris,
Firmin Didot, 1824, 3 vol. in-12, pp. VIII-351, 437,
504.*

> Bib. nat., Inv. Y² 10064-10066.

278. — 50. — HISTOIRE DE GIL BLAS DE SANTILLANE,
par Lesage. *A Paris, Chez Parmantier, 1824, 6 vol.
in-12, pp. VIII-277, 319, 160 + 1 p. n. ch., 294,
281, 188, grav.*

> Bib. nat., Inv. Y² 10067-10072.

279. — 51. — HISTOIRE DE GIL BLAS DE SANTILLANE,
Par Le Sage ; édition collationnée sur celle de 1747
corrigée par l'auteur. — *Paris, L. de Bure, libraire,*

rue Guénégaud, n° 27 — MDCCCXXV, 4 vol. in-32,
pp. VII-383, 320, 364, 357.

En tête du vol. I, Portrait de Lesage. — Notice sur Le
Sage, Vol. I, pp. VII.
Imprimerie de Firmin Didot. — Pub. à 12 fr. les
4 vol.

Classiques français ou Bibliothèque portative de l'ama-
teur.

Bib. nat., Inv. Y² 10073-10076.

« Plus tard de nouvelles couvertures ont été faites, où
le nom et l'adresse de De Bure ont été remplacés par celui
et celle de Garnier frères. » (Vicaire.)

280. — 52. — HISTOIRE DE GIL BLAS DE SANTILLANE ;
par Le Sage ; avec des notes historiques et littéraires
par M. le Comte François de Neufchâteau, de l'Académie françoise, etc. — *A Paris, chez Lefèvre, Li-*
braire, rue de l'Éperon, n° 6. MDCCCXXV, 3 vol. in-8,
pp. XXIV-386, 2 ff. n. ch. + pp. 456, 2 ff. n. ch.
+ pp. 386.

Portrait gravé par Barthélemy Roger.
Collection des Classiques françois.
Notice sur Le Sage par M. Patin.
Imprimerie de Jules Didot aîné, imprimeur du Roi,
Rue du Pont-de-Lodi, n° 6.
Pub. à 22 fr. 50 les trois volumes.
Bib. nat., Inv. Y² 10785-7 et 8° Z 11773.

Un ex. mar. vert, dent., dos orné, dent. int., tête dor.,

ébarbé (*Bosquet*), 335 fr. pour l'ex. suivant sur papier vélin :

1° Un portrait gravé par *A. de Saint Aubin*.

2° Un portrait non signé.

3° Un portrait gravé par *Devéria*.

4° Un portrait gravé par *Ferdinand*.

5° Un portrait gravé par *Godard*, sur Chine, pour l'édition de Paris, 1835.

6° La suite des vingt-quatre figures de *Smirke*, gr. in-8, publ. à Londres en 1809.

7° La même collection in-18.

8° La suite des vingt-quatre figures de *Desenne et Devéria*, sur Chine avant la lettre pour l'édition de *Paris, Ménard et Desenne.* 1821.

9° Seize figures de *Bornet* et autres.

10° Sept figures de *Desenne*, sur blanc avec lettre pour l'édition de *Paris, Lefèvre*, 1820.

11° Trois figures de *Stothard*, avec encadrements, pour l'édition de *Londres*, 1780.

12° 12 figures de *Choquet*, sur blanc, avec lettre.

13° Quatre frontispices et quatre vignettes sur Chine avant la lettre, pour l'édition de *Paris, Werdet*, 1829.

14° Un frontispice et sept figures de *Chaillou*, sur blanc avec lettre.

15° La suite des vingt figures de *Gavarni*, publ. par *Morizot.*

16° Un titre pour l'édition de *Berlin*.

En tout 152 pièces. (Lib. Paul Cornuau, oct. 1906.)

281. — 53. — Histoire de Gil Blas de Santillane. — *Paris, chez Dauthereau, libraire,* 1827, 6 vol. in-16, pp. 293, 326, 231, 242, 244, 254.

Collection des Meilleurs Romans Français et Etrangers; cette collection devait former 100 volumes à 1 fr. pour

les souscripteurs à la collection entière, et 1 fr. 25 séparé-
ment.

Le *Gil Blas* a paru en 1827, les jeudis, mai 3, 10, 17,
24, 31 et jeudi, 7 juin.

Imprimerie Firmin Didot.

Bib. nat., Inv. Y² 10077-10082.

282. — 54. — ŒUVRES. *Paris, Ledoux,* 1828. [Voir
No. 6, T. II et III.]

283. — 55. — HISTOIRE DE GIL BLAS DE SANTILLANE,
par Lesage. *Paris, C. Froment,* 1828, 5 vol. in-16,
pp. 324, 251, 312, 319, 284. — Port. en tête du
Vol. I et gravure en tête des Vol. II-V.

Imprimerie de A. Barbier.

Bib. nat., Inv. Y² 10083-10087.

284. — 56. — * HISTOIRE DE GIL BLAS DE SANTILLNAE,
par Lesage. *Paris, Dufour et compagnie, rue du Paon,*
n° 8, MDCCCXXVIII, 4 vol. in-48, 2 ff. n. ch. +
pp. 247, 2 ff. n. ch. + pp. 194, 2 ff. n. ch. + pp.
232, 2 ff. n. ch. + pp. 227 + 1 f. n. ch. (tab.)
+ 1 f. blanc.

Port. de Lesage. — Imp. par Jules Didot aîné.

Classiques en miniature. — Cf. Vicaire.

13

285. — 57. — Histoire de Gil Blas de Santillane
Par Lesage. Nouvelle édition. *A Paris, chez Salmon,
libraire, quai des Augustins,* n° 19, 1828, 4 vol
in-16, pp. 408, 340, 380, 379.

Imp. de Brodard, à Coulommiers.

Bib. nat., Inv. Y² 10088-10091.

286. — 58. — Histoire de Gil Blas de Santillane
par Lesage. *Paris. Au Bureau principal des Éditeurs
Rue des Grès-St.-Jacques,* N° 10 — 1829, 3 vol.
in-8, pp. 420, 416, 460.

Paris. — Imprimerie et fonderie de Fain.

Bibliothèque choisie des Jeunes gens.

Bib. nat., Inv. Y² 10092-10094.

287. — 59. — Histoire de Gil Blas de Santillane.
Par Le Sage. — Deuxième édition. *Paris. Au Bureau des Éditeurs, rue Saint-Jacques,* n° 137, 1829,
5 vol. in-16, pp. 144, 267, 244, 258, 288.

Imprimerie de Marchand du Breuil, Rue de la Harpe,
n° 80.

Notice sur Le Sage en tête du Vol. I.

Bib. nat., Inv. Y² 10095-10099.

288. — 60. — Histoire de Gil Blas de Santillane.
par Lesage. — *Paris, Lecointe, Libraire, Quai des Au-*

gustins, n° 49, 1829, 5 vol. in-18, pp. VIII-260, 246,
263, 260, 266.

De l'imprimerie de Lachevardiere, rue du Colombier,
n° 30 à Paris.

Nouvelle Bibliothèque des Classiques français.

Bib. nat., Inv. Y² 10100-10104.

289. — 61. — HISTOIRE DE GIL BLAS DE SANTILLANE,
par Le Sage ; précédée d'une notice historique et littéraire par M. Patin. — *Paris, Werdet et Lequien
fils, rue du Battoir, n° 20.* — MDCCCXXIX, 4 vol.
in-16, pp. xxiij-360, 298, 332, 326.

En tête de chaque vol. une gravure de Desenne, gravée par Coupé et un titre grav. avec vignette également
par Desenne et Coupé ; les fig. du Vol. III par Desenne,
grav. par Devilliers et Bosq.
Paris. — Imprimerie de Rignoux, rue des Francs-
Bourgeois S.-Michel, n° 8.

*Collection des meilleurs romans françois, Dédiée aux
Dames.*

Bib. nat., Inv. Y² 10105-10108.

290. — 62. — HISTOIRE DE GIL BLAS DE SANTILLANE
par Le Sage. *Paris, Baudouin frères, éditeurs, rue
de Vaugirard, n° 17* — MDCCCXXIX, 3 vol. in-8.
pp. xxxij-400, 459, 388.

Paris. — De l'Imprimerie de Rignoux.

Collection des meilleurs ouvrages de la langue française en prose et en vers.

En tête *Avertissement du nouvel éditeur,* par Léon Thiessé, pp. i-vi. — *Notice sur la vie et les ouvrages de Le Sage,* par M. Beuchot, pp. vii-xxxij, du Vol. I.

Bib. nat., Inv. Y² 10109-10111.

291. — 63. — Histoire de Gil Blas de Santillane, par Le Sage ; précédée d'une notice sur la vie et les ouvrages de Le Sage, par Éloi Johanneau. *Paris, F. Dalibon et Cⁱᵉ, éditeurs, libraires de S. A. R. Mᴳʳ le Duc de Nemours, Cour des Fontaines, n° 7 —* MDCCCXXIX, 5 vol. in-12, pp. lxij [pour la notice] + 1 f. n. ch. + pp. 255, 287, 308, 271, 286.

Imprimerie et fonderie de Rignoux.

Bibliothèque Omnibus, dédiée aux Pères de famille, composée d'un choix des meilleurs ouvrages français et étrangers en prose et en vers, avec les notes de tous les commentateurs, et des notices, éloges, analyses, par MM. Eloi Johanneau, etc.

Bib. nat., Inv. Y² 10112-10116.

Quérard cite : Paris, Hiard, 1829, 3 vol. in-8.

292. — 64. — Histoire de Gil Blas de Santillane, par Le Sage. — *Paris, Houdaille et Veniger, libraires,*

rue du Coq St.-Honoré, n° 6, 3 vol. in-8, pp. xxxij-
4oo, 459, 388.

Paris. — De l'imprimerie de A. Barbier, rue des Marais S.-G., n. 17.

Avert. de Léon Thiessé et Notice de Beuchot.

Bib. nat., Inv. Y² 10117-10119.

293. — 65. — HISTOIRE DE GIL BLAS DE SANTILLANE.
Par Le Sage. *Paris. Au Bureau des Éditeurs, rue
Saint-Jacques,* n° 156, 183o. 5 vol. in-12. pp. lxij
+ 1 f. n. ch. + pp. 255, 287, 3o8, 271, 286.

Paris, *Grimprelle,* libraire. — Nantes, *Suireau.* —
Sens, *Thomas Malvin.* — Angoulême, *Perrez-Le-
clerc.*

Imprimerie de Marchand du Breuil.

Notice d'Eloi Johanneau.

*Bibliothèque des Amis des Lettres, ou Choix des meilleurs
auteurs français.*

Bib. nat., Inv. Y² 10120-10124.

294. — 66. — HISTOIRE DE GIL BLAS DE SANTILLANE
par Lesage. — *Paris, Lebigre frères, libraires, rue
de la Harpe,* n. 26, 1831. — 5 vol. in-16, pp. 324.
251, 312, 319, 284.

Imprimerie de G. Doyen, rue St.-Jacques, n. 38.

Bib. nat., Inv. Y² 10125-10129.

295. — 67. — *Histoire de Gil Blas de Santillane.* Stuttgart, Erhard, 1834, 2 vol. in-16.

Kayser.

296. — 68. — Gil Blas de Santillane, par Le Sage. *Paris, Chez Treuttel et Würtz, rue de Lille, n° 17, 1834, 3 vol.in-8, pp. xii-429, 326, 349.*

La vig. sur le titre du Vol. I est un portrait de Lesage.
En tête du Vol. I : Notice littéraire sur Le Sage, comme auteur du *Diable Boiteux,* et principalement de *Gil Blas,* par J. B. M. G.
Vol. III, pp. 341-9 : Table explicative historique et critique des matières. *L.-E. Herhan, Imprimeur-Stéréotype, rue Saint-Denis, N° 380.*

Nouvelle Bibliothèque classique.

Bib. nat., Inv. Y² 10130-10132.

297. — 69. — Histoire de Gil Blas de Santillane par Le Sage. Vignettes par Jean Gigoux. [Vig.] *Paris, Chez Paulin, Libraire-Éditeur, 6 rue de Seine. —* 1835, gr. in-8, pp. 972, y compris le faux titre et le front. gravé sur bois par Godard.

Pages encadrées d'un double filet noir. Vignettes sur bois dans le texte.
Notice sur Gil Blas, par Charles Nodier.

A. Éverat, Imprimeur et Fondeur, rue du Cadran, 16, à Paris.

Bib. nat., Inv. Y² 301.

M. Brivois, pp. 256/8, donne les renseignements suivants sur cette édition :

« En regard du titre, portrait de Gil Blas, sur chine volant, gravé sur bois par Godard ; et dans le texte, 600 vignettes gravées sur bois par Brévière, Godard, Lavoignat,
Maurisset, Beneworth, Birouste, Chevauchet, Porret,
Thompson et autres.

« Couverture imprimée en bleu et rouge.

« Il a été tiré quelques exemplaires sur papier de Chine,
d'autres sur papier fort ; ils sont très rares l'un et l'autre

« Le texte est encadré d'un double filet ; dans quelques
exemplaires (les premiers tirés peut-être), ce double filet
est ondulé, au lieu d'être droit, dans les trois premiers
feuillets seulement.

« La publication du *Gil Blas* fit une révolution dans
l'illustration des livres ; la librairie vit, de suite, le parti
qu'elle pouvait tirer de ce nouveau genre de gravure qui,
depuis, a été porté à tant de perfection.

« Voici le prospectus de l'éditeur que nous avons eu la
bonne fortune de trouver.

« Prospectus. »

« Nous entreprenons une série de publications pittoresques, d'un genre entièrement nouveau en France.

« Nous nous proposons de faire paraitre successivement,
en les *illustrant* d'un nombre extraordinaire de vignettes
et d'ornements de toute nature, les ouvrages les plus populaires de la langue française, et ceux des ouvrages étrangers que la sanction du temps et le goût national ont
naturalisés parmi nous.

« L'imprimerie française n'a encore rien produit de
semblable ; mais les progrès que cet art a faits depuis
quinze ans nous permettent de tenter une entreprise qui,
jusqu'ici, eût été matériellement d'une exécution impossible.

« En Angleterre, les ouvrages les plus estimés suscep-

tibles d'être *illustrés* par le dessin et la gravure, ont obtenu cet honneur ; plusieurs éditions pittoresques des œuvres de Shakespeare ont été vendues à plus de cent mille
exemplaires.

« Ce qui a été si heureusement accompli chez nos voisins, nous espérons l'accomplir pour les chefs-d'œuvre de
notre langue ; persuadés que le public français ne refu-
sera pas son patronage à une entreprise qui fera le plus
grand honneur à la typographie et aux artistes français.

« L'*Histoire de Gil Blas de Santillane* est le premier ouvrage de la collection que nous annonçons. La première
livraison a paru le 12 février.

« Le *Gil Blas* sera accompagné de cinq cents gravures,
tant grandes vignettes, reproduisant tous les principaux
sujets du roman, que fleurons, culs-de-lampe et lettres
ornées, le tout dessiné par M. Gigoux et gravé par les
principaux graveurs de Paris et de Londres.

« Après le *Gil Blas*, nous publierons les œuvres de Molière, avec trois cents vignettes et autant de fleurons,
culs-de lampe, etc., par Tony Johannot ; et bientôt les
Fables de La Fontaine, avec les dessins de Grandville, puis
Don Quichotte, traduction nouvelle, *Robinson Crusoé*, etc.

« Pour mettre ces éditions de luxe à la portée du plus
grand nombre, nous avons adopté le mode de publication
par livraison hebdomadaire.

« Chaque semaine, il paraîtra une livraison contenant
quatre ou cinq grandes vignettes, outre les ornements. Le
prix de la livraison est de *cinq sous*.

« L'ouvrage entier se composera de 50 à 55 livraisons,
de telle sorte que le *Gil Blas* ne coûtera que 13 à 14 francs.

« En payant à l'avance la somme de 12 francs, le sous-
cripteur recevra à domicile toutes les livraisons, quel que
soit leur nombre. Les abonnés des départements paie-
ront en outre 2 fr. 50 c. pour frais de poste.

« Toute personne, autre que les libraires, commission-
naires ou dépositaires, qui placera cent exemplaires du
Gil Blas, aura droit à l'une des cent premières épreuves,

tirée sur papier vélin superfin, qui lui sera délivrée à la
fin de la publication. Chacun de ces exemplaires portera
le numéro d'ordre et le nom du destinataire.

« Le spécimen de *Gil Blas,* qui accompagne ce prospectus, donnera une idée de l'impression, du format, du papier et des *illustrations* de cette édition. »

Les exempl. datés de 1836 ont été recomposés et réim-
primés jusqu'à la p. 384 ; c'est-à-dire que les 24 premières feuilles ont été refaites ; on ne peut donc compléter la première édition avec celle de 1836 pour cette
portion.

Voici quelques remarques qui serviront à distinguer
les deux éditions, d'après M. Brivois :

Édition de 1835.   Édition de 1836.

P. 16. *Première ligne au-dessous du portrait :*
geoit   songeait

P. 23. *Dernière ligne :*

que   que vous

P. 28. *Sommaire du chapitre. La première ligne finit :*
comment   et

P. 58. *Sommaire du chapitre X. La première ligne finit :*
forma   que

P. 87. *La treizième ligne finit :*
Je veux   Je

P. 95. *La première ligne finit :*
c'est à ce   c'est à

P. 97. *La dernière ligne finit :*
mauvaise je   et ne

    P. 105. *La dernière ligne finit* :
laquais   la

    P. 111. *La dernière ligne finit* :
qui man-   qui

    P. 117. *La dernière ligne finit* :
vient à m'ou-   vient à

             Page 129.
             La·vignette a été refaite.

    P. 131. *La dernière ligne finit* :
pouvoir du   à n'en pou-

    P. 135. *La dernière ligne finit* :
Je suis   malheureuse

          Page 279.
             La note manque, etc. etc. »

Au sujet des remarques de M. Brivois destinées à faire distinguer l'édition de 1835 de celle de 1836, M. Vicaire écrit dans son *Manuel de l'Amateur de livres au XIX*e *siècle* :

« Telles qu'elles sont présentées, ces remarques ne sont pas toutes exactes ; il convient donc de les rectifier ainsi en ce qui concerne l'édition de 1835 :

Page 97. — D'après M. Brivois, la dernière ligne se terminerait par *mauvaise je*. Cette ligne est la suivante :

Une plus mauvaise ; *car m'étant levé et ne voyant plus* MA VALISE, JE

Page 131. — La dernière ligne finit, selon M. Brivois, par : *pouvoir du*
Cette ligne est la suivante :
l'avoir envisagée quelques moments ; *je reconnus, à n'en* POUVOIR DOU-

Page 135. — La dernière ligne est la suivante : *faire de faux* ; d'après M. Brivois, elle finirait par : *Je suis*

Il y a évidemment là une confusion avec la dernière ligne de la page 133 qui ne finit d'ailleurs pas par : *Je suis,* comme M. Brivois l'indique pour la p. 135, mais qui est la suivante :

Que je sois très coupable, je suis encore plus malheureuse. JE VAIS

Les remarques de M. Brivois, en ce qui concerne l'édition de 1836, ne sont pas non plus toutes scrupuleusement exactes. Ainsi, la première ligne au-dessous du portrait, p. 16, commence par *songeoit* et non *songeait.*

Page 105. — La dernière ligne finit par *la-* et non *la*

La page 135, comme dans l'édition de 1835, finit par *faire de faux* ; le mot *malheureuse* est celui qui finit la dernière ligne de la p. 133.

Aux remarques de l'auteur de la *Bibliographie des ouvrages illustrés du XIXe siècle,* il faut ajouter celle-ci : c'est que l'adresse de Paulin sur le titre de 1835, est *6, rue de Seine,* et que sur celui de 1836, elle est : *33, rue de Seine.*

Un ex. de 1836, en dem. rel., tête dor., ébarbé, est coté 45 fr., *Bull. Morgand,* n° 6916 (chiffré par erreur 6906).

« Je reproduis ici un « Avis à MM. les libraires-éditeurs, « de Paris et des Départemens » inséré dans le feuilleton n° 50 de la *Bibliographie de la France,* du 16 décembre 1837. Cet avis est ainsi conçu :

« M. Silvestre, libraire, rue des Bons-Enfans, n° 30, distribue une Notice des plus beaux livres de la Bibliothèque de M. Crapelet, imprimeur, dont la vente aura lieu le mardi 19 décembre et jours suivans. Cette notice contient l'article suivant, sous le n° 337 :

« *Vingt-quatre bois gravés pour l'Histoire de Gil Blas, par M. Godard, d'après la suite de Smirke, format in-18.*

« La gravure de ces 24 bois a coûté plus de deux années de travail et 3 000 francs de dépense. Il n'en a été encore tiré qu'une seule épreuve au fumé qui sera jointe aux bois. — L'Artiste a exécuté cette suite de gravures avec une perfection et un fini auquel il paraissait impossible d'atteindre en ce genre. Ces gravures, destinées à être imprimées par la presse typographique ordinaire, pourront être adaptées à toutes les éditions de Gil Blas, quel qu'en soit le format. — Ces vingt-quatre bois seront vendus avec facilités de paiement le samedi soir, 23 décembre, maison Silvestre, salle du premier, rue des Bons-Enfans, n° 30. On peut voir les bois et les épreuves chez M. Silvestre avant la vente. » (Vicaire.)

Au sujet de l'édition de 1835, M. Vicaire écrit :

« Texte encadré d'un double filet noir. Sur les ff. de faux-titre, frontispice et titre, le double filet a la forme d'une grecque arrondie. Dans d'autres exemplaires, le double filet est droit comme dans le reste de l'ouvrage. Un Catalogue de la librairie Paulin, annonçant que le *Gil Blas* est terminé, ajoute : Il y a quelques exemplaires sur papier de Chine et quelques-uns sur grand papier vélin.

« A paru en livraisons à 25 cent. sur pap. ordinaire (15 fr. l'ouvrage complet, broché, et 17 fr. cartonné par Berthe). La . 1re livraison est enregistrée dans la *Bibliogr. de la France* du 7 février 1835 ; un prospectus annonçait 50 ou 55 livraisons.

« En dem. rel., 8 fr., Dutacq ; en dem. mar. vert, dos à petits fers, tête dor., n. rogné (*Raparlier*), 26 fr., Garde ; sur pap. fort, en dem. veau fauve, dos orné, tête dor., n. rogné (*Raparlier*), 36 fr., Garde ; en mar. pensée, 43 fr., E. Forest ; sur pap. de Chine, en mar. rouge à comp., dos orné, dor. en tête, n. rogné (*Koehler*), 180 fr., J. Janin ; en dem. veau, tr. dor., 10 fr., Arnauldet ; en dem. veau vert, n. rogné, 48 fr., E. C*** (Porquet, 1886) ; en

dem. cuir de Russie, tr. marb. (*Trautz-Bauzonnet*), 74
fr., Jouanneau ; en dem. chagr. vert, 5 fr. 5o, Ph.
Burty ; en dem. mar. rouge, dos orné, tête dor., n. rogné, avec la couverture (*Champs*), 71 fr., Bouret.

« Un ex. cart., ébarbé, provenant de la bibliothèque de
M. Eugène Paillet, est coté 40 fr., *Bull. Morgand*,
n° 12190 ; un ex. sur pap. fort, cart. toile, n. coupé, est
coté 15o fr., *Bull. Morgand*, n° 3o312. »

La librairie C. Chaumont, Paris, oct. 1893, a mis en
vente (No. 2235) un ex. du *Gil Blas* de 1835, qu'il accompagne des remarques suivantes :

« Notre exemplaire a les remarques indiquées pour le 1ᵉʳ
tirage dans le guide Brivois en ce qui concerne les pages
23, 28, 58, 87, 95, 105, 111, 117, 275 et 279, mais en
diffère pour les pp. 97, 131 et 135 qui finissent 97 par
plus ma valise ; 131, pouvoir don ; 135, faire de faux.
M. Brivois en indique d'autres pour les éditions de 1835
et 1836. Conclusion. — La couverture que l'on ne rencontre presque jamais est datée de 1836. »

Jean Gigoux a raconté dans ses *Causeries sur les Artistes de mon Temps* (Paris, Calmann Lévy, 1885, in-
18) pp. 3o et suiv. dans quelles conditions il exécuta les
dessins du *Gil Blas* :

« Enfin en 1835 je fis mes illustrations du *Gil Blas*.
« Voici à quelle occasion :

« Un jour, on vint me demander cent vignettes pour
une nouvelle édition de ce merveilleux livre. J'avoue que
j'eus un moment d'effroi, presque. Il me semblait que je
n'y trouverais jamais cent sujets de compositions. Mais,
pourtant, je les fis. Quelques jours après, les éditeurs
m'en demandèrent trois cents de plus. Alors, moi de recommencer à lire et de croquer au fur et à mesure mes
illustrations. La semaine suivante, les éditeurs s'aperce-
vant de l'attrait que ces vignettes donnaient aux livraisons, m'en redemandèrent encore deux cents nouvelles.

Bref, j'en fis six cents, et je crois que j'aurais pu continuer indéfiniment.

« Dubochet, l'un des trois éditeurs, n'avait alors...
(mais depuis !...) que 14 000 francs pour tout potage,
avec lesquels la publication fut commencée. Cependant,
huit mois après, le 31 décembre 1835, — chacun des trois
réalisait un bénéfice de 50 000 francs. . . . .

. . . .

« A présent, revenons à Dubochet. Dès les premières
livraisons du *Gil Blas,* il avait entrevu une entreprise
excellente. Aussi, ne me quittait-il plus de la journée.
A peine mon bois était-il esquissé qu'il le portait à la
gravure, sans me laisser le temps de le finir. J'en étais
contrarié, même humilié, ayant toujours eu pour principe d'aller jusqu'au bout. Ce Dubochet était d'une
dureté excessive pour ses pauvres graveurs : le moindre
accident leur coûtait cher, et souvent il les traînait devant
le juge de paix. Notez qu'il les payait très peu, car il prenait des apprentis plutôt que de vrais graveurs. Afin
d'épargner des peines mal rétribuées à ces pauvres gens,
je simplifiais mes compositions le plus possible et j'épargnais les ombres tant que je pouvais.

« Ecoutez ceci : un jour que j'étais surmené de fatigue,
je réunis les trois associés, et, après leur avoir souligné les
bénéfices énormes que donnait le *Gil Blas,* je leur demandai si, en conscience, je ne devais pas entrer en quatrième dans le partage, au moins à partir du quinzième
millier d'exemplaires. Tous à la fois répondirent :
— « Oui, assurément ! on serait vraiment trop riche si
on atteignait un pareil tirage. »

« Plus tard, quand les 15 000 en question étaient dépassés depuis longtemps, je les réunis de nouveau pour
leur rappeler leur promesse. Ils furent atterrés. Personne
ne voulait répondre le premier. Enfin Dubochet, qui
n'avait point de vergogne, me dit tout net que l'affaire
était trop belle ainsi pour être partagée, et que du reste
je perdrais devant les tribunaux, « puisqu'il n'y avait rien

d'écrit ! » Vous voyez combien est juste le fameux mot
des *Faux Bonshommes*. Je le connaissais bien avant la
la pièce !... »

298. — 70. — LE GIL BLAS DE LA JEUNESSE, à l'usage
des écoles, dans lequel on a fait avec le soin le plus
scrupuleux, tous les retranchemens nécessaires, pour
en rendre la lecture convenable, amusante et instruc-
tive aux jeunes gens ; par Charles Le Roy, Professeur de Langue Française au collége de Camberwell,
et A. Loradoux, Professeur de Langues, Walworth.
London: Pickering & Co., and William Pickering,
1835, pet. in-8, pp. v-319.

299. — 71. — HISTOIRE DE GIL BLAS DE SANTILLANE.
par Le Sage. Vignettes par Jean Gigoux. *Paris, chez
Paulin, libraire-éditeur, 33 rue de Seine,* 1836. gr.
in-8, pp. 972.

Voir No. 297.

300. — 72. — HISTOIRE DE GIL BLAS DE SANTILLANE,
par Lesage. *A Paris, Chez Beaujouan, éditeur, rue
des Grands-Augustins,* 18. — 1836-7, 6 vol. in-16.
pp. 191. 192, 190, 194, 166. 176.

Paris, Imprimerie de Poussielgue, Rue du Croissant-
Montmartre, 12.

Collection des meilleurs ouvrages français et étrangers.

Bib. nat., Inv. Y² 10133-10138.

301. — 73. — Histoire de Gil Blas de Santillane.
par Le Sage. *A Paris, Chez Lefèvre, libraire, rue de
l'Éperon, n° 6.* — MDCCCXXXVI, in-8, pp. 804.

> En tête *Notice sur Le Sage par M. Patin*, pp. 1/15.

> Sur le titre portrait gravé de Le Sage par Hopwood.

> Paris. — Imprimerie de Casimir, Rue de la Vieille-
> Monnoie, n° 12.

> Bibl. nat., Inv. Y² 10139.

302. — 74. — Histoire de Gil Blas de Santillane.
— *A Paris, chez A. Payen, libraire, rue des Francs-
Bourgeois S*t*. Michel, n° 18, 1837, 4 vol. in-12,
pp. VIII-171, 175, 176, 174.*

> Bar-s.-Seine. — Imp. de Saillard.

> Bib. nat., Inv. Y² 10140-10143.

303. — 75. — Histoire de Gil Blas de Santillane.
Par Lesage. — *Paris. Librairie de A. Pougin, quai
des Augustins, 49.* — 1837, 5 vol. in-12. pp. VIII-
233, 220, 236, 233, 236.

> Besançon, Imp. de Ch. Deis.

> *Nouvelle Bibliothèque des Classiques français.*

> Bib. nat., Inv. Y² 10144-10148.

304. — 76. — Histoire de Gil Blas de Santillane

par Le Sage. Arrangée pour la jeunesse par L. de
Taillez. Dr. en philosophie et professeur de langues
modernes à Munich. *Munich,* 1837, *Chez Jean
Palm.* in-12,pp. xx-644.

Sur le faux titre : *Le Gil Blas de la Jeunesse.*

Imprimerie de J. Palm à Landshut.

305. — 77. — ŒUVRES. Paris, 1838. [Voir No. 7].

306. — 78. — HISTOIRE DE GIL BLAS DE SANTILLANE
par Le Sage. Vignettes par Jean Gigoux. [Vig.] *Paris, Chez J.-J. Dubochet et Cie., éditeurs, 33 rue de
Seine —* 1838, gr. in-8, pp. 829.

Pages encadrées d'un double filet noir.

Notice sur Gil Blas, par Charles Nodier.

La couverture extérieure porte la date : 1839.

Imp. d'Ad. Everat et Comp., 14 et 16 rue du Cadran.
Pub. à 15 fr. — Quelques ex. sur pap. de Chine.

Bib. nat., Inv. Y² 302.

« Le frontispice n'est pas le même que celui de la
1re édition, et il porte l'indication de 2e édition. Portrait de *Gil Blas* sur chine volant. — Réimpression de
l'édition de 1835, sauf une trentaine de vignettes refaites
sur les mêmes dessins, mais assez mauvaises d'exécution.
— Publié à 15 fr. Il en a été tiré sur Chine. » (Brivois,
p. 259.)

Il existe.un curieux prospectus de 4 pp. in-8, publié
par Dubochet et imprimé par Ad. Everat et comp.

Ce prospectus annonce ainsi l'ouvrage :

« Nouvelle édition. Histoire de Gil Blas de Santillane,
avec 600 gravures sur bois d'après les dessins de Jean Gigoux. Un volume in-8 de 800 pages, ou 50 feuilles publiées en 25 livraisons de 2 feuilles à 12 sous. La première livraison a paru le 15 juin 1838. Il en paraît une
par semaine. L'ouvrage sera entièrement terminé le 30
novembre 1838. »

Il est intéressant de citer quelques passages de ce prospectus qui débute de la façon suivante :

« Dix-sept mille exemplaires de la première édition du
Gil Blas n'ont pu suffire aux demandes des acheteurs, qui
augmentent à mesure que ce beau livre est plus connu,
et qui, suivant toutes les apparences, ne sont pas près de
se ralentir. Nous publions une deuxième édition, avec
des changements qui ne peuvent manquer de plaire aux
lecteurs et dont nous dirons ici un mot :

1° On a reproché à la première édition de faire un
trop gros volume, et d'être, à cause de cela, d'un usage
moins commode ; nous avons choisi, pour cette deuxième
édition, un caractère un peu plus compacte sans être
moins lisible, celui de notre *Don Quichotte* ; en sorte qu'au
lieu de 61 feuilles, le nouveau volume n'en aura pas plus
de 50. Cette réduction, en lui donnant la grâce qui ré-
sulte d'une meilleure proportion, aura encore l'avantage
de rendre cette édition plus semblable aux volumes du
Molière et du *Don Quichotte*, et d'appareiller la collection
de ces beaux livres.

2° Parmi les délicieux dessins de M. Gigoux, il s'en
est trouvé un petit nombre que l'inexpérience de quelques-
uns de nos graveurs a légèrement défigurés ; d'autres qui
ont été endommagés par des accidents de l'impression ou
par d'autres causes qui tenaient aussi à la nouveauté des
procédés à l'époque où nous avons commencé, les premiers en France, nous pouvons le dire, à publier des

livres de luxe avec accompagnement d'un nombre inouï
de gravures sur bois. Ces taches légères ont été effacées
dans cette édition. M. Gigoux a remplacé tous ceux de ses
dessins qui ont été ainsi compromis. Nous les avons fait
graver avec une perfection qui est devenue facile et presque habituelle aujourd'hui à nos graveurs sur bois, formés
par les nombreux travaux que nous leur avons fait exé-
cuter nous-mêmes, ou que d'autres éditeurs ont entrepris
à notre exemple. L'habileté des imprimeurs a beaucoup
profité aussi de tant d'expériences. La concurrence, qui
stimule l'esprit d'invention, augmente les soins, l'attention, les efforts, a rendu sa bonne part de services, et la
parfaite exécution typographique n'est plus un problème
qui désespère les éditeurs et les amateurs des ouvrages de
luxe... » Cf. VICAIRE.

307. — 79. — HISTOIRE DE GIL BLAS DE SANTILLANE,
Par Lesage. — Nouvelle édition. — *Nancy, Impri-
merie-librairie de L. Vincenot et C*[ie]*,* 1838, 4 vol.
in-12, pp. IV-158 [258], 214, 240, 235.

Une gravure grossière en tête de chaque volume.

Bib. nat., Inv, Y² 10149-10152.

308. — 80. — HISTOIRE DE GIL BLAS DE SANTILLANE
par Lesage. — Édition Stéréotype d'après le procédé
de Firmin Didot. — *Paris, Fortin, Masson et C*[ie]*,
libraires, Place de l'École de Médecine,* 1, s. d.
[1842], 5 vol in-12, pp. VIII-260, 246, 263, 260,
266.

Paris. — Imprimerie de Bourgogne et Martinet, rue
Jacob, n° 30.

Sur la couverture extérieure : *Classiques français, édition stéréotype, Procédé de Firmin Didot frères. — Paris,
Crochard et Cᵢᵉ, 1 Place de l'Ecole-de-Médecine.*

Bib. nat., Inv. Y² 10153-10157.

309. — 81. — HISTOIRE DE GIL BLAS DE SANTILLANE
par Lesage. — *Paris, Firmin Didot,* 1842, in-18,
pp. 686.

Portrait de Lesage par Nap Thomas, grav. par Ferdinand. — *Chefs-d'œuvre de la Littérature française.*

Bib. nat., Inv. Y² 10158.

310. — 82. — HISTOIRE DE GIL BLAS DE SANTILLANE
par Lesage. — *Paris, Charpentier,* 1843, in-12,
pp. 756.

Bib. nat., Inv. Y² 10159.

Vicaire cite d'après la *Bibliographie de la France* du
10 juillet 1841 : *A Paris, chez Charpentier, rue de Seine,*
n. 29 (Senlis, impr. de Mᵐᵉ Veuve Fessart), 1841, in-12.

311. — 83. — HISTOIRE DE GIL BLAS DE SANTILLANE
par Lesage. — *Paris, Félix Locquin, imprimeur-
libraire, 16 rue N.-D. des Victoires,* 1843, 4 vol.
in-12, pp. VIII-207, 247, 216, 244.

Bib. nat., Inv. Y² 10160-10163.

312. — 84. — HISTOIRE DE GIL BLAS DE SANTILLANE,
par Le Sage : édition augmentée de notes histori-

ques et littéraires par François de Neufchateau. —
A Paris, chez Lefèvre, éditeur, rue de l'Éperon, 6.
— 1844, in-16, pp. 824.

Typ. Lacrampe et Cie. — rue Damiette, 2.

Bib. nat., Inv. Y² 10188.

313. — 85. — * The First Book of Gil Blas in French.
No. 1-2. *London* [1845]. in-16.

Sans page de titre ; couverture sert de titre ; incomplet ;
finit p. 32.

Brit. Museum, 1458. d. 14.

314. — 86. — Histoire de Gil Blas de Santillane
par Le Sage. Nouvelle édition Revue et corrigée par
M. l'abbé Lejeune chanoine, professeur à la Faculté
de Théologie de Rouen. Illustrée de 20 grands dessins par MM. Célestin Nanteuil et Marckl. — *Paris
P.-C. Lehuby, libraire-éditeur, rue de Seine Saint-Germain, no. 53, 1845* [lire 1844], pet. in-8, pp. 504.

Imprimerie d'E. Duverger, rue de Verneuil, n. 4.

Bib. nat., Inv. Y² 10192.

315. — 87. — Histoire de Gil Blas de Santillane
par Le Sage. Illustrée par Jean Gigoux. — Lazarille
de Tormès traduit par L. Viardot, illustré par Meis-
sonnier. [Vig.]. *Paris, J.-J. Dubochet, Le Chevalier*

et Cie, *édileurs, rue Richelieu,* 60 — 1846, gr. in-8,
pp. xlvi-630.

Paris. — Typ. Schneider et Langrand, rue d'Erfurth, 1.

Bib. nat., Inv. Y² 303.

« Faux-titre et titre pour les deux ouvrages, deux feuillets ; faux-titre pour *Lazarille,* un feuillet, — *Lazarille*
xlvi p. ; faux-titre pour *Gil Blas* avec vignette, un feuillet ; portrait de Gil Blas, un feuillet ; notice sur Gil Blas
par Ch. Nodier, trois feuillets, paginés li-lv, et 630 p.
« Ouvrage publié en 40 livraisons à 40 cent.
« Les vignettes de Gigoux sont ici en 4ᵉ tirage pour la
partie réimprimée en 1836, et en 3ᵉ pour le surplus ;
celles de Meissonier pour *Lazarille* sont de premier tirage.
« Dans cette édition, il y a une quarantaine de vignettes
nouvelles, mais elle n'est recherchée que pour les dessins
de Meissonier, qui sont très finement gravés. » (Brivois.
p. 259.)

316. — 88. — HISTOIRE DE GIL BLAS DE SANTILLANE,
par Lesage. [Vig.]. *Paris, F. Béchet, libraire, quai
des Augustins,* 31, 1846, in-8, pp. 483.

Sur la couverture extérieure : Paris, Alphonse Pigoreau, 1846.

Lagny. — Imprimerie de Giroux et Vialat. — Édition
populaire.

Bib. nat., Inv. Y² 10164.

317. — 89. — HISTOIRE DE GIL BLAS DE SANTILLANE

par Lesage. — *Paris, Victor Lecou... Pagnerre...* 1848, in-12, pp. viii-459.

Paris. — Typographie de E. et V. Penaud frères.

Bib. nat., Inv. Y² 10165.

318. — 90. — Histoire de Gil Blas de Santillane, par Lesage. Orné de gravures [Vig.] *Paris, A la librairie populaire des Villes et des Campagnes Rue des Maçons-Sorbonne,* 17, 1848 [lire 1847], in-8, pp. 400.

Imprimerie de Cosson, rue du Four-Saint-Germain, 47.

Édition populaire.

Bib. nat., Inv. Y² 10166.

319. — 91. — Histoire de Gil Blas de Santillane, in-8, pp. 400.

Poisy. —Typographie Arbieu.

Ed. populaire.

Bib. nat., Inv. Y² 10167 [ex. sans titre et sans couverture].

320. — 92. — Histoire de Gil Blas de Santillane. in-8, pp. 400.

Poissy. — Imprimerie de G. Olivier [1848].

Bib. nat., Inv. Y² 10168 [ex. sans titre et sans couverture].

321. — 93. — HISTOIRE DE GIL BLAS DE SANTILLANE
par Le Sage. Édition accompagnée de notes et d'une
préface par M. Saint-Marc Girardin l'un des Quarante de l'Académie française. *Paris, Charpentier,
19 rue de Lille, 1853, in-18, pp. xx-752.*

Bib. nat., Inv. Y² 10169.

322. — 94. — HISTOIRE DE GIL BLAS DE SANTILLANE
par Le Sage précédée d'une notice sur l'auteur par
G.-F. de Grandmaison-y-Bruno. — *Paris, Jacques
Lecoffre, rue du Vieux Colombier, 29, 1854, 2 vol.
in-12, pp. 384, 430.*

Paris. — Typ. de Mᵐᵉ Vᵉ Dondey-Dupré, rue Saint-
Louis, 46.

Bib. nat., Inv. Y² 10190-10191.

323. — 95. — HISTOIRE DE GIL BLAS DE SANTILLANE
par Le Sage. Nouvelle édition revue et corrigée par
M. l'abbé Lejeune chanoine, professeur à la Faculté
de Théologie de Rouen. Illustrée de 20 grands dessins par MM. Célestin Nanteuil et Marckl. — *Paris,
à la librairie de l'Enfance et de la Jeunesse, P.-C. Lehuby, Rue de Seine, 55, s. d.* [1855] in-8, pp. 455.

Paris. — Typ. de Firmin Didot frères.

Bib. nat., Inv. Y² 10193.

324. — 96. — Histoire de Gil Blas de Santillane par Lesage. — Nouvelle édition ornée de gravures — *Paris, F. Béchet,... Bernardin-Béchet,* 1856, in-8, pp. 499.

Lagny. — Imprimerie de Vialat et Cie.

Edition populaire.

Bib. nat., Inv. Y² 10170.

325. — 97. — Histoire de Gil Blas de Santillane par Lesage. — Ornée de Gravures. — *Paris, B. Renault et Cie., 8, rue Larrey,* 1856, in-8, pp. 400.

Sur la couverture ext.: *Paris, Librairie populaire des Villes et des Campagnes,* 1855.

Paris. — Typographie de Gaittet et Cie., rue Git-le-Cœur, 7.

Edition populaire.

Bib. nat., Inv. Y² 10171.

326. — 98. — Histoire de Gil Blas de Santillane par Lesage. — Ornée de Gravures. — *Paris, B. Renault et Cie.,...* 1857, in-8, pp. 400.

Sur la couverture extérieure: *Paris, Librairie populaire des Villes et des Campagnes,* 1855.

Paris. — Imprimerie Walder, rue Bonaparte 44.

Edition populaire.

Bib. nat., Inv. Y² 10172.

16

327. — 99. — ŒUVRES. *Paris, chez Firmin Didot,*
1857. [Voir No. 8].

328. — 100. — FRENCH READING FOR SELF INSTRUCT-
ION : Being the first book of « les Aventures de Gil
Blas » with an introductory english verbal collateral
translation, and numerous grammatical and idiomatical notes, explaining the difficulties of the Text. By
Mariot de Beauvoisin. Second edition. *London : Ef-*
fingham Wilson... MDCCCLVIII, in-8, pp. 100.

329. — 101. — LES AVENTURES DE GIL BLAS; (first
book), arranged for Self-Instruction in the French
Language, with an introductory english verbal collateral translation, and numerous grammatical and
idiomatical notes. explaining the difficulties of the
text. By Mariot de Beauvoisin... New edition. *London,*
E. Marlborough..., s. d. [1870], in-8, pp. 100.

330. — 102. — THE FIRST BOOK OF GIL BLAS. in
French, correctly printed from the original text.
No. I. Price one Penny. *London : Samuel Gilbert,*
s. d.. br. in-8, pp. 16.

> Nous ne croyons pas que cette éd. qui devait compren-
> dre 6 Nos. environ ait été complétée. Le British Museum
> n'en possède que deux numéros.

331. — 103. — HISTOIRE DE GIL BLAS DE SANTILLANE

par Lesage. — Ornée de Gravures. — *Paris, B. Renault et Cie.,...* 1858 [lire 1859], in-8, pp. 400.

> Sur la couverture ext. : *Paris, Librairie populaire des
> Villes et des Campagnes* 1855.
>
> Paris. — Imprimerie Walder.
>
> Édition populaire.
>
> Bib. nat., Inv. Y² 10173.

332. — 104. — Histoire de Gil Blas de Santillane
par Lesage. — Ornée de Gravures. — *Paris, Renault et Cie., rue d'Ulm,* 48, 1860 [lire 1861], in-8,
pp. 400.

> Sur la couverture ext. : *Paris, Librairie populaire des
> Villes et des Campagnes,* 1855.
> Cette couverture est imprimée par Gaittet.
>
> Imprimé par Charles Noblet, rue Soufflot, 18.
>
> Edition populaire.
>
> Bib. nat., Inv. Y² 10174.

333. — 105. — Aventures de Gil Blas de Santillane par Le Sage. Édition destinée à l'adolescence et
illustrée de 42 gravures par Leroux. — *Paris, L. Hachette,* 1861 [lire 1860], in-18 jésus, pp. 392.

> *Bibliothèque rose illustrée.*
>
> Paris. — Imp. de Ch. Lahure.
>
> Bib. nat., Inv. Y² 48584.

334. — 106. — HISTOIRE DE GIL BLAS DE SANTILLANE
par Le Sage. Édition accompagnée de notes et d'une
préface par M. Saint-Marc Girardin l'un des Quarante de l'Académie française. — *Paris, Charpentier,* 1861, in-18, pp. xx-752.

> Bib. nat., Inv. Y² 48718.

335. — 107. — AVENTURES DE GIL BLAS DE SANTIL-
LANE par Le Sage. Édition destinée à l'adolescence
et illustrée de 50 vignettes par Leroux et Didier. —
Paris, L. Hachette, 1863, in-18 jésus, pp. 338.

> *Bibliothèque rose illustrée.*
>
> Paris. — Imp. de Ch. Lahure.
>
> Bib. nat., Inv. Y²48585.

336. — 108. — HISTOIRE DE GIL BLAS DE SANTILLANE
par Le Sage précédée d'une introduction par M. Jules
Janin. — Illustrations de Gavarni — [Vig.]. — *Paris, Morizot, libraire-éditeur, rue Pavée-Saint-André,*
1863 [lire 1862], gr. in-8, pp. VIII-580.

> Paris. — Imp. Simon Raçon et Comp., rue d'Erfurth, 1.
>
> Bib. nat., Inv. Y² 304.
>
> 20 Planches gravées sur acier par Outhwaite, Ch. Co-
> lin, Ed. Willmann, Ferd. Delannoy, Gervais, Nargeot,
> d'après Gavarni.
>
> Publié à 20 fr.

337. — 109. — Histoire de Gil Blas de Santillane par Le Sage avec les principales remarques des divers annotateurs précédée d'une notice par M. Sainte-Beuve de l'Académie française ; des jugements et témoignages sur Le Sage et sur *Gil Blas*. Suivie de *Turcaret* et de *Crispin rival de son Maître*. *Paris, Garnier frères*, mdccclxiv [lisez 1863], 2 vol. in-8, pp. xlv-454, 596.

> Figures de G. Staal. — Imprimerie J. Claye.
>
> Forment les Vol. 8 et 9 des *Chefs-d'œuvre de la Littérature française*.
>
> Bib. nat., Inv. Z. 28206, 8 et 9.

338. — 110. — Bibliothèque amusante. — Histoire de Gil Blas de Santillane par Le Sage avec les principales remarques des divers annotateurs précédée d'une notice par M. Sainte-Beuve de l'Académie française. — Gravures sur acier d'après les dessins de G. Staal. — *Paris, Garnier frères,* s. d. [1864], 2 vol. in-8, pp. xlv-454, 458.

> Paris. — Imp. Raçon et Cie.
>
> Bib. nat., Inv. Z. 42517-8.

339. — 111. — Histoire de Gil Blas de Santillane par Lesage. — Ornée de Gravures. — *Paris,*

Renault et Cie, libraires-éditeurs 48, rue d'Ulm — 1864 [lire 1866], in-8, pp. 400.

> Sur la couverture ext. : *Librairie populaire des Villes et des Campagnes.*

> Edition populaire.

> Bib. nat., Inv. Y² 10189.

340. — 112. — HISTOIRE DE GIL BLAS DE SANTILLANE par Le Sage édition accompagnée de notes et d'une préface par M. Saint-Marc Girardin l'un des Quarante de l'Académie française. — *Paris, Charpentier,* 1865, in-18, pp. xx-752.

> Bib. nat., Inv. Y² 48719.

341. — 113. — HISTOIRE DE GIL BLAS DE SANTILLANE par Le Sage précédée des jugements et témoignages Sur Le Sage et sur *Gil Blas* — *Paris, Garnier frères,* 1865, in-18, pp. xv-697.

> Bib. nat., Inv. Y² 10175.

342. — 114. — HISTOIRE DE GIL BLAS DE SANTILLANE par Lesage. — Nouvelle Édition ornée de gravures. — *Paris, F. Béchet,* 1866, in-8, pp. 492.

> Paris. — Typographie L. Guérin.

> Edition populaire.

> Bib. nat., Inv. Y² 10176.

343. — 115. — Histoire de Gil Blas par Le Sage.
Nouvelle Édition illustrée [Vig.]. *Paris, Charlieu
frères et Huillery, éditeurs, 10 rue Gît-le-Cœur, —*
1866, in-4, pp. iii-383 à 2 col.

> Pages encadrées d'un double filet.
>
> Paris. — Imprimerie Walder, rue Bonaparte, 44.
>
> A paru le mardi et le vendredi de chaque semaine en
> livraisons in-4 à 10 cent. — Illustré par Andrieux et
> gravé par Jahyer.
>
> Bib. nat., Inv. Y² 305.

344. — 116. — Aventures de Gil Blas de Santillane par Le Sage. Édition destinée à l'adolescence
et illustrée de 50 vignettes par Leroux et Didier. —
Paris, L. Hachette, 1867, in-18 jésus, pp. 336.

> *Bibliothèque rose illustrée.*
>
> Corbeil. — Typ. et stér. Crété.
>
> Bib. nat., Inv. Y² 48586.

345. — 117. — Histoire de Gil Blas de Santillane
par Le Sage précédée des Jugements et témoignages
Sur Le Sage et sur *Gil Blas* — *Paris, Garnier frères,* 1869, in-18, pp. xv-697.

> Bib. nat., Inv. Y² 48720.

346. — 118. — Histoire de Gil Blas de Santillane

par Le Sage précédée des jugements et témoignages
Sur Le Sage et sur *Gil Blas* — *Paris, Garnier frè-res*, 1870, in-18, pp. xv-697, Port.

Bib. nat., Inv. Y² 10177.

347. — 119. — AVENTURES DE GIL BLAS DE SANTIL-LANE par Le Sage. Édition destinée à l'adolescence illustrée de 50 vignettes par Leroux et Didier —*Paris, Hachette*, 1872, in-18 jésus, pp. 316.

Bibliothèque rose illustrée.

Versailles. — Imprimerie Crété.

Bib. nat., Inv. Y² 48587.

348. — 120. — HISTOIRE DE GIL BLAS DE SANTILLANE. Par Le Sage. Précédée d'une étude littéraire avec 300 illustrations sur bois, dessins de MM. Philippo-teaux et Pellicer. Gravure de Ch. Barbant. *Paris, Librairie illustrée*, in-4.

Il y a des ex. sur Chine. — Sans doute duplicata du No. 361.

349. — 121. — Alain-René Le Sage — HISTOIRE DE GIL BLAS DE SANTILLANE. Réimpression de l'édition de 1747 précédée d'une introduction par F. Sarcey et ornée d'un Portrait de l'auteur d'après Guélard. *Paris, Librairie des Bibliophiles, Rue Saint-Honoré,*

338 — MDCCCLXXIII, 2 vol. in-8, pp. $a - e +$ xx
+ 403, 411.

Imprimé par D. Jouaust pour la Collection des *Romans
Classiques*. Février MDCCCLXXIII.

Tirage :
460 ex. sur papier vergé (nos. 41 à 500).
  20 » sur papier de Chine (nos. 1 à 20).
  20 » sur papier Whatman (nos. 21 à 40).
500 exemplaires numérotés.

Bib. nat., Inv. Y^2 10178-10179.

Le portrait à l'eau-forte est gravé par Nargeot, d'après
Guélard.

350. — 122. — Le Sage. — HISTOIRE DE GIL BLAS DE
SANTILLANE. Édition accompagnée de notes et d'une
préface par Saint-Marc Girardin de l'Académie française. — *Paris, Charpentier*, 1873, in-18, pp. xx-752.

Bib, nat., Inv. Y^2 10180.

351. — 123. — HISTOIRE DE GIL BLAS DE SANTILLANE
par Lesage — Nouvelle édition ornée de gravures
— *Paris, Furne, Jouvet et Cie*, s. d. [1873], in-8,
pp. xx-641.

Portrait par Leloir, gravé par Ch. Colin. — Fig. hors
texte de Desenne et de Smirke, gravées par Ch. Colin.

Notice de Patin.

Imprimerie Viéville et Capiomont.

Bib. nat., Inv. Y^2 10181.

352. — 124. — Le Sage — Gil Blas de Santillane illustré par Vierge. s. l. n. d, [Paris, 1875], gr. in-8, pp. 104, front. gravé.

> Texte encadré.

> Bib. nat., Inv. Y² 3670 ; ex. incomplet.

> Paris. — Imp. F. Debons et Cie., 16 rue du Croissant.

353. — 125. — Gil Blas par Le Sage. Gustave Havard, s. d., gr. in-8, pp. 168.

> *Gil Blas*, pp. 1/152. — *La Vengeance trompée par l'Amour*, pp. 154/9. — *Une Journée des Parques*, pp. 160/6. — *Les Béquilles du Diable Boiteux*, pp. 167/8.

> *Les Romans illustrés*, 20 cent. la livraison.

> Dessins par J.-A. Beaucé. — Gravures par A. Lavieille.

> Paris. — Imp. Simon Raçon et Cie., rue d'Erfurth, 1.

> Bib. nat., Inv. Y² 31671.

354.. — 126. — Aventures de Gil Blas de Santillane par Le Sage édition destinée à l'adolescence illustrée de 50 vignettes par Leroux et Didier. — *Paris, Hachette*, 1877, in-8, pp. 316.

> Corbeil. — Typ. et stér. de Crété fils.

> Bib. nat., 8° Y² 625.

355. — 127. — Œuvres de Le Sage. Avec notice et

notes par A.-P. Malassis. Histoire de Gil Blas de Santillane. *Paris, Alphonse Lemerre,* mdccclxxvii-mdccclxxviii, 4 vol. in-12, 2 ff. n. ch. + pp. iii (avert.) + pp. 352, 2 ff. n. ch. + pp. 283, 2 ff. n. ch. + pp. 335, 2 ff. n. ch. + pp. 327 + 1 f. n. ch. (achevé d'imprimer, Ch. Unsinger).

Petite Bibliothèque littéraire, Auteurs anciens.

Il a été gravé par Louis Monziès une suite de 16 eaux-fortes de Pille, pour cette éd., 25 fr. ; il y a aussi des tirages sur Chine, sur Hollande, sur Whatman avant la lettre, sur papier du Japon avec remarque avant la lettre.

356. — 128. — Lesage. — Épisodes de Gil Blas. Edité par Henri Gautier, 55 Quai des Grands Augustins, s. d., in-16, pp. 36.

Nouvelle Bibliothèque Populaire à 10 cent., No. 351.

Angers, Imp. Burdin.

Bib. nat., 8° Z 10658.

357. — 129. — Alain-René Le Sage. Histoire de Gil Blas de Santillane précédée d'une préface par H. Reynald. Treize Eaux-fortes par R. de Los Rios. *Paris, Librairie des Bibliophiles,* mdccclxxix, 4 vol. in-16, pp. xxxvi-328, 274, 308, 305.

Avert. sig. D. J. [ouaust]. — Préface de Hermile Reynald.

Tirage à petit nombre + 25 ex. sur papier de Chine et 25 sur papier Whatman, avec épreuves des gravures avant la lettre.

Il a été fait un tirage en *grand papier* ainsi composé :

20 ex. sur papier de Chine (Nos 1 à 20).

20 ex. sur papier Whatman (Nos 21 à 40).

170 ex. sur papier de Hollande (Nos 41 à 210).

210 ex., numérotés.

Les ex. sur papier de Chine et en papier Whatman de ce dernier tirage contiennent les gravures en *double épreuve,* avant et avec la lettre. Il a été gravé par Los Rios une planche supplémentaire : *Les Débuts de Gil Blas,* vendue 2 fr.

Imprimé par D. Jouaust pour la *Petite Bibliothèque artistique* MDCCCLXXIX.

Bib. nat., 8° Y² 2859.

Il a été fait un tirage sur japon in-4 pour l'éd. de Jouaust de 1 portrait et 12 fig. de Los Rios.

CLASSEMENT

Tome I.

Tome II.

Tome III.

Tome IV.

— M. Ricardo de Los Rios a dessiné et gravé pour une traduction anglaise 12 eaux-fortes dont un tirage exceptionnel pour l'artiste de 80 ex. a été fait en in-4 sur papier du Japon. Ces eaux-fortes représentent les sujets suivants :

Gil Blas est amené dans le souterrain et présenté à dame Léonarde. (Livre I. Chap. iv).

Fabrice mène et fait recevoir Gil Blas chez la licenciée Sédillo. (Livre II. Chap. i).

Don Mathias succombe dans le duel avec don Lope, Gil Blas auprès de son maitre. (Livre III. Chap. viii).

Gil Blas maitre de salle dans la maison de la marquise de Chaves, le gouverneur des Pages lui dépeint les invités. (Livre IV. Chap. viii).

... Il vit sur l'herbe, autour d'une chandelle qui brûlait dans une motte de terre, quatre hommes assis qui achevaient de manger un pâté et de vider une assez grosse outre. (Livre V. Chap. ii).

Gil Blas et ses compagnons dans le cabinet du Juif Simon. (Livre VI. Chap. i).

Gil Blas provoque en duel le Barbier. (Livre VII. Chap. i).

Gil Blas aux pied du duc de Lerme. (Livre VIII. Chap. iv).
Gil Blas dans la Tour de Ségovie. (Livre IX. Chap. iv).
Gil Blas au lit de mort de son père.
Nunez présente Gil Blas à ses amis.
Gil Blas reçoit des lettres de noblesse.

Ces gravures ne font pas double emploi avec la suite du même artiste pour l'édition Jouaust, No. 357.

358. — 130. — AVENTURES DE GIL BLAS DE SANTIL-LANE par Le Sage édition destinée à l'adolescence illustrée de 50 vignettes par Leroux et Didier. — *Paris, Hachette*, 1881, in-16, pp. 316.

Corbeil, Typ. et Stér. Crété.

Bibliothèque rose illustrée.

Bib. nat., 8° Y² 13253.

359. — 131. — GIL BLAS. — *A. Carbillet & Cie, libraires-éditeurs, Paris, 24 rue Visconti*, 1881, in-4, pp. 456, ill.

Paris. — Typ. Collombon et Brûlé, rue de l'Abbaye 22. — Ill.

Bib. nat., 4° Y² 2241.

360. — 132. — HISTOIRE DE GIL BLAS DE SANTILLANE par Le Sage revue et corrigée pour la jeunesse Par

M. Duboist Professeur d'histoire. — *Bar-le-Duc,
Contant-Laguerre, éditeur*, 1882, in-12, pp. 336.

Bar-le-Duc, Imprimerie Contant-Laguerre.

Bib. nat., 8° Y² 12746.

361. — 133. — Histoire de Gil Blas de Santillane
par Le Sage Précédée d'une étude littéraire, avec
300 illustrations sur bois Dessins de MM. Philippo-
teaux et Pellicer gravure de Ch. Barbant. *Paris,
Librairie illustrée 7 rue du Croissant* [et] *Marpon
& Flammarion, rue Racine, 26*, s. d. [1884], in-4,
pp. xiii + 1 f. n. ch. + pp. 808.

En tête *Notice sur Gil Blas* de Charles Nodier.

Bib. nat., 4° Y² 976.

« Publié à 25 fr. Il a été tiré, en outre, 48 ex. sur papier de Chine, pour la librairie Conquet (75 fr.) » (Vicaire).

362. — 134. — * Histoire de Gil Blas de Santillane.
Édition revue et expurgée. *Bruges, Desclée, De
Brouwer et Cie*, 1886, in-8.

Lorenz.

363. — 135. — Gil Blas [*Société des Bibliophiles Bretons*, 1886].

D'accord avec M. Monnier, éditeur à Paris, la Société

des Bibliophiles bretons avait consenti à subventionner
une édition de luxe de *Gil Blas*. Voici quelle fut la genèse
de cette affaire :

Dans la séance du 16 février 1886 de la Société des Bibliophiles bretons, « M. H. Lemeignen expose une proposition qui vient d'être faite au bureau. Il s'agit de la
publication d'une édition de *Gil Blas*, en deux volumes
in-4. L'illustration comprendrait une grande planche
pour chacun des douze livres, et un nombre considérable
de têtes de pages, de vignettes et de culs-de-lampe. Une
maison de Paris voudrait entreprendre cette publication
avec le concours de la Société, qui lui assurerait le place-
ment de 400 exemplaires. La subvention demandée à la
Société en échange de ces exemplaires, quoique notable-
ment inférieure au prix de vente pour le public, consti-
tituerait une charge très considérable pour nos finances :
mais le paiement pourrait se faire par annuités.

« M. le Président [Arthur de la Borderie], après avoir
indiqué les principaux arguments qui peuvent être for-
mulés pour et contre ce projet, et après une discussion où
interviennent plusieurs des membres présents, exprime
l'opinion que, vu son importance exceptionnelle, la question ne saurait être tranchée dans cette séance, mais qu'il
y a lieu de savoir si la proposition, dans les conditions gé-
nérales où elle a été exposée par M. Lemeignen, peut être
prise en considération.

« La grande majorité des membres présents se pronon-
cent pour l'affirmative. La question sera donc étudiée avec
soin par le Bureau et soumise ultérieurement à la Société. » (*Bul. de la Soc. des Bibliophiles bretons*, 9ᵉ année,
1885-1886, pages 27-28.)

Malgré diverses objections, dans sa séance du 26 mai
1886, la Société décide qu'elle donnera son concours à
l'édition projetée de *Gil Blas* et nomme une commission
de neuf membres qui sera chargée d'en surveiller l'exécution ainsi que celle du traité qui sera passé avec l'éditeur.
(*Ibid.*, pp. 35-39.)

L'édition devait tenir en 2 vol. in-4 qui paraîtraient en treize fascicules, d'octobre 1886 à mai 1889. Des difficultés ne tardèrent pas à s'élever avec l'éditeur Monnier (cf. 10ᵉ et 11ᵉ année du *Bulletin*) et la publication fut abandonnée. Le premier fascicule parut le 13 décembre 1886. M. Léo Claretie, écrit (p. 432): « Il est de toute beauté, d'un art et d'un goût exquis. Malheureusement il est et restera unique. »

364. — 136. — Aventures de Gil Blas de Santillane par Le Sage édition destinée à l'adolescence illustrée de 50 vignettes par Leroux et Didier. — *Paris, Hachette,* 1886, in-16, pp. 316.

Corbeil, Typ. et Stér. Crété.

Bibliothèque rose illustrée.

Bib. nat., 8° Y² 9598.

365. — 137. — Le Sage — Aventures de Gil Blas de Santillane édition destinée à l'adolescence illustrée de 50 vignettes par Leroux et Didier. — *Paris, Hachette,* 1892, in-16, pp. 316.

Bibliothèque rose illustrée.

Corbeil. — Imp. Crété.

Bib. nat., 8° Y² 46467.

366. — 138. — Bibliothèque nationale. Collection des meilleurs auteurs anciens et modernes. — Histoire de Gil Blas de Santillane par Lesage. — *Pa-*

ris, *Librairie de la Bibliothèque nationale*, 1894-6, 5 vol. in-32, pp. 192, 190, 192, 192, 192.

> Bib. nat., 8° Y² 17270.

367. — 139. — GIL BLAS DE SANTILLANE par Le Sage Dessins originaux par Félicie Imbert. *Bruller et Politzer, Libraires-Éditeurs, 7, avenue du Maine, Paris*, s. d. [1898], gr. in-8, pp. 1102.

> Troyes. — Imp. du *Petit-Troyen*, G. Arbouin.
>
> Publié en livraisons à 0.10 cent.
>
> Bib. nat., 4° Y² 2756.

368. — 140. — Bibliothèque nationale. Collection des meilleurs auteurs anciens et modernes. — HISTOIRE DE GIL BLAS DE SANTILLANE par Lesage. — *Paris, Librairie de la Bibliothèque nationale*, 1898-1905, 5 vol. in-32.

> Bib. nat., 8° Y² 18809.

369. — 141. — AVENTURES DE GIL BLAS DE SANTILLANE par Le Sage édition destinée à l'adolescence illustrée de 50 vignettes par Leroux et Didier. — *Paris. Hachette*, 1899, in-16, pp. 316.

> Corbeil, Imp. Éd. Crété.
>
> *Bibliothèque rose illustrée.*
>
> Bib. nat., 8° Y² 19257.

370. — 142. — Lesage. Gil Blas de Santillane. Édition Réduite et Revisée par Léo Claretie Illustrations de Maurice Leloir. *Charavay et Martin, Éditeurs, 7 rue des Canettes, Paris,* s. d. [1899], in-4, pp. xx-272 + 2 f. n. ch. p. la tab. des aquarelles (12) et la déclaration de l'imp.

> Imprimé par Chamerot et Renouard, 19 rue des Saints-Pères, Paris. — Les Clichés des Gravures et des Aquarelles hors texte ont été exécutés par la Maison Puchot.
>
> Il a été fait un tirage sur papier de luxe :
> Nos 1 à 50 — ex. sur japon impérial.
> Nos 51 à 100 — ex. sur Chine fort.
> 1 front., 12 pl. en couleurs hors texte et 37 gravures dans le texte.
> Les ex. sur japon impérial contiennent 2 épreuves (en noir sur Chine et en couleurs sur Japon) des 12 figures hors texte et le tirage à part, sur Chine, des figures du texte.
> L'ex. du Comte A*** W*** (Paris, Henri Leclerc, 1908), No. 367, contenait en outre la série des décompositions des couleurs des 12 figures hors texte.
>
> Bib. nat., Inv. 4° Y² 5634.

371. — 143. — Le Sage — Aventures de Gil Blas de Santillane édition destinée à l'adolescence illustrée de 50 vignettes par Leroux et Didier. — *Paris, Hachette,* 1904, in-16, pp. 316.

> *Bibliothèque rose illustrée.*
>
> Corbeil. — Imp. Crété.
>
> Bib. nat., 8° Y² 21577.

372. — 144. — Huot a fait pour *Gil Blas* 24 dessins à l'encre de Chine qui n'ont jamais été gravés ; ils ont été adjugés 1 400 fr. à la vente Sieurin et ils ont figuré depuis à la vente Alfred Piot en 1902, No. 51, reliés par Noulhac en un vol. in-8, d.-rel. mar. grenat, avec coins, dos orné.

*
* *

373. — Histoire de Don Rodriguez Véxillario. 'Nouvelle posthume & inédite, publiée d'après dix Chapitres du Roman de *Gil Blas de Santillane,* de *Lesage,* entièrement écrits de sa propre main, & retrouvée à Boulogne-sur-Mer, en Octobre 1842. — Première édition Soigneusement collationnée sur le Manuscrit original qui est resté un mois entre les mains de l'éditeur avant d'avoir été acquis par M. Halisan Lofyaldec, ancien Juge-de-Paix à Cleguerec, arrondissement de Pontivy, Membre titulaire de la Société des Antiquaires de l'Armorique, correspondant de celles de Neustrie, de la Morinie et de plusieurs autres Sociétés savantes, etc. — Cambrai, Typographie de P. Levêque, Place-au-Bois. — Novembre 1842 [lire 1843] in-8, pp. 94.

> Bib. nat., Inv. Y² 48717.

> Voir Léo Claretie, *Lesage romancier,* pp. 42/48, sur cette fraude littéraire.

Espagnol.

374. — 1. — *Aventuras de Gil Blas de Santillana,

robadas á España por M. Le Sage, y restituidas á
su patria y á su lengua nativa por un Español zeloso
que ne sufre se burlen de su nacion, Con privil.
En Valencia y oficina de D. Benito Monfort,
MDCCLXXXIII, 4 vol. in-4.

« Le *prologo* est signé : José Federico Issalps. » C'est
la première édition espagnole, toutes les réimpressions
faites jusqu'en 1817 sont conformes à celle-ci, mais alors
on modifia légèrement le style. En 1828, Evariste Peña
y Martin y fit des altérations radicales et son texte fut
généralement suivi dans toutes les éditions postérieures
et parurent sous le titre de : *Historia de Gil Blas de Santillana.* (Sommervogel.)

Le traducteur, Joseph François de Isla, né à Villavi-
danes (Leon), le 24 mars 1703 ; entra au noviciat de la
Cie. de Jésus, 27 avril 1719 ; † à Bologne, 2 novembre
1781.

« Antes que el Padre Isla la habia traducido con el titulo de « Historia de Gil Blas de Santillana », D. Pedro
Ruiz de Allende, tesorero que fue de rentas provinciales
de la ciudad de Palencia, cuyo manuscrito en cuatro tomos en 4°, pasta, tengo en mi biblioteca. Es muy ante-
rior a la del Padre Isla en el lenguaje esta traduccion,
si bien mas ajustada al original. Ademas de la Continuacion del canonigo de Bolonia Julio Monti que se impri-
mio por primera vez en 1735, hay otra, menos feliz, he-
cha por D. Bernardo Maria de Calzada, è impresa en
Madrid en 1792, en dos tomitos en 4°, con el titulo de
« Genealogia de la vida de este famoso sugeto, por su
« hijo D. Alfonso de Blas de Liria, restituida a la lengua
« original en que se escribio. » (Hidalgo, pag. 180, cité
par Sommervogel.)

375. — 2. — AVENTURAS || DE GIL BLAS DE SANTIL-

LANA, || robadas á España, || y adoptadas en Francia
|| por Monsieur Le Sage, || restituidas á su patria
|| y á su lengua nativa || por un Español zeloso,
|| que no sufre se burlen de su nacion. || Con Licen-
cia : || *Madrid : en la imprenta de Manuel Gonzalez.*
|| MDCCLXXXVII + VIII, 4 vol. in-8, 16 ff. n. ch. + pp.
335, 283, 288, 328.

Bib. nat., Inv. Y² 306-309.

376. — 3. — *AVENTURAS... En Valencia y Oficina de
D. Benito Monfort,* MDCCLXXXVIII–LXXXIX, 4 vol.
in-4, pp. XXXII-336, 284, 283, 328, 16 ff. prél., etc.
— AVENTURAS... su nacion. Edicion aumentada con
la adicion a las aventuras de Gil-Blas, o historia galante del Joven Siciliano por el Viejo Ocioso. *Valencia,* 1791-92, 7 vol. pet. in-4.

> « C'est la 1ʳᵉ édition, avec la continuation ; les trois
> derniers vol. se vendirent séparément pour compléter les
> éditions de Madrid, 1787, et de Valence, 1788. Le titre
> des tomes 6 et 7 porte :
> — « Adicion a las Aventuras francesas de Gil Blas o His-
> toria galante del joven siciliano, que suena traducida de
> frances en italiano y de esta lengua la ha convertido en
> española el mismo viejo ocioso que restituyó las aventuras
> francesas a su original lengua castellana. » (Sommer-
> vogel.)

377. — 4. — AVENTURAS DE GIL BLAS DE SANTILLANA
robadas a España, y adoptadas en Francia por Mon-

sieur Le Sage, restituidas a su patria y a su lengua nativa por un español zeloso que no sufre se burlen de su nacion. 7 vol. in-4.

— Tomo primero. *En Madrid : En la Imprenta de la viuda e hijo de Marin*. Año de mdccxcvii, 14 ff. prél. n. c. et pp. 335, 6 pl.

La « Conversacion preliminar, que comunmente llaman prologo, y dedicatoria al mismo tiempo, a los que me quisieren leer », signée *D. Joaquin Federico Issalps*.

— Tomo segundo. *Ibid.*, pp. 283, 5 pl.
— Tomo tercero. *Ibid.*, pp. 287, 3 pl.
— Tomo quarto. *Ibid.*, pp. 328, 4 pl.
— Tomo quinto. Con privilegio : En Valencia y Oficina de D. Benito Monfort. mdcclxxxxxi, pp. 344, 5 pl.
— Adicion de las Aventuras de Gil Blas o historia galante del Joven siciliano, que suena traducida de Francès en italiano, y de este lengua la ha convertido en española el mismo viejo ocioso que restituyó las Aventuras francesas a su original lengua castellana.
— Tomo sexto. *Ibid.*, pp. 208, 4 pl.
— Tomo septimo. *Ibid.*, pp. 196, 4 pl.

378. — 5. — *Aventuras... Madrid*, 1799. *Toledo, lib. de Hernandez*, 5 vol. in-12. grav.

379. — 6. — *Aventuras... Nueva edicion, aumentada con la continuacion de la historia de Gil Blas hasta su muerte, y adornada con 21 estampas. Madrid*, 1800, *imp. de Villapando, lib. de A. Gonzalez*, 5 vol. in-12.

380. — 7. — Aventuras de Gil Blas de Santil-

LANA nueva edicion revista y corregida. *Burdeos, Imprenta de Pedro Beaume, año* XII-1804, 4 vol. in-16, pp. 323, 280, 275, 318.

Bib. nat., Inv. Y² 10240-10243.

381. — 8. — *— *Paris*, 1804, 4 vol. in-12.

382. — 9. — *— *Madrid*, 1805, 5 vol. in-12.

383. — 10. — *AVENTURAS DE GIL BLAS DE SANTIL-EANA, traducidas del frances por el padre José de Isla. Nueva edicion, revista y corregida. *Burdeos, Pedro Beaume, et Paris, librairie économ...,* 1805, 4 vol. in-12, 14 grav.

384. — 11. — *AVENTURAS DE GIL BLAS DE SANTIL-LANA... Revistas en esta nueva edicion por... Don Felipe Fernandez. *A expensas de F. Wingrave & Co., En Londres,* 1808, 4 vol. in-12.

Brit. Museum, 1073. i. 53.

385. — 12. — *— Revista en esta quarta edicion... *En Londres : a expensas de Wingrave, J. Colling-wood : T. Boosey ; Lackington, Allen & Co. : y Du-lau & Co.,* 1815, 4 vol. in-12.

A la fin : *Londres, Impresso por T.-C. Hansard, Peter-borough Court, Fleet Street.*

386. — 13. — *AVENTURAS DE GIL BLAS DE SANTIL-
LANA... Nueva edicion, aumentada con la continuacion de *Gil Blas* hasta su muerte. *Madrid, 1811,
imp. de la Viuda de Barco Lopez, 4 vol. in-8, fig.*

387. — 14. — *— *Valencia, 1812, Imprenta de B.
Monfort. Madrid, 6 vol. in-12, pp. xxxiv-438, 392,
390, 456, 494 et 576.*

> « Los cuatro tomos primeros comprenden la *Historia
> de Gil Blas,* el 5° la Continuacion y el 6° la « Adicion a
> « las *Aventuras de Gil Blas ó Historia galante del Jóven*
> « *siciliano* ». Se ha reimpreso esta edicion conforme a la
> primera de 1787. » (Sommervogel.)

388. — 15. — *AVENTURAS DE GIL BLAS DE SANTIL-
LANA, robadas a España y adoptadas en Francia, por
Mr. Le Sage, restituidas a su patria y a su lengua
nativa, por un español amante de su nacion. Nueva
edicion, mejoreda y aumentada con la Continuacion
de *Gil Blas* hasta su muerte. *Barcelona, 1817, imp.
de Sierra y Marti. Madrid, lib. de Olamendi, 5 vol.
in-8, pp. xliv-340, iv-416, iv-404, vi-422, vi-438,
16 fig.*

> « Antes del prólogo va una *Advertencia del editor,* en
> que se dice que « en esta edicion se han corregido con
> todo el esmero y cuidado posibles, cotejandola con el ori-
> ginal frances, los muchos defectos de las anteriores... Se
> han omitido las Aventuras del jóven siciliano, porque
> son un pegote ridiculo y estrafalario, en el que no se ve

mas que un cumulo de episodios inconexos, sin gracia,
invencion ni instruccion alguna, y hacen perder de vista
y olvidar el asunto principal. Sin embargo para dejar
satisfecha la curiosidad de los lectores se ha tenido por
conveniente insertar la continuacion de la historia de
Gil Blas desde el punto en que muerta su segunda mujer
y sus amigos, se retiró, una cueva en el Canada donde
ultimamente le encuentra Escipion y asiste a su muerte. »
La Continuacion forma los Capitulos xv á del libro xii. »
(Sommervogel.)

389. — 16. — *AVENTURAS... Nueva edicion, aumentada con la continuacion de la Historia de *Gil Blas*
hasta su muerte. *Madrid, 1818, imp. de Collado,
lib. de Sanchez,* 5 vol. in-8, pp. L-252, viii-312,
viii-296, x-324, xii-326. Avec figures.

> « Cette édition a été faite d'après celle de Barcelone,
> 1817 ; l'*Advertencia del editor* est rédigé presque dans les
> mêmes termes. » (Sommervogel.)

390. — 17. — AVENTURAS DE GIL BLAS DE SANTIL-
LANA, escritas en frances por M. Lesage, y traducidas
al castellano Por el Padre José Isla. Nueva edicion
corregida, y adornada con 14 láminas. *Paris, en la
librería de Teofilo Barrois hijo, quai Voltaire, n° 11,*
1821, 4 vol. in-12, pp. 316, 274, 274, 315.

> *En la Imprenta de J. Smith.*
>
> Bib. nat., Inv. Y² 10224-10227.

391. — 18. — *— — Burdeos,* 4 vol. in-12, fig.

392. — 19. — AVENTURAS DE GIL BLAS DE SANTIL-
LANA, escrita en frances por M. Lesage, y traducidas
al castellano Por el Padre Jose Isla. Nueva edicion
corregida, y adorna con laminas. *Madrid, en la Imprenta de Sancha,* 1823, 4 vol. in-16, pp. iv-375,
325, 320, 365.

Bib. nat., Inv. Y² 10228-10231.

393. — 20. — AVENTURAS DE GIL BLAS DE SANTIL-
LANA. Nueva edicion corregida. *Paris, Librería de
Cormon y Blanc.* 1824, 4 vol. in-16, pp. iv-264,
309, 392, 452.

Lyon, Imprenta de J. M. Boursy.

Bib. nat., Inv. Y² 10244-10247.

394. — 21. — AVENTURAS DE GIL BLAS DE SANTILLANA.
Nueva edicion corregida. *Paris, Librería de Cormon
y Blanc.* 1826, 4 vol. in-16, pp. v-383, 331, 326,
374.

Paris : Imprenta de E. Pochard.

Bib. nat., Inv. Y² 10248-10251.

395. — 22. — AVENTURAS DE GIL BLAS DE SANTILLA-
NA, robadas a España y adoptadas en Francia por Le
Sage, restitudas a su patria y a su lengua nativa por
un Español zeloso que no sufre se burlen de su na-

cion. — *Paris, En la imprenta de Rignoux*, 1826, 5 vol. in-16, pp. xxx-263 + 1 f. n. ch. er., 319 + 1 f. n. ch. er., 312 + 1 f. n. ch. er., 191 + 1 f. n. ch. er., 396 + 1 f. n. ch. er., grav.

Bib. nat., Inv. Y² 10210-10214.

396. — 23. — Aventuras de Gil Blas de Santillana, robadas a España y adoptadas en Francia por Le Sage, restitudas a su patria y a su lengua nativa: seguidas de la Historia del Jóven Siciliano. — *Paris, en la Imprenta de Rignoux*, 1826, 9 vol. in-16.

Bib. nat., Inv. Y² 10215-10223.

397. — 24. — *Aventuras..... *Ibid.*, 1827, 9 vol. in-32, fig.

« Cette édition fut faite aux frais de D. Joaquin Muria Ferrer, ancien président des Cortès. » (Sommervogel.)

398. — 25. — *Aventuras de Gil Blas de Santillana..... *Valencia*, 1825-27, 6 vol. in-8, fig.

« Esta edicion contiene las *Observaciones criticas de Llorente.* » (Sommervogel.)

399. — 26. — *Aventuras... *Valencia*, 1826-27, *imp. de B. Monfort. Madrid, adm. del Bol. Bibl.*, 6 vol. in-8, pp. xxxvi-480, 416, 408, 472, 528, 600, 6 grav.

400. — 27. — * — — Nueva edicion, con 20 laminas finas. *Madrid, lib. de Dochao*, 1830, 5 vol. in-16, pp. xiv-386, viii-398, xii-402, xii-380, xii-340.

401. — 28. — *Historia de Gil Blas de Santillana, publicada en frances por Mr. Le-Sage, traducida al castellano por el Padre Isla ; corregida, rectificada y anotada por D. Evaristo Peña y Maria. *Madrid, 1828, imp. de M. de Burgos, lib. de Sanchez*, in-8, pp. xvi-592.

> « El ed., segun una Advertencia suya que va al principio, se propuso : 1° Proporcionar la mayor economia de precio. 2° Limar, aclarar, rectificar y españolizar algunas palabras, nombres, frases y modismos del idioma galicano de que todavia se resentia esta obra. 3° Salvar algunas omisiones y tambien varias equivocaciones en los nombres de personas y lugares. 4° Ponerle algunas notas históricas y mitológicas para la inteligencia de algunos pasajes de la obra. Sigue un *Prologo,* en el cual se copia mucha parte del que puso el Padre Isla, para probar que M. Le-Sage debió adquirir el manuscrito de *Gil Blas* en el legado que el marques de Lionne, embajador que vino de Francia a España en 1656, le hizo de su escogida bib. Las notas históricas y mitológicas son de corta estension y poco interes ; solo tiene 34. Casi todas las ediciones posteriores a esta se han arreglado a su testo, que es indublamente mas correcto que el de la traduccion primitiva. » (Sommervogel.)

402. — 29. — *Aventuras de Gil Blas de Santillana, robadas a España y adoptadas en Francia... *Barcelona, 1830-1831, imp. de M. Frexas y J. Mayol.*

Madrid, lib. de A. Gonzalez, 4 vol. in-8, pp. xxviii-
150, 210, 222, 260. 8 gr. sur bois.

> « Despues de terminar la historia de Gil Blas en el ca-
> pitulo xiv del libro XII, se añaden otros cinco capitulos
> con la Continuacion hasta su muerte... Tiene *Prologo,*
> *Declaracion y Una palabrita de Gil Blas,* y el testo esta
> corregido con arreglo al del Sr. Peña y Marin. » (Sommer-
> vogel.)

403. — 30. — *Aventuras de Gil Blas de Santillana, nueva edicion, mejorada y aumentada con la
continuacion de la historia de *Gil Blas* hasta su
muerte (*Barcelona, 1831*), 2 vol. in-8, 16 grav.

404. — 31. — *Aventuras de Gil Blas de Santillana, precedidas des observaciones criticas por un
español, para probar el origen de esta novela y con-
testar al Conde de Neufchâteau. *Valencia,* 1832, *lib.*
Fauli, 6 vol. in-8, grav.

405. — 32. — *Historia de Gil Blas de Santillana, publicada en frances por M. Le-Sage. *Barcelona,*
1833, *imp. de A. Bergnes, y comp., Madrid, redac-*
cion del Bol. Bib., 5 vol. in-32, pp. 310, 360, 356,
314 et 320.

> « El testo, por el que empieza est aedicion, es igual al
> de Peña y Marin con ligerisimas diferencias segun advier-
> ten los eds. en la siguiente nota : « Sin embargo de estar
> traducida esta obrida por quien alcanzaba la indole de la

lengua castellana, abunda en construcciones galicas que
no se le pueden disimular. Advertimos algunas para que
sirvan de aviso a los lectores que aspiran a penetrar el
caracter de nuestro elegante idioma. » (Sommervogel.)

406. — 33. — HISTORIA DE GIL BLAS DE SANTILLANA,
publicada en frances por A. R. Le Sage traducida al
castellano por el Padre Isla, corregida, rectificada y
anotada. Por don Evaristo Peña y Marin. *Paris. En
la Librería europea de Baudry,* 1835, in-8, pp. 585,
grav.

> *Paris. — En la imprenta de Casimir.*
>
> Bib. nat., Inv. Y² 10232.

407. — 34. — Le Sage. — *HISTORIA DE GIL BLAS DE
SANTILLANA,* traducida por el Padre Isla, corregida por
Evaristo Peña y Marin. *Paris,* 1838, gr. in-8.

408. — 35. — *AVENTURAS... Barcelona,* 1836-1837,
*imp. de la V. é hijos de Gorchs. Madrid, lib. de San-
chez Rubio,* 4 vol. in-8, 9 grav., pp. xx-396, 408,
436, 434.

> « Los tres primeros tomos comprenden el testo de la
> obra, el 4º tiene por titulo : « Observaciones criticas so-
> bre el romance de *Gil Blas de Santillana,* en las cuales
> se hace ver que Mr. Le-Sage lo desmembró del de El
> Bachiller de Salamanca, entonces manuscrito español
> inédito, y se satisface a todos los argumentos contrarios
> publicados por el conde de Neufchateau, miembro de

la Acad. francesa, ex-ministro del Interior. Su aut. D.
Juan Antonio Llorente, individuo de muchas acads. y
sociedades literarias, morador en Paris, donde publicó
en frances esta misma obra. » Este tomo 4°, cuya nume-
racion no aparece en la portada, se vendia suelto. » (Sommervogel.)

409. — 36. — *AVENTURAS DE GIL BLAS DE SANTIL-
LANA, publicadas en frances por Mr. Le-Sage. *Zara-
goza, 1836, imp. de M. Heras. Madrid, lib. de Vil-
laverde, 5 vol. in-16, 9 grav.*

Cf. Ed. de Vazquez, Madrid, 1840.

410. — 37. — *AVENTURAS... Valencia, 1839, imp.
de B. Monfort. Madrid (lib. Europea), 6 vol. in-8.*

« Los cuatro primeros tomos de esta edicion compren-
den la historia de *Gil Blas* ; el quinto que forman los libros xiii y xiv la continuacion hasta su muerte ; y el
sesto, libros xv y xvi, tiene la siguiente portada : « Adicion a las Aventuras de Gil Blas, ó historia galante del
jóven siciliano, que suena traducida del frances en italiano y de esta lengua la ha convertido en española, el
mismo Viejoso ocioso que restituyó las aventuras francesas a su original lengua castellana. » Es una reimpresion
exacta de la que se hizo en el mismo Valencia en 1826-
1827» (Sommervogel.)

411. — 38. — *AVENTURAS DE GIL BLAS DE SANTIL-
LANA. Nueva edicion con 20 lams. finas. Madrid,
1840, imp. y lib. de J. Vasquez, 5 vol. in-16, pp.
xiv-366, viii-400, xii-378, x-380, xii-314.*

« Edicion de surtido, arreglada al testo de Peña y Ma-

rin, sin *Prologo* ni *Declaracion* del autor. » (Sommervogel.)

412. — 39. — HISTORIA DE GIL BLAS DE SANTILLANA,
publicada en Francès por Mr. Le Sage, rica edicion
en 4° mayor, adornada con 600 laminas repartidas
por el contexto. *Barcelona. Imprenta de don Antonio
Bergnes y Compañia*, 1840-1, 2 vol. formant 1034
+ 1 p. pour l'indice.

> Les observations de Llorente sont imprimées à la suite
> de *Gil Blas.*
> Grav. de J. Gigoux, de l'éd. de Dubochet, Paris. —
> Texte de l'éd. de 1828, de Burgos.

413. — 40. — *AVENTURAS DE GIL BLAS DE SANTIL-
LANA. Edicion ilustrada con 500 lams. y viñs. en
mad. dibujadas y grabs. por artistas españoles. Con
notas que demuestran el origen español de la obra,
tomadas de las *Observaciones criticas* que sobre este
ingenioso romance escribió en Paris y presentó al
Instituto frances el presbitero D. Juan Antonio Llorente. Publicala una sociedad de artistas. *Madrid*,
1840-1842, *imp. de Yenes, lib. de Sanchez*, 4 vol.
gr. in-8, pp. VI-304, VI-330, VI-320, IV-320, 78 grav.

> « Esta edicion se ha hecho por la de 1828, anotada
> por D. Evaristo Peña y Marin. En las notas que los eds.
> han estractado de la obra de Llorente reunen las pruebas
> mas interessantes acerca de la verdadera procedencia del
> romance de *Gil Blas*. Hay ejemplares que llevan en la
> portada de los tres primeros tomos segunda edicion. Pre-

cede a la obra « Advertencia de los eds. » y « Una palabrita de Gil Blas. » No tiene el Prólogo del Padre Isla
ni la Declaracion de Mr. Le-Sage. » (Sommervogel.)

Voir n⁰ˢ 451 et 452.

414. — 41. — *AVENTURAS DE GIL BLAS DE SANTIL-
LANA Edicion aumentada con varias observaciones
criticas, y completada con las aventuras del jóven
siciliano, adornada con 6 hermosas láminas finas
perfectamente grabs. *Valencia, 1841, imp. de B.
Monfort. Madrid, lib. de Matute, 2 vol. in-8.*

415. — 42. — *AVENTURAS... Nueva edicion mejorada
y aumentada con la continuacion de la historia de
Gil Blas hasta su muerte. Barcelona, 1842, imp. de
C. y J. Mayol. *Madrid, p. de lib. de Martin, 2 vol.
in-8, pp. xxiv-516, 576.*

Réimp. de l'éd. de Barcelone, 1830.

416. — 43. — HISTORIA DE GIL BLAS DE SANTILLANA
publicada en frances por A. R. Le Sage, traducida
al castellano por el Padre Isla, corregida, rectificada
y anotada Por don Evaristo Peña y Marin. *Paris,
Baudry, librería europea, 1843 [lire 1842], in-8,
pp. 540.*

Colleccion de los mejores Autores españoles. Tomo III.

Paris. — En la Imprenta de Fain y Thunot.

Bib. nat., Inv. Z 45619.

417. — 44. — *— *Madrid, Sociedad Central,* 1844, 3 vol. in-8.

418. — 45. — *AVENTURAS DE GIL BLAS DE SANTILLANA. Nueva edicion. *Madrid,* 1844, *imp. y desp. de Mellado,* ed., 2 vol. in-8, pp. xxii-522, 562, 100 grav. sur bois.

> « Lleva el *Prologo, Declaracion,* y *Una palabrila* de Gil Blas, asi como la Continuacion de la vida de este hasta su fallecimiento, y una Nota del ed. para justificarse de haber incluido los cinco capitulos que contienen aquella, concebida en estos términes : « Hemos creido oportuno dar tambien la *Continuacion* del Gil Blas, suprimida en todas las ediciones modernas, no tanto por su mérito, cuanto porque sienda muy corta, hemos creido que era el mejor medio de satisfacer a todos. Sin embargo, para que no se confunda con la historia en general hemos hecho una completa division, señalando el fin de aquella y formando de la *Continuacion* un trozo aparte. » El testo va arreglado al que corrigio el Sr. Peña y Marin. » (Sommervogel.)

419. — 46. — *AVENTURAS... *Madrid,* 1844, *imp. de E. Trujillo (lib. de Romeral),* 4 vol. in-8, 4 grav.

420. — 47. — HISTORIA DE GIL BLAS DE SANTILLANA traducida al castellano por el Padre Isla corregida y rectificada por Don Andres Horjales de Zúñiga Ca-ballero de la real Órden americana de Isabel la Católica. [Vig.] *Paris, Carlos Hingray,* 1844 [lire 1843]. Port. en tête, in-12, 2 ff. n. ch. + pp. 538.

Bib. nat., Inv. Y² 10233.

421. — 48. — *— *Barcelona, 1846, imp. y lib. de Pons y comp. Madrid (lib. Europea),* .4 vol, in-16. 4 grav.

422. — 49. — AVENTURAS DE GIL BLAS DE SANTIL-LANA escrita en Frances por Mr. Lesage y traducidas al castellano Por el Padre José Isla. Nueva impression revista y corregida. *Paris, en la imprenta de Pillet ainé,* 1845, 4 vol. in-16, pp. 359, 307, 300, 348.

> Bib. nat., Inv. Y² 10234-10237.

423. — 50. — * HISTORIA DE GIL BLAS DE SANTILLANA. publicada cn frances por Mr. Le-Sage. Nueva edicion adornada con 600 lams. repartidas por el testo, Barcelona, 1848, imp. de J. Oliveres. *Madrid, lib. de La Publicidad,* gr. in-4.

> « Esta es la misma que se hizo en 1840 en la *imp. de A. Bergnes, Barcelona.* » (Sommervogel.)

424. — 51. — HISTORIA DE GIL BLAS DE SANTILLANA, publicada en frances por A. R. Le Sage, traducida al castellano por el Padre Isla, corregida, rectificada y anotada. Por don Evaristo Peña y Marin. *Paris, Baudry, Librería european,* 1850 [lire 1849], in-8, pp. 472, Port.

> *Coleccion de los mejores Autores españoles.* Tomo III.
> *Paris. — En la Imprenta de Thunot y Cª.*
> Bib. nat., Inv. Z 45682.

425. — 52. — *Aventuras... Publicacion de los se-
ñores Cabello y hermanos. *Madrid, 1852, imp. de
A. Vicente, lib. de Bailly-Baillière,* in-4, pp. xx-704,
15 grav.

> « Van la *Conversacion* ó .Prologo del P. Isla, la *Decla-
> racion de Mr. Le-Sage* y *Una palabrita de Gil Blas.* El testo
> es igual al de la edicion de Burgos y tiene, ademas de los
> doce libros que forman la obra, cinco capitulos entresa-
> cados del libro xiii que comprende la *Continuacion* de la
> historia de Gil Blas de Santillana hasta su muerte. »
> (Sommervogel.)

426. — 53. — *Aventuras de Gil Blas de Santillana. *Madrid, 1852, imp. y desp. de Mellado,* gr.
in-4, pp. 246, 100 grav. dans le texte.

> « Esta arreglada la presente edicion a la que corrigió
> D. Evaristo Peña y Marin, y dió a luz D. Miguel de
> Burgos en 1828. Precede al testo el *Prologo* del P. Isla,
> la *Declaracion* del autor, y *Una palabrita de Gil Blas,* y
> concluye el tomo con la Continuacion de Gil Blas hasta
> su muerte. » (Sommervogel.)

427. — 54. — *Aventuras de Gil Blas de Santillana, por Mr. Le-Sage. Traduccion del Padre Isla,
con una introduccion é importantisimas notas criticas, espresamente escritas para esta edicion, por D.
Adolfo de Castro. *Madrid, 1852, in-fol., pp. 180,
44 grav.

> « Esta edicion es, de todas las modernas, la mas com-
> pleta : el testo esta conforme al que corrigió D. Evarista
> Peña y Marin en 1828, y en cuyo año le publicó D. Mi-

guel de Burgos. Las muchas é interesantes notas con que
la ha enriquecido. D. Adolfo de Castro, aclaran mucho
la cuèstion tan debatida de si es obra francesa ó española.
Lleva un Prólogo original y no el que puso en su traduccion el P. Isla. Van despues la *Declaracion de Mr. Le-
Sage* y *Una palabrita de Gil Blas*. Termina en el capi-
tulo xiv del libro duodécimo, que es todo lo que publicó
Mr. Le-Sage. » (Sommervogel.)

Voir n° 456.

428. — 55. — Historia de Gil Blas de Santillana,
publicada en frances par A. R. Le Sage traducida al
castellano por el Padre Isla, corregida, rectificada y
anotada. Por don Evaristo Peña y Marin. *Paris. Vve
Baudry, Librería europea*, 1855, in-8, pp. 472.

> *Coleccion de los mejores Autores espanoles.* — Tomo III.
>
> *Paris. — En la Imprenta de Thunot y C^a.*
>
> Bib. nat., Inv. Z. 45683.

429. — 56. — Historia de Gil Blas de Santillana
traducida al castellano por el Padre Isla corregida y
rectificada por Don Andrés Horjáles de Zúñiga. *Paris, Ch. Fourant et fils*, [1856], in-18, pp. 538.

> *Besanzon. — Imprenta de la viuda Deis.*
>
> Bib. nat., Inv. Y² 48783.

430. — 57. — * Historia de Gil Blas de Santillana,
traducida al castellano por el Padre Isla : corregida y
rectificada por D. Estanislao de la Peña. Nueva edi-

cion, en 4° may ; adornada con 20 primorosas lams.
abiertas. en ac. *Barcelona,* 1856, *imp. del Artista,
Madrid, lib. de Cuesta,* gr. in-4, pp. 360.

431. — 58. — *HISTORIA DE GIL BLAS DE SANTILLANA,
publicada en frances por M. Le Sage, acompañada
de las *Observaciones criticas de* D. Juan Antonio LLO-
RENTE, y adornada con 8 lams. *Barcelona,* 1857,
*imp. de L. Tasso. Madrid, lib. Española, calle de Re-
latores,* 2 vol. in-8, pp. 414, et 392. 8 gravures.

> « Las *Observaciones criticas* de Llorente, reimpresas de
> las que este publicó en Madrid en 1822, escepto una dé-
> cima en frances del capitulo VI, parrafo 17, occupan desde
> la pag. 251 al fin del tomo. 2° El testo esta arreglado,
> unas veces al del Padre Isla, otras al de Peña y Marin.
> Carece de Prólogo. » (Sommervogel.)

432. — 59. — *HISTORIA DE GIL BLAS DE SANTILLANA,
traducida al castellano por el Padre Isla, corregida y
rectificada por D. Andres Horjales de Zuñiga, cabal-
lero de la real órden americana de Isabel la Católica.
Paris, 1858, *imp. de Cosson, lib. de Hingray, ed.
Madrid, lib. de Duran,* gr. in-8, pp. VI-538.

> « En esta edicion, a que falta el Prólogo, se ha seguido,
> en testo y notas, la que se hizo en Madrid, por Burgos, y
> por mas que he cotejado capitulos y libros enteros no he
> visto diferencia entre ella y la de Peña y Marin. En 1843
> se hizo en Paris, por el mismo Hingray, otra edicion en
> el mismo tamaño y precio, y no sera estraño que se haya
> repetido en otras años, pues no se pone en la portada el
> numero de órden de cada una de ellas. » (Sommervogel.)

433. — 60. — Historia de Gil Blas de Santillana, publicada en frances por A. R. Le Sage traducida al castellano por el Padre Isla, corregida, rectificada y anotada. Por don Evaristo Peña y Marin. *Paris, Vve Baudry, Libreria europea,* 1859, in-8, pp. 472. Port.

> *Coleccion de los mejores Autores españoles.* — Tomo III.
>
> *Paris.* — *En la Imprenta de Thunot y C^a.*
>
> Bib. nat., Inv. Z. 45684.
>
> Même éd. que celle de Madrid, 1828.

434. — 61. — *Historia de Gil Blas... Barcelona,* 1860, 2 vol. in-8.

435. — 62. — *Historia de Gil Blas de Santillana, traducida al castellano por el Padre Isla. *Barcelona,* 1862, *imp. de N. Ramirez. Madrid, lib. de Font y San Martin,* gr. in-8, 20 grav.

436. — 63. — Historia de Gil Blas de Santillana por Le Sage traducida por el Padre Isla corregida, rectificada y anotada. — *Paris, Garnier hermanos,* 1864 [livre 1863], in-8, pp. VIII-599.

> *Corbeil.* — *Imprenta de Crété.*
>
> Bib. nat., Inv. Y² 10238.

437. — 64. — Historia de Gil Blas de Santillana,

publicada en frances por A. R. Le Sage traducida al
castellano por el padre Isla, corregida, rectificada y
anotada. Por don Evaristo Peña y Marin. *Paris,
Baudry, Libreria europea*, 1865, in-8, pp.˙ 472.
— Port.

Coleccion de los mejores Autores espanoles. — Tomo III.

Paris. — *En la Imprenta de Thunot y Cᵃ.*

Bibl. nat., Inv. Z. 45685.

438. — 65. — HISTORIA DE GIL BLAS DE SANTILLANA,
por M. Lesage. Traduccion del Padre Isla restituida
á la pureza de su original precedida de un prólogo
de D. Jerónimo Borao, Catedrático de literatura.
Edicion de gran lujo Adornada con veinte láminas
finas abiertas en acero, y profusion de viñetas en boj
intercaladas en el texto, cabeceras y letras de adorno.
Barcelona. Salvador Manero, 1867, gr. in-8, pp.
XLVI-788.

439. — 66. — HISTORIA DE GIL BLAS DE SANTILLANA
traducida al castellano por el Padre Isla corregida y
rectificada por Don Andrés Horjáles de Zúñiga.
[Vig.]. *Paris, Ch. Fouraut et fils,* s. d. [1868], in-
18, 2 ff. prél. + pp. 538.

Besançon. — *Imp. de J. Roblot.*

Bibl. nat., Inv. Y² 48784.

440. — 67. — Historia de Gil Blas de Santillana
por Le Sage traducida por el Padre Isla corregida,
rectificada y anotada. — *Paris, Garnier hermanos,*
1874, in-8, pp. viii-599.

> *Corbeil. — Imprenta de Crété hijos.*
>
> Bibl. nat., Inv. Y² 10239.

441. — 68. — Segunda Parte y conclusion de las cé-
lebres Aventuras de Gil Blas de Santillana ó sea
Historia galante y entretenida del Jóven Siciliano
nieto de Gil Blas publicada en idioma español por el
Padre Isla traductor de las mencionadas aventuras de
Gil Blas de Santillana. *Barcelona, Eugenio Puig* [et]
Habana, Alejandro Chao, 1876, 2 vol. in-8.

442. — 69. — Historia de Gil Blas de Santillana
por Le Sage traducida por el Padre Isla, corregida,
rectificada y anotada. *Paris, Garnier hermanos,* 1877,
in-12, 3ff. n. ch. p. l. front., tit. et decl. + pp.
601 + x.

> *Clichy. — Imp. de Paolo Dupont.*
>
> Bib. nat., 8° Y² 429.

443. — 70. — Historia de Gil Blas de Santillana
traducida al castellano por el Padre Isla corregida y

rectificada por Don Andrés Horjáles de Zúñiga. *Paris, Ch. Fouraut et fils*, s. d. [1879], in-12, 3 ff. n. ch. p. l. port., tit., dec. + pp. 538,

Paris. — *Imp. Charles Blot, Calle Bleue*, 7.

Bib. nat., 8° Y² 2790.

444. — 71. — *Historia de Gil Blas de Santillana, compuesta sobre la de las aventuras del Bachiller de Salamanca, D. Querubin de la Ronda, original de D. Antonio de Solés, publicada en francés por Mr. Le Sage, y vertida al español por el padre Isla. Edicion illustrada y corregida á la vista de varios originales españoles de que se valió Le Sage, y adornada con gran número de grabadas intercaladas en el texto. Biblioteca amena é instructiva. Admón., Nueva de San Francisco. *Madrid, Murillo*, 1882, in-8, pp. 583.

445. — 72. — *Aventuras de Gil Blas de Santillana adicionadas y restituidas a España por el Padre Isla con su segunda y tercera parte desconocidas en el presente siglo. *Mexico, Ballesca, Espasa y Comp*ᵃ, in-fol., 1888.

Fait partie de la publication : *Mexico a través de los siglos*.

446. — 73. — Biblioteca de la Juventud. — El Gil Blas de los Niños extracto de la célebre obra de Le-

sage por Constantino Román. *Paris, Garnier her-manos*, 1896, in-8, 2 ff. n. ch. + pp. 183.

Bib. nat., 8° Y² 17798.

447. — 74. — Historia de Gil Blas de Santillana publicada en frances por A. R. Le Sage traducida al castellano Por el Padre Isla corregida, rectificada y anotada Por don Evaristo Pèña y Marin. *Paris, Garnier hermanos*, 1897, in-8, pp. viii-472.

Coleccion de los mejores Autores españoles. — Tomo III.

Bib. nat., 8° Z 71.

448. — 75. — *Historia de Gil Blas. Traducida al Castellano por el Padre Isla. 2d. ed. — *London, Hirschfeld Bros.*, 1899, in-8, pp. 380.

English Cat. of Books.

449. — 76. — Los Ladrones de Asturias. Being the first fifteen chapters of *La Historia de Gil Blas de Santillana* as translated into Spanish by José Francisco Isla from the original French of Alain René Le Sage Edited by F. A. Kirkpatrick, M. A. late Scholar of Trinity College, Cambridge. *Cambridge at the University Press*, 1903, pet. in-8, pp. xxiv-128.

Pitt Press Series.

Bib. nat., 8° Y² 54393.

Controverses (1).

450. — Voir : *Ouvrages relatifs* à LESAGE. — Leo Claretie, pages 199-261. — Audiffret, *OEuvres de Le Sage*, 1821, I, pp. 47-72 [Voir No. 4.].

451. — OBSERVACIONES CRITICAS SOBRE EL ROMANCE DE GIL BLAS DE SANTILLANA, En las cuales se hace ver que Mr. Le Sage lo desmembró del de *El Bachiller de Salamanca,* entónces manuscrito español inédito ; y se satisface a todos los argumentos contrarios publicados por el Conde de Neufchateau, miembro de la academia francesa, ex-ministro del interior. Su autor Don Juan Antonio Llorente, individuo de muchas academias y sociedades literarias, morador en Paris, donde publica en frances esta misma obra. *Madrid. Imprenta de D. Tomas Alban y Compañia,* 1822, in-8, pp. 408.

Voir n° 413.

452. — OBSERVATIONS CRITIQUES SUR LE ROMAN DE GIL BLAS DE SANTILLANE ; par J. A. Llorente, Auteur de l'histoire critique de l'Inquisition, et d'autres ouvra-

(1) Voir plus loin : *Histoire du Roman.*

ges, membre de plusieurs Académies et Sociétés savantes. On y fait voir que le roman de *Gil Blas* n'est pas un ouvrage original, mais un démembrement des *Aventures du Bachelier de Salamanque,* manuscrit espagnol, alors inédit, que M. Le Sage dépouilla des parties les plus précieuses.

> ..... *Et mea cum sit*
> *Optima, non ullo, causa, tuente, perit.*
>
> OVIDE, ep. 19.

Paris, Moreau,... 1822, in-8, pp. VIII-309.

453. — NOTIZIE ISTORICHE SUL LE SAGE pubblicate da S. E. Petronj Socio della Grande Accademia Italiana, etc., etc., ed Osservazioni critiche sull' originalitá dell' Autore di Gil Blas Tratte dal Libro del Signore J. A. Llorente. *Londra, Treuttel, Würtz, Treüttel, figlio, e Richter...* 1823, in-12, pp. 226 + 1 f. pour la table.

454. — UEBER DEN ROMAN *Gil Blas,* oder Beantwortung der Frage : Ist Le Sage der ursprüngliche Verfasser des Gil-Blas ? von C. F. Franceson. *Berlin, in der Vossischen Buchhandlung,* 1823, in-8, pp. 112 + 1 f. à la fin.

455. — ESSAI SUR LA QUESTION DE L'ORIGINALITÉ DE GIL BLAS, ou Nouvelles Observations critiques sur ce

roman par Charles Frédéric Franceson, professeur à l'Université de Berlin, auteur d'un Essai
sur Homère, etc. *Leipzic, Frédéric Fleischer,* 1857,
in-8, pp. 111.

456. — POESIAS DE D. PEDRO CALDERON DE LA BARCA,
con anotaciones y un discurso por apéndice sobre los
plagios, que de antiguas comedias y novelas españolas
cometió Le Sage, al escribir su Gil Blas de Santillana.
Por Adolfo de Castro. *Cadiz, Imprenta de la Revista
Médica...* a cargo de Don Vicente Caruana, 1845,
in-8, pp. 128.

> Voir n° 427.

457. — *GIL BLAS DE SANTILLANA. Reivindicacion de
la propriedad de esta obra, usurpada por un autor
extranjéro á la literatura patria, escrita por D. José
Mariá Lago. *Madrid, imprenta de la Viuda de J. M.
Pérez,* 1885, in-8, pp. 46.

> Attribue l'ouvrage à A. Solis y Ribadeneyra. — Préf.
> de E. Escalera.

Portugais.

458. — I. — HISTORIA DE GIL BRAZ DE SANTILHANA
traduzida em Portuguez. Segunda edição. *Lisboa,*

na typografia de Academia real das Sciencias, 1800,
4 vol. pet. in-8.

459. — 2. — Historia de Gil Braz de Santilhana
Traduzida em Portuguez. Terceira edição. Lisboa :
Anno m.dccc.xii. — *Na nova Offic. da Viuva Ne-
vese Filhos.* 4 vol. in-8.

> Bib. nat., Inv. Y² 10276-9 [Manquent Vol. I et II].

460. — 3. — Historia de Gil Braz de Santilhana,
por Lesage, Traducção portugueza. Nova edição revista e emendada com estampas finas. *Paris, Theo-
philo Barrois filho,* 1819, 4 vol. in-12, pp. 356,
309, 334, 326.

> *Em Paris, Na officina de J. Smith.*
>
> Bib. nat., Inv. Y² 10280-10283.

461. — 4. — Historia de Gil Braz de Santilhana
traduzida em portuguez. Nova edicão. —- *Lisboa :
Anno* m.dccc.xxi. — *Na typ. da Academia Real das
Sciencias. — Com licença da Commissão de Censura.
Vende-se na loja da Viuva Bertrand, e Filhos, aos
Martyres,* N. 45. — 4 vol. in-16.

> Bib. nat., Inv. Y² 10284-10287 [Manquent Vol. III
> et IV].

462. — 5. — Historia de Gil Braz de Santilhana,
Traduzida em Portuguez, por Manoel Maria Barboza

de Bocage Nova edição inrequecida con estampas.
— *Paris, Typographia da Beaulé et Jubin, Rua du
Monceau-Saint-Gervais,* 8, 1836, 3 vol. in-12, pp.
339, 298, 317.

Bib. nat., Inv. Y² 10288-10290.

463. — 6. — Historia de Gil Braz de Santilhana,
por Lesage. Traducção portugueza. Nova edição revista e emendada ; com estampas finas. *Paris, na
tipografia de Pillet ainé, rua de Grands-Augustins,*
Nº 7. — 1837, 4 vol. in-12, pp. 316, 276, 298,
292.

Bib. nat., Inv. Y² 10291-10294.

464. — 7. — O Gaiato do terreiro do Paço, ou o
Gil Braz Portuguez. Pelo author dos oculos da
velha. *Lisboa. Typographia Nryana* [*lisez* Neryana],
1845, 4 vol. in-16.

N'est pas une traduction du vrai *Gil Blas.*

465. — 8. — Historia de Gil Braz de Santilhana,
por Lesage, traduzida em Portuguez. Nova edição.
Lisboa. 1859-1860. *Na typ. de José Baptista Mo-
rando...* 4 vol. pet. in-8.

Fig. de C. P. Marillier, 1796.

466. — 9. — Historia de Gil Braz de Santilhana

por Lesage. *Maranhão — 1866. Typographia do Frias, rua da Palma, n° 7, in-8, pp. 576.*

Italien.

467. — 1. — GIL BLAS DI SANTILLANO, storia galante Tratta dall' Idioma Francese nell' Italiano. Dal Dottor D. Giulio Monti Canonico Bolognese. Edizione quinta. *In Venezia, MDCCLV. Presso Antonio Bortoli. Con Licenza de' Superiori, e Privilegio,* 7 vol. in-12.

> Bib. nat., Inv. Y² 10252-8 [Manquent Vol. I, IV, V, VI, et VII].

468. — 2. — GIL BLAS DI SANTILLANO, storia galante, Tratta dall' Idioma Francese nell' Italiano. Dal Dottor D. Giulio Monti Canonico Bolognese. Edizione sesta. *Venezia, MDCCLXVII. Appresso Antonio Bortoli. Con Licenza de' Superiori, e Privilegio,* front., 7 vol. in-12.

> Bib. nat., Inv. Y² 10259-10265. [Manquent Vol. II, III, V.]

469. — 3. — GIL BLAS DI SANTILLANO storia piacevole del Sig. Le Sage tradotta dal Francese dal Dottore Pietro Crocchi Sanese.

> Omne tulit punctum qui miscuit utile dulci,
> Lectorem delectando, pariterque monendo.
> Horat. *de art. Poet.*

Colle Ameno MDCCLXXIV. *Con Licenza de' Superiori,*
4 vol. in-8.

British Museum, 12511. c. 1. — Bib. Nationale, Y²
10272-10275.

470. — 4. — GIL BLAS DI SANTILLANO Storia galante
Tratta dall' Idioma Francese nell' Italiano, dal Dot-
tor D. Giulio Monti canonico Bolognese. — *In
Roma* MDCCLXXXVIII. — *Per Luigi Vescovi, e Filippo
Neri, Con Licenza de' Superiori,* 6 vol. in-8, pp. 319,
324, 379, 315, 380, 327.

Bib. nat., Inv. Y² 10266-10271.

471. — 5. — GIL BLAS DI SANTILLANO. Storia galante
Tratta dall' Idioma Francese nell' Italiano da D.
Giulio Monti, Canonico Bolognese. *In Dresda,*
1789. *Appresso li Fratelli Walther.* 4 vol. pet. in-8.

4 gravures.

472. — 6. — *GIL BLAS DI SANTILLANO. Seconda edizione di Londra pubblicata e corretta da S. E. Petronj..., giusta le osservazioni critiche del Signore
J. A. Llorente sull' originalità dell' autore. *Londra,*
1823, 5 vol. in-12.

Brit. Museum, 12511. c. 4. — Cf. nº 453.

Anglais.

473. — 1. — THE HISTORY AND ADVENTURES OF GIL BLAS OF SANTILLANE. In Three Volumes. The Third Edition. *London : Printed for Jacob Tonson, at Shakespear's Head in the Strand.* 1732, 3 vol. in-12, avec le même front. aux 3 volumes.

474. — 2. — THE HISTORY AND AVENTURES OF GIL BLAS OF SANTILLANE. In Three Volumes. The Fourth Edition. *London : Printed for J. and R. Tonson, at Shakespear's Head in the Strand.* 1737, 4 vol. in-12.

> Le Vol. IV ne porte pas *Fourth Edition* sur le titre et n'est pas de la même date :
>
> Vol. IV. London : Printed for J. Nourse, at the *Lamb* without Temple-Bar ; and F. Cogan, at the *Middle Temple-Gate* in *Fleet-Street.* 1742.
>
> Frontispice en tête du 1ᵉʳ volume.
> Voir infra Nᵒ 475.

475. — 3. — THE HISTORY AND ADVENTURES OF GIL BLAS OF SANTILLANE. In Three Volumes. The Fifth Edition. *London: Printed for J. and R. Tonson in*

the Strand. MDCCXLIV, 3 vol. in-12, avec le même front. aux 3 volumes.

Dans l'ex. du British Museum, un 4ᵉ vol. qui doit appartenir à une éd. diff. dont les 3 premiers vol. manqueraient, à moins, ce qui est fort possible, qu'il ait été imprimé seul pour compléter les éd. de Tonson en 3 vol. dont il forme en effet la suite a pour titre :

The History and Adventures of Gil Blas of Santillane. Vol. IV. London : Printed for J. Nourse, at The *Lamb* against *Katherine-Street* in the *Strand*; and M. Cooper, at the *Globe* in *Pater-noster Row.* 1746, in-12.

Voir supra Nᵒ 474.

476. — 4. — The Adventures of Gil Blas of Santillane. A new translation, from the best French Edition. Adorned with Thirty-three Cuts, neatly Engraved. In Four volumes. *London : Printed for J. Osborn...* MDCCXLIX, 4 vol. in-12.

477. — 5. — The Adventures of Gil Blas of Santillane. A New translation, by The Author of Roderick Random. Adorned with Thirty-three cuts, neatly Engraved. In four volumes. *London : Printed for J. Osborn, at the Golden Ball in Pater-noster Row.* MDCCL. 4 vol. in-12.

Le frontispice du Vol. I est le même que pour les éd. de Tonson.

478. — 6. — The History and Adventures of Gil

Blas of Santillane. In four volumes. *Edinburgh:
Printed for and by Willison & Darling.* MDCCLXXI,
4 vol. in-12.

479. — 7. — The History and Adventures of Gil Blas
of Santillane. In four volumes. *Edinburgh: Printed
by Alexander Donaldson...* M.DCC.LXXI, 4 vol. in-12
(paginé 2 par 2).

> Edition différente de celle de la même date, *Edinburgh,
> Willison & Darling,* n° 478-6.

480. — 8. — *The Adventures of Gil Blas. A new
Translation. By Percival Proctor. 1774, in-8.

> Brit. Museum, 12511. g. 24.

481. — 9. — The Adventures of Gil Blas of Santillane. A New Translation, By T. Smollett, M. D.
Author of Roderick Random. *London: Printed for
Joseph Wenmam, No. 144, Fleet-Street.* M.DCC.LXXX,
8 vol. in-16, pp. 120, 120, 120, 120, 120, 112,
104 et 65.

> En tête de chaque vol. front. par Dodd, gravés par
> Wells, Goldar, Cook, et Roberts.

> Bib. nat., Inv. Y² 10194-10201. — British Museum,
> 12511. a. 33.

482. — 10. — The Adventures of Gil Blas of San-

TILLANE. Translated from the French of Monsieur Le Sage. By Dr. Smollet. In four volumes. *London : Printed for Harrison and Co...* MDCCLXXXI. 4 vol. in-8, pp. IV-402 [pagination continue].

Figures de Stothard.

483. — 11. — THE ADVENTURES OF GIL BLAS OF SAN-TILLANE. A new Translation, By the Author of Roderick Random. — Adorned with Thirty-three Cuts, neatly engraved. — In four volumes. — The Fifth Edition. — *London, Printed for W. Strahan,...* MDCCLXXXII, 4 vol. in-12, pp. XII-312, IV-263, VII-292, VIII-276.

Bib. nat., Inv. Y² 10202-10205.

484. — 12. — THE ADVENTURES OF GIL BLAS OF SAN-TILLANE. A new translation, by Thomas Smollett, M. D. Author of the Complete History of England, Roderick Random, &c. Adorned with a new Set of Cuts, neatly Engraved. In four volumes. *Dublin : Printed for W. Wilson,...* MDCCLXXXV. 2 vol. in-12.

Quoique sur le titre on ait marqué 4 vol., il n'y en a en réalité que 2, les vol. étant réunis 2 par 2 par un même titre et une même pagination.

485. — 13. — THE ADVENTURES OF GIL BLAS OF SAN-TILLANE. A new translation, by the author of Rode-

rick Random. Adorned with cuts, neatly engraved.
In four volumes. The Tenth edition. *London: Printed in the year* MDCCLXXXIX, 4 vol. in-12.

486. — 14. — THE ADVENTURES OF GIL BLAS OF SAN-
TILLANE. A new translation, By the Author of Roderick Random. Adorned with Twelve new Cuts, neatly engraved. In four volumes. The Sixth Edition.
London: Printed for T. Longman... MDCCXCII, 4 vol.
in-12.

487 — 15. — THE ADVENTURES OF GIL BLAS, OF SAN-
TILLANE. Translated by T. Smollet, M. D. Cooke's
Edition. Embellished with engravings. *London :
Printed for C. Cooke, s. d.* [1793-94 d'après les gra-
vures], 4 vol. in-12.

> Grav. de J. Allen, W. Grainger, R. Corbould, J. de
> Wilde et gravées par C. Warren, J. Saunders, W. Haw-
> kins et Neagle.

488. — 16. — THE ADVENTURES OF GIL BLAS, OF
SANTILLANE, abridged. London : Printed for E.
Newbery,... 1798. Price one shilling, pet. in-12,
pp. 156.

> Front. dessiné par Eckstein, gravé par J. Scott.

489. — 17. — THE ADVENTURES OF GIL BLAS OF SAN-

TILLANA. Newly translated from the French of A. R.
Lesage. By Martin Smart. Embellished with one
hundred copper-plates. In four volumes. *London :
Printed for Richard Phillipps...* 1807. By T. Gillet...
4 vol. in-12.

Fig. de Tomlinson et de Warner.

490. — 18. — THE ADVENTURES OF GIL BLAS OF SAN-
TILLANE. Translated from the French of Lesage. By
Benjamin Heath Malkin, Esq. M. A. F. S. A. *Lon-
don : Printed for Longman, Hurst, Rees, and Orme,
Paternoster-Row ; and G. Kearsley, Fleet-Street.*
1809, 4 vol. in-4.

« *Advertisement.* [au recto du f. après le titre du Vol. I].
On occasion of producing a splendid English ||
edition of Gil Blas, the publishers would ||
gladly have adopted the translation pub- ||
lished under the name of Smollet. The ||
defects of that version are acknowledged ; ||
and it is now understood to be indebted to ||
that popular writer only for his name. Under ||
these circumstances, it has been the aim of ||
the present translator to produce a more easy ||
and spirited transcript of the original ; with ||
what ability and success, must be left to the ||
reader to determine. »

C'est la plus belle éd. de Gil Blas que nous connais-
sions ; grav. de R. Smirke ; grav. par C. Armstrong, J.
Fitler, A. Raimbach, A. Smith, R. Golding et J. Neagle.
— T. Davison, Whitefriars [Printers].

491. — 19. — *The Adventures of Gil Blas of Santillane, by the Rev. John Francis Isla S. J. A new
Translation by the Author of Roderick Random
(T. G. Smolett). *Baltimore, Published by Fïelding
Lucas, Jr. J. Cushing, and J. and T. Vance Po-
meroy, printer, 1814, 4 vol. in-18, pp. 275, 229,
269 et 246.*

492. — 20. — The Adventures of Gil Blas, of Santillane. Translated by T. Smollett, M. D. Author
of Roderick Random. — *Lions, Printed for Cormon
and Blanc, Booksellers. —* 1815, 4 vol. in-12, 2 ff.
n. ch. +pp. 324, 272, 304, 288.

> Au verso du titre . *De l'Imprimerie de J. B. Kindelem.*

> Bib. nat., Inv. Y² 10206-10209.

493. — 21. — *The Adventures of Gil Blas of San-
tillane. To which is added, the Adventures of Sir
Launcelot Greaves. By T. Smollett. *T. Kinnersley,
London,* 1816, in-8.

> Brit. Muscum, 012547. i. 8.

494. — 22. — The Adventures of Gil Blas of Santillane. Translated from the French of Le Sage, by
T. Smollett, M. D. to which are prefixed, Memoirs
of the Author. In two volumes. *London : Printed*

for J. Walker... By S. Hamilton, Weybridge, Surrey, 1818, 2 vol. in-12.

> Grav. en tête de chaque vol., et vig. sur les titres par T. Uwins, gravées par C. Warren.

495. — 23. — The Adventures of Gil Blas, of Santillane. Translated from the French of Le Sage, by T. Smollett. In three volumes. With elegant engravings. *London: Printed for J. Mawman, Ludgate Street ; and Baldwin, Cradock, and Joy, Paternoster-Row,* 1819, 3 vol. in-8.

> Fig. de J. Smith.

496. — 24. — The Adventures of Gil Blas of Santillane. Translated from the French of Lesage. A new edition : with engravings from paintings by Robert Smirke, Esq. R. A. In four volumes. *London : Printed for Hurst, Robinson & Co.* 1822, 4 vol. in-12.

> Il a été fait un tirage des 24 figures de Smirke, gravées par Engleheart, Fot, Ranson, Romney, in-4 ; quelques-unes, avant la lettre, sur Chine.

497. — 25. — The Adventures of Gil Blas of Santillane. Translated from the French of Le Sage, by T. Smollett, M. D. In four volumes. *London : Print-*

ed for James Cunningham, Oxford Street. 1826,
4 vol. in-12.

> 4 grav., dans l'ex. du British Museum, les 2 premiè-
> res sont de Miss E. Sharpe, grav. par T. Garner ; les 2
> autres ne sont pas signées mais sont probablement des
> mêmes.

498. — 26. — *Gil Blas. Vol 4, *Penny National Library*, Vol. 4, 1830, in-8 ?

> Brit. Museum, 1157. l. 4.

499. — 27. — *Gil Blas, abridged by De la Voye. —
London, Parker & Son, 1838, in-18.

> *English Cat. of Books.*

500. — 28. — *Le Sage's Adventures of Gil Blas,
translated by Smollett. Dubochet's Fine illustrated
Edition, with several hundred woodcuts by Jean
Gigoux. 1838, 2 vol. gr. in-8.

501. — 29. — *Gil Blas by Smollett. Illustrated by
Gigoux. *Dubochet*, 1838-9. 2 vol. gr. in-8.

> *English Cat. of Books.* — Probablement le même que
> le Nº 500.

502. — 30. — *Gil Blas. New edition. *London, All-
man*, 1848, in-32.

> *English Cat. of Books.*

503. — 31. — *The Adventures of Gil Blas... Translated... by T. Smollett [or rather B. H. Malkin]. A new edition, carefully revised. With twenty-four line engravings after Smirke, and ten etchings by G. Cruikshank. 1859, in-8.

Bohn's *Illustrated Library*.

Brit. Museum, 2502, c.

504. — 32. — *Le même. *Bohn*, 1861, pet. in-8.

Cat. Rouquette (2847).

505. — 33. — *Gil Blas, with 500 Engravings, *London, H. Lea, in-8.*

English Cat. of Books.

506. — 34. — The Adventures of Gil Blas of Santillane. Translated from the French of Lesage, by Tobias Smollett. *London : George Routledge and Sons,* 1866, in-8, pp. xiv-442.

Gravures hors texte.

507. — 35. — *Gil Blas de Santillane. Translated by T. Smollett. *London, Routledge,* 1869, in-8.

English Cat. of Books.

508. — 36. — *GIL BLAS Edition destinée à l'adolescence. London, *Routledge*, 1869, in-12.

English Cat. of Books.

509. — 37. — *FIRST BOOK OF GIL BLAS DE SANTILLANE, arranged for Self-Instruction, new ed. *London, Marlborough*, 1870, in-8.

English Cat. of Books.

510. — 38. — *HISTORIA DE GIL BLAS DE SANTILLANA Nueva edicion. (*Glasgow*), *Simpkin*, 1871, in-12.

English Cat. of Books.

511. — 39. — *GIL BLAS DE SANTILLANE abrégé de Wanostrocht, par J. C. Tarver. *Simpkin*, 1877, in-12.

English Cat. of Books.

512. — 40. — *GIL BLAS DE SANTILLANE, translated with notes. *London, Warne*, 1877, in-8.

« *Chandos Classics.* »

English Cat. of Books.

513. — 41. — *ADVENTURES OF GIL BLAS OF SANTIL-

lane... Translated from the French. With Notes and Illustrations. s. d. [1878 ?], in-8, pp. xxiv-505.

« *Chandos Classics.* » — A different translation.

Brit. Museum, 12204, ff. 3o.

514. — 42. — The Adventures of Gil Blas of San-tillane translated from the French of Le Sage by Tobias Smollett. *George Routledge and Sons... London*, in-8, pp. 442 + 1 f. prél., s. d., [1881].

Clay and Taylor, Printers, Bungay.

Forme le No. 65 de l'*Excelsior Series*, à 22 — le vol.

515. — 43. — *The Adventures of Gil Blas..., trans-lated by T. Smollett. Preceded by a... notice of Le Sage, by George Saintsbury. With... etchings by R. de Los Rios. *Nimmo and Bain : London*, 1881, 3 vol. in-8.

Brit. Museum, 12518. o. 9.

100 ex. ont été tirés en grand papier avec les eaux-fortes sur papier Whatman.

Voir No. 357. — 129.

516. — 44. — *The Adventures of Gil Blas... New edition, 1885, in-8, pp. xii-600.

Bohn's *Illustrated Library*.

Brit. Museum, 2502, c.

5]7. — 45. — *Adventures of Gil Blas of Santillane in English, by Van Laun. *London, Simpkin,*
1885-6, 3 vol. gr. in-8.

English Cat. of Books.

518. — 46. — *The Adventures of Gil Blas of Santillana, rendered into English by H. van Laun.
With an introductory notice, life of Lesage, and
notes. *W. Paterson: Edinburgh,* 1886, 3 vol. in-8.

The impression of this edition in three volumes im-
perial 8vo. is limited to one hundred and twenty five
copies.

Brit. Museum, 012547. m. 1.

519. — 47. — *Gil Blas of Santillane, translated by
Smollett. Illustrated. *London, Routledge,* 1889,
in-8.

English Cat. of Books.

520. — 48. — *Gil Blas. Trans. lated by Tobias
Smollett. Illus. *London, Routledge,* 1891, in-8.

English Cat. of Books.

521. — 49. — *Adventures of Gil Blas. Trans. H.
Van Laun. Introd., Life, Notes. *London, Gibbings,*
1896, 4 vol. in-12.

English Cat. of Books.

522. -- 50. — *ADVENTURES OF GIL BLAS OF SANTIL-
LANE. Translated from the French by Tobias Smollett. Illus. by G. J. Pinwell. New ed. *London, Routledge,* 1898, in-8, pp. 456.

English Cat. of Books.

523. — 51. — Il a été tiré une suite de 21 eaux-fortes dont
un portrait, pour l'édition anglaise de *Gil Blas,* publiée à
Edimbourg.

Dans le *Catalogue de la Bibliothèque de feu M. le Comte A****
*W**** [erlé], 3ᵉ Partie, *Paris, Henri Leclerc,* 1908, il y avait
(619) une suite en deux états tirée de format in-4, sur *Japon* :
eaux-fortes et avant toutes lettres avec remarques. Toutes ces
épreuves sont signées par Ad. Lalauze. Cette suite n'a été tirée en tout qu'à 13 exemplaires, ainsi que le constate une
note de Lalauze.

Allemand.

524. — 1. — *GIL BLAS VON SANTILLANA. Neu nach
unseren Zeitbedürfnissen bearbeitet. 2ᵉ Aufl. Mit
illum. Kpfr. *Nürnberg, Campe,* 1834, in-8.

Kayser.

525. — 2. — *GESCH. DES GIL BLAS V. SANTILLANA.
Aus d. Franz. v. H. Fink. M. Biogr. Le Sage's.
1839, pp. xvi-888.

526. — 3. — *Gil Blas von Santillana. Illustrirt
mit 600 ganz feinen Holzstichen. *Pforzheim, Dennig,
Finck u. C.*, 1839, 6 hefte gr. in-8

> Kayser.

527. — 4. — *Geschichte des Gil Blas von Santillana. Aus d. Franzö̈s. von G. Fink. Mit Nachrich-
ten über das Leben u. die Schriften des Verfassers
vom Uebersetzer. (Mit 600 in den Text gedruckten
feinen Holzstichen nach Zeichn. von Jean Gigoux.)
*Pforzheim, Dennig, Finck u. C., Stuttgart, Schei-
ble*, 1842, 4 Hft., gr. in-8.

528. — 5. — *Le même. 14 Bdchn. *Ibid.*, 1843.

> Kayser.

529. — 6. — *Gil Blas von Santillana. Von Alain
René Lesage. Aus d. Franz., Leipzig, 1850, 4 vol.
gr. in-12.

> Forme les nᵒˢ 70-73 de la Bibliotek ausgewählte,
> der Classiker d. Auslandes.

> Kayser.

530. — 7. — *Gil Blas von Santillana. Aus dem
Französischen. Zweite Auflage. *Leipzig*, 1850, 4 vol.
in-8.

> Brit. Museum, 1154. e. 20.

531. — 8. — *Geschichte des Gil Blas von Santillana. Aus dem Französ. des Le Sage. Uebers. von
D. Barrasch. 2 vol. in-16, pp. viii-408, 409 à 831.

> N°s 35-38 de Classiker des In-und Auslandes. *Berlin,*
> 1853-1858.
>
> Kayser.

532. — 9. — *Abenteuer des Gil Blas v. Santillana. Aus d. Franz. d. Le Sage. hersg. u. m. er-
kläut. Anmerkungen versehen vom Verein « Na-
celle » unter Leitung von H. Laessig.

> Meisterwerke der vorzüglichsten Volkschriftstel-
> ler. *Berlin,* 1869-1870, gr. in-8.
>
> Kayser.

533. — 10. — *Lesage. — Geschichte d. Gil Blas
v. Santillana.

> N°s 531-536 de l'Universal Bibliothek, *Leipzig,*
> 1871-6, in-16.
>
> Kayser.

534. — 11. — *Le Sage. — Histoire de Gil Blas de
Santillane. In Auszügen m. Anmerkungen zum
Schulgebrauch hrsg. v. Louis Feller. (Ncudr.) Ausg.
A. (pp. 186), 1897.

> Lfg. 59 de la collection des Prosateurs français,
> *Bielefeld, Velhagen & Klasing.*
>
> Kayser.

Hollandais.

535. — Leven en Avonturen van Gil Blas van Santillana ten dienste der meergevorderde jeugd bear-
beid door Kinderling. Naar het Hoogduitsch. Met
Platen. *Te Haarlem, bij A. Loosjes,* Pz. mdcccxvii,
in-8, pp. iv-236.

Russe.

36. — 1. — Похожденія Жилблаза де Сантилланы, описанныя
Г. Ле Сажемъ, а переведенныя Васильемъ Тепловымъ. Томъ I.
— Томъ II. — Томъ III (Titre + 427). — Томъ IV (Titre
+ pp. 405). Въ Санктпетербургѣ при Императорской
Академіи Наукъ 1761 года. in-12.

> N. B. — Dans l'exemplaire de la Bibliothèque de l'Aca-
> démie les deux premiers volumes sont perdus.

Cf. *Tableau général,* II, N° 6058.

537. — 2. — Похожденія Жилблаза де Сантилланы, описанныя
Г. Ле Сажемь, а переведенныя Васильемъ Тепловымъ. —
Санкпет. Имп. Акад. Наукъ 1808 года. 4 vol. in-12, 4 ff.
n. ch. + pp. 519, 3 ff. n. ch. + pp. 427, 483,
444.

Bib. nat., Inv. Y² 10295-10298.

538. — 3. — Похожденія Жилблаза де Сантилланы, описанныя Г. Лесажемъ, а переведенныя Васильемъ Тепловымъ.
Томъ I, 1812, (Titre + 5 pp. n. c. + 519). — Томъ II,
1812, (Titre + pp. 3 — 427). — Томъ III, 1815, (Titre
+ pp. 483). — Томъ IV, 1815, (Titre + pp. 444).
Въ Санктпе тербургѣ, при Императорской Академіи Наукъ,
in-12.

539. — 4. — Донъ Жилблазъ де-Сантильяна (сынъ солдата)
человѣкъ прошедшій всѣ состоянія. Сочиненіе Ле Сажа,
автора Хромоногаго бѣса. Въ четырехъ частяхъ. Испанская
повѣсть, передѣланная съ французскаго Эмье.

> Часть первая. Разбойникъ, слуга и врачъ (pp. 160 +
> t. d. m.)

> Часть вторая. Обманщикъ, путешественникъ, воло-
> кита, кутила, свѣтскій лакей и управитель (pp. 142
> + t. d. m.)

> Часть третья. Любовникъ, экономъ, повѣренный и
> государственный человѣкъ (148 + t. d. m.)

> Часть четвертая. Государственный человѣкъ, арес-
> тантъ, помѣщикъ, взяточникге и дорянинъ (160 +
> t. d. m.)

> Москва. Изданіе книгопрадавца Манухина. 1871.

> 4 parties en 2 volumes. — Sur le verso des couvertures
> on lit : Получить можно въ Москвѣ и С. Петербургѣ
> во всѣхъ книжныхъ магазинахъ. Цѣна за четыре
> гасти 2 р. сер. In-18.

540. — 5. — Жилблазъ де Сантиллана. Сочиненіе Лесажа.

> Часть первая 1819. Avec un portrait gravé portant l'inscription : Лесажъ + une gravure hors texte. Titre + 8 pp., non cotées + 351 + 5 non cotées table des matières).

> Часть вторая 1819 (Titre + 4 pp. non cotées (t. d. m.) + 413. Avec 2 gravures hors texte).

> Часть третія 1820 (Titre + 341 + 3, non cotées (t. d. m.), avec 1 grav. h. t.).

> Часть четвертая 1820 (Titre + 301 + 2, n. c. (t. d. m.), avec 2 grav. h. t.).

> Часть пятая 1820 (Titre + 382 + 5 n. c. (t. d. m.), avec 1 grav. h. t.).

> Часть шестая 1821 (Titre + 362 + 6 n. c. (t. d. m.), avec 2 grav. h. t.).

> Часть седьмая 1821 (Titre + 344 + 4 n. c. (t. d. m.), avec 1 grav. h. t.).

> Часть осьмая 1821 (Titre + 343 + 8 (t. d. m.), avec 2 grav. h. t.).

Санктпетербургъ. Въ Морской Типографіи... лода. in-18.

541. — 6. — Лесажъ. — Исторія Жиль Блаза де Сантильяне. Переводъ съ французскаго. С. Петербургъ. Изданіе Л. Ф. Пантелѣева. 1895, in-8. Titre + pp. xvi + 617 + Table de matières.

542. — 7. — Алэнъ-Ренэ Лесажъ. — Жиль Блазъ. — Съ

иллюстраціями въ текстѣ Жуо, Стааля, Леру и Дидье, съ
тремя портретами Лесажа и критическомъ очеркомъ. —
Переводъ съ французскаго подъ редакціею С. С. Трубачева. —
С.-Петербургъ. Типографія бр. Пантелеевыхъ. Верейская,
16. 1901. — Иллюстрированное безплатное приложеніе къ
апрѣльской книгѣ « Вѣстника Иностранной Литературы »
1901 г.), in-8, pp. xvi-588.

543. — 8. — Исторія Жиль-Блаза ди-Сантиллана — Романъ
Лесажа въ переводѣ А. Л. Соколовскаго. Съ очеркомъ его
« Означеніи Лесажа ». (Съ иллюстраціями). Изданіе редакціи
« Новаго Журнала Иностранной Литературы ». С.-Петер-
бургъ. Типографія А. С. Суворина. Эртелевъ пер., д. 13.
1902, in-8, pp. 443.

Polonais.

544. — 1. — *HISTORYA IDZIEGO BLASSA z SANTYL-
LANY, napisana przez Pana... Tomów IV. *Warszawa,
nakład i druk Józefa Zawadzkiego właściciela dru-
karni przy Akademii Wileńskiej*, 1811, w 12 ce ;
Tom I, str. 277 i nieliczb. 11 ; Tom II, str. 232 i
niel. 8 ; Tom III, str. 224 i niel. 4 ; Tom IV, str.
240 i niel. 8. 20 złp.

545. — 2. — * -- Tóz. *Wilno, Zawadzki*, 1818 w
12 ce. 16 złp. 20 gr.

546. — 3. — *— Historya Idziego Blassa z Santy-
lany. Wydanie nowe. Tomów IV. *Wilno, u. R.
Daiena,* 1841, w 16 ce. 15 złp.

(Pierwsze wydanie : Lipsk i Drezno, 1769.)

547. — 4. — *— Gil Blas z Santilllany. Przekład
T. Dziekónskiego, Illustracya T. A. Beauce, z dodaniem Mazurka Józefa Nowakowskiego, Andante
con mote F. Dulcken, Mazurka do śpiewu Ad.
Münheimera. III. Cześci. *Warszawa, Merzbach,*
1853, w4ce, str. 192. (Ze Zbioru : Skarbiec arcydzieł.) 2 rub. 10 kop. ; zniz. 1 rub. 5 kop.

Estreicher.

Suédois.

548. — 1. — Gil-Blas lefnad och äfventyr, af Le
Sage, i sammandrag. Till undervisning och tidsfördrif för ynglingar. Öfversättning. Med 4 Koppar-
stick. *Stockholm,* på Ludvig Öbergs förlag, 1828,
in-12, pp. 220.

549. — 2. — Den namnkunnige Gil Blas' af Santillana lefnadshändelser af Le Sage. I fyra delar.
Stockholm, tryckt hos L. J. Hjerta, 1841, in-12.

T. 1 : pp. 291. T. 2 : pp. 230. T. 3 : pp. 267. T. 4 :
pp. 256 = *Nytt Läse-Bibliothek*. H. 33-43.

(Traduit par Johan Brisman.)

550. — 3. — GIL BLAS' AF SANTILLANA ÄFVENTYR af Le
Sage. Upplaga för ungdom. Med illustrationer. Öf-
vers. af Robert Bachmann. *Stockholm, Central-tryc-
keriet,* 1874. in-8. pp. 28 = *Barn-och Ungdoms-
biblioteket Iduna,* 5.

551. — 4. — GIL BLAS af Alain René Lesage. Fri öfversättning. *Stockholm, aktiebolaget Hiertas bokför-
lag,* 1890. 2 vol. in-8. Vol. 1 : pp. 314. Vol. 2 :
pp. 317. = *Vitterlek,* 46-47.

552. — 5. — GIL BLAS' AF SANTILLANA ÄFVENTYR af Le
Sage. Upplaga för ungdom. Med illustrationer.
Stockholm, F. & G. Beijers bokförlags-aktiebolag,
1896, in-8, pp. 289.

Danois.

553. — GIL BLAS AF SANTILLANE Liv og Levnets Histo-
rie og mærkelige Hændelser. Skreven i det franske
Sprog, paa Dansk oversat af R. ziret med smükke
Kaaber-Stykker. *Kjöbenhavn,* 1749-50, 2 vol.

554. — Gil Blas de Santillanas Oplevelser af Lesage. Paa Dansk ved S. Prahl. *Kjöbenhavn,* 1896.

Arabe.

555. — Histoire de Gil Blas de Santillane. Traduction dans l'idiome parlé en Algérie des dix-sept chapitres composant le livre premier avec le texte français et le mot à mot en regard et la prononciation
des mots arabes indiquée à l'aide d'une nouvelle
méthode ; par Ad. Paulmier, Ancien Conseiller à
la Cour d'Appel d'Alger, Membre de la Légion
d'Honneur. Ouvrage composé à Alger et vérifié par
Mouh'ammed R″ oudja Ben H'affaf, assesseur près
la Cour et les tribunaux. *Lire pour s'aider à Parler.*
Paris, chez Théophile Barrois, 1850, in-8. pp. xiv-
240.

> Bib. nat., Inv. Y² 75804. — Brit. Museum, 14586,
> c. 4. — Ecole des Langues orientales vivantes, Paris.

Histoire du Roman. — Dissertations (1).

556. — Examen de la question de savoir si Le Sage

(1) Voir *Controverses,* Nos 450-457, Llorente, etc.

est l'auteur de Gil Blas, ou s'il l'a pris de l'espa-
pagnol ; suite de l'Essai sur les meilleurs ouvrages
écrits en prose dans notre langue ; Lu à l'Académie
Françoise, dans sa séance extraordinaire du mardi
7 juillet 1818 ; Revu et corrigé, avec des notes rela-
tives à l'Édition de M. Lefèvre, 3 vol. in-8°, avec
9 gravures. in-8, pp. lxiv.

Bib. nat. 8° Y² — 41980. — Voir No. 270. — 42.

Victor Hugo a réclamé la paternité de cette étude.

557. — *J. Haering. — Observations sur une con-
troverse d'histoire littéraire suivies de quelques
remarques sur l'enseignement du français dans nos
gymnases. *Munich*, 1853, in-4.

Brit. Museum, 11826. g. 17.

558. — Ludovic Lalanne. — Les Origines de Gil
Blas. (*Correspondance littéraire*, 1856-57, t. I,
p. 98.)

559. — History of Spanish Literature. By George
Ticknor. *London*, 1863.

Padre Isla and Le Sage, III, pp. 294/8.

560. — Hommes et Dieux Études d'histoire et de littérature par Paul de Saint-Victor. — Deuxième édi-

tion. — *Paris, Michel Lévy frères,* 1867, in-8,
pp. ii-516.

xxiv. *Gil Blas,* pp. 457-466.

561. — *Edm. Veckenstedt. — Die Geschichte der
Gil Blas Frage. *Berlin, Calvary & Co,* 1879,
gr. in-8, pp. 36.

Aus : Herrig's *Archiv f. d. Stud. d. neueren Sprachen
u. Literaturen.*

Kayser.

562. — Histoire et Littérature. Par Ferdinand Brunetière. *Paris, Calmann Lévy,* 1885, in-18.

La Question de Gil Blas, pages 235-269.

563. — Travaux spéciaux sur Gil Blas. (App. VI,
Léo Claretie, *Lesage romancier,* pp. 437/444).

Très complet.

564. — P. Max Simon. — Swift Étude psycholo-
gique et littéraire suivie d'un Essai sur les Médecins
de *Gil Blas. Paris, Librairie J.-B. Baillière et fils...*
1893, in-16, pp. 235.

Les Médecins du roman de *Gil Blas* à propos du pré-
tendu plagiat de Le Sage, pp. 161/235.

565. — Untersuchungen zur Quellenkunde von Lesage's « Gil Blas de Santillane ». — Inaugural-Dis-
sertation zur Erlangung der Doctorwürde der hohen
philosophischen Fakultät der Christian-Albrechts-
Universität zu Kiel vorgelegt von Gustav Haack
aus Dassendorf in Lauenburg. *Opponenten* : H. Bey-
thien, stud. phil. W. Klahn, stud. phil. A. Schenck,
stud. phil. — *Kiel*, 1896. *Druck der* « *Nord-Ostsee-
Zeitung* » in-8, pp. 98 + 2 p. n. ch.

Divers.

Alphonse Blas de Lirias.

566. — *The History and Adventures of Don A. B. de
Lirias, son of Gil Blas of Santillane. Translated
from the Spanish original. *London*, 1741, in-12.

Brit. Museum, 12491, b. 16.

567. — *Le même. — *London*, 1742, in-12.

Même éd. avec un titre différent.

Brit. Museum, 12491, b. 17.

568. — *Le même. — *London*, 1742, in-12.

Duplicata du précédent avec un titre différent.

Brit. Museum, 12491, bb. 25.

569. — La Vie || de || Don Alphonse || Blas de Li-
rias || Fils de Gil Blas de || Santillane. || Avec Fi-
gures. || [fleuron] || *A Amsterdam.* || *Chez Meynard*
Uytwerf. || mdccxliv, in-12, 3 ff. n, ch. p. l'av. et
la tab. + pp. 5o1.

Figures de J. Punt.

Bib. nat. Inv. Y² 73102.

570. — La Vie || de Don || Alphonse Blas || de Lirias,
|| fils de Gil Blas || de Santillane. || Avec Figures.
|| [fleuron] || *A Amsterdam,* || *chez Meynard Uyt-*
werf. || m.dcc.liv. in-12, 3 ff. n. ch. p. l. tit., l'av.,
la tab. + pp. 365 ; fig. pp. 185, 264, 3o4 et 352.

Bib. nat., Inv. Y² 75805. — Bib. J. de Rothschild
(155o. — m. v., *Trautz-Bauzonnet*).

571. — Suite de Gil Blas, ou Mémoires de Don Alphonse Blas de Lirias, Fils de Gil Blas de Santillane. — Ouvrage posthume de Lesage. — *A*
Paris, Chez Maison, Libraire, rue Saint-Jacques,
N° 661. — An onze. — 18o2, 3 vol. in-12,
pp. 219, 187, 200 + 1 f. n. ch. tab.

De l'Imprimerie de S.-A. Hugelet, rue des Fossés-
Saint-Jacques, N° 4.

Bib. nat., Inv. Y² 70557-70559.

572. — La Vita || di || Don Alfonso || Blas di Lirias ||

FIGLIUOLO DI GIL BLAS || DI SANTILLANO. || Tradotta
dall' Idioma Fran- || cese nell' Italiano. || Con Figure
in rame. || [fleuron] || *In Venezia* || MDCCLIX. || *Ap-
presso Antonio Bortoli.* || *Con Licenza de' Superiori,
e Privilegio.* In-12, pp. 492.

Bib. nat., Inv. Y² 73519.

573. — *GENEALOGIA DE GIL BLAS DE SANTILLANA. Continuacion de la vida de este famoso sugeto, por su
hijo A. B. de Lirias Restituida a la langua original
en que se escribiò por... B. M. de Calzada. *Madrid,*
1792, in-4.

Brit. Museum, 836. d. 13.

*
* *

574. — GIL BLAS. A Comedy. As it is Acted at the
Theatre-Royal in *Drury-lane.* By Mr. Moore. *Lon-
don: Printed for R. Francklin, in Russel Street,
Covent-Garden,* 1751. [Price One Shilling and Six
Pence]. In-8, pp. IV + 2 ff. n. c. + pp. 92.

British Museum, 11777. e.

575. — LE MÊME. — *Dublin, G. and A. Ewing,* 1751,
in-12.

Bristish Museum, 11774. aaa. 3 (4).

576. — GIL BLAS; or, the Boy of Santillane : a Ro-
mantic Drama, In three Acts, by George Macfarren...
Printed from the Acting Copy, with remarks, biographical and critical, by D.-G. To which are added,
a Description of the Costume, — cast of the characters, — entrances and exits, — relative positions of
the performers on the stage, and the whole of the
stage business, as performed at the Theatres Royal,
London. Embellished with a fine engraving, from a
Drawing taken in the Theatre by Mr. R. Cruikshank.
London : John Cumberland. In-12, pp. 5o. s. d.
[1837 ?].

> Fait partie du Vol. XXXVI de *Cumberland's British
> Theatre*.

> British Museum, 642. a. 18.

577. — GIL BLAS DE SANTILLANE, Comédie en trois
actes, mêlée de chants, par MM. T. Sauvage et G.
de Lurieu, représentée pour la première fois, à
Paris, sur le Théâtre de l'Ambigu-comique, le 9
mars 1836. — Prix : 2 fr. — *Paris, chez Marchant,
Boulevard Saint-Martin,* n° 12, 1836, in-8, pp. 64.

> Imprimerie de Ve Dondey-Dupré, rue Saint-Louis,
> n° 46, au Marais.

> Bib. nat., Yth. 7944.

578. — GIL BLAS DE SANTILLANE, Comédie en trois
actes, mêlée de chants, Par MM. T. Sauvage et G.

de Lurieu, représentée pour la première fois, à
Paris, sur le Théâtre de l'Ambigu-comique le 9
mars 1836, gr. in-8, pp. 23 à 2 col.

Imprimerie de V⁰ Dondey-Dupré, rue Saint-Louis,
n° 46, au Marais.

Neuvième pièce du T. II de la Troisième année de LE
MAGASIN THÉATRAL, CHOIX DE PIÈCES NOUVELLES, JOUÉES SUR
LES THÉATRES DE PARIS. *Paris, Marchant,* 1836, gr. in-8.

Bib. nat., Yf. 445 (9).

579. — GIL BLAS Opéra-comique en cinq actes par
Michel Carré et Jules Barbier Musique de Th.
Semet, Représenté pour la première fois, à Paris,
sur le Théâtre-lyrique, le 24 mars 1860. *Paris, Mi-*
chel Lévy frères... 1860 Tous droits réservés, in-12,
pp. 84.

Lagny. — Typographie de A. Varigault et Cⁱᵉ. — *Gil*
Blas était chanté par Mᵐᵉ Ugalde.

Bib. nat., Yth 7943.

580. — GIL BLAS Opéra-comique en cinq actes par
MM. Michel Carré et Jules Barbier Musique de M.
Th. Semet représenté pour la première fois, à Paris,
sur le Théâtre-lyrique, le 24 mars 1860. In-fol.,
pp. 24 à 2 col. ; vignette en tête.

Théâtre contemporain illustré, Michel Lévy frères ; chaque pièce, 20 centimes ; 536ᵉ et 537ᵉ livraisons.

Bib. nat., Yf. 30 (7).

* * *

581. — *HENRY AND BLANCHE; or, the Revengeful Marriage; a tale, Taken from the French of Gil Blas. [In verse.]. *London, 1745, in-4*.

Brit. Museum, 1211, g. 42.

582. — THE CORNUTOR OF SEVENTY-FIVE. Being a genuine Narrative of the Life, Adventures, and Amours of *Don Ricardo Honeywater,* Fellow of the Royal College of Physicians at *Madrid, Salamanca* and *Toledo;* and President of the Academy of Sciences in *Lapland*. Containing, amongst many other diverting Particulars, his Intrigue with *Dona Maria W-s,* of *Via Vinculosa,* anglice, *Fetter-Lane,* in the City of *Madrid. Written originally,* in Spanish, *by the Author of* Don Quixot, *and translated into* English *by a Graduate of the College of* Mecca in Arabia. *London : Printed for J, Cobham, near S* Paul's*. In-8, pp. 29.

583. — DON RICARDO HONEYWATER VINDICATED in a letter to Doctor Salguod, Physician in Ordinary to His Royal Highness the Prince of Asturias's Houshold, and *Man-midwife* : The reputed Author of a Scurrilous Pamphlet, entitled, *The Cornutor of Seventy-five,*

Wherein The *Malice, Ignorance* and *Self-sufficiency* of
that Author are fully display'd, in several diverting
Particulars of his *Life* and *Character*. Written Originally in *Spanish*, and Published at *Madrid* by the
celebrated Author of *Gil Blas*. Faithfully translated
from an Original Copy in the *Cotton* Library. By
A. M. a Graduate in Physic. *London, Printed for
E. Pen, near S* Paul's* 1748, in-8, pp. 52.

> Ricardo Honeywater = Dr Richard Mead.
>
> Dr Salguod : Douglas.

584. — LE GIL BLAS FRANÇOIS, ou Aventures de Henri
Lançon, écrites par lui-même. — *Olim meminisse
juvabit. — Paris,* M.DCC.XC, 3 vol. in-12.

> Bib. nationale, Inv. Y² 38. 869.

585. — LE GIL BLAS DE LA RÉVOLUTION, OU LES CONFES-
SIONS DE LAURENT GIFFARD. Par L.-B. Picard, de
l'Académie française. *Paris, Baudouin frères, libraires, rue de Vaugirard,* n° 36. — 1824, 5 vol. in-12,
pp. 234, 238, 208, 216 et 200.

> En tête de chaque vol. une gravure sig. : Couché fils.
> Paris. — Imprimerie de Fain, rue Racine, n° 4, Place
> de l'Odéon.

> Bib. nat., Inv. 58919-58923.

> Voir l'article *Gil Blas* dans le *Grand dictionnaire* de
> Larousse ; il analyse *Le Gil Blas de la Révolution ou les*

Confessions de Laurent Giffard par Picard, 1824-5. 5 vol. in-12.

586. — LE GIL BLAS DE LA RÉVOLUTION OU LES CONFESSIONS DE LAURENT GIFFARD par L.-B. Picard Membre de l'Académie française. *Paris, Werdet, libraire, rue des Marais S.-G.*, 18-1840, 3 vol. in-12, pp. 322, 228, 312.

Imprimerie de Pommeret et Guénot, rue Mignon, 2.

Bib. nat., Inv. 58937-58939.

587. — LE GILBLAS DU THÉATRE. Par Michel-Morin. —*Paris, A.-J. Denain et Delamare, Éditeurs de l'Histoire de l'Expédition Française en Egypte, etc., rue Vivienne, n° 16, à l'entresol.* — 1833, 2 vol. in-8, pp. 414, 428.

En tête de chaque vol., une gravure sig. : *Alfred Albert* 1833.

Imprimerie de Cosson, rue Saint-Germain-des-Prés, n° 9.

D'après Quérard, *Supercheries*, Michel-Morin est le pseudonyme de MM. Auguste Dubois, ancien professeur, et Charles Chabot. — M. Ch. Chabot n'a fait qu'un seul chapitre de ce livre.

Bib. nat., Inv., Y² 53326-53327.

588. — *DER JÜDISCHE GIL BLAS. Herausgegeben...

von einem Unbefangenen. *Leipzig*, 1834, in-8,
pp. xiii-176.

British Museum, 4o33. df. 20.

*
* *

589. — Gil Blas Suite de l'Observateur des Sciences,
de la Littérature, etc. Journal honoré de la Souscription du Roi et de celle de LL. AA. RR.

In-folio de 4 pages à 2 colonnes. — En tête, entre
deux branches de chêne : *Malice, Observation, Satire*. —
Ce journal paraît tous les cinq jours. — Direction du
Journal, Boulevard Saint-Martin, N° 17. — Imprimerie
d'Auguste Barthélemy, rue des Grands-Augustins, n° 10.

Vu depuis le 10 janvier 1829, No. 150, 4ᵉ année, au
6 février 1831, No. 11, 6ᵉ année.

Le no. du 3 août 1830 de ce journal « honoré de la souscription », etc. est un dithyrambe pour la récente révolution. — A partir du no. du 19 août 1830, le journal
devient *Gil Blas Sentinelle de la Liberté*.

Le journal est imprimé successivement, après Barthélemy : Imprimerie de J.-S. Cordier Fils, rue Thévenot,
No. 8 (à partir du 20 mars 1829). — De l'imprimerie
Pillet aîné, rue des Grands Augustins No. 7 (à partir du
5 juin 1829). — Imprimerie de David, Boulevard Pois-
sonnière, No. 6 (à partir du 9 septembre 1830).

Le Journal à partir du 20 juillet 1829 s'appelait simplement *Gil Blas* et portait une vignette en tête.

Bib. nationale, Inv. Z, 1910, 1911.

590. — Le Gil-Blas de Paris Journal-Programme non politique. Théâtres — Littérature — Beaux-Arts — Modes — Industrie.

In-folio à 4 col., 6 pages.

5 novembre 1854. — Un Numéro : 20 centimes — 1re année. No. 1. Bureaux : Rue Montmartre, 159.

On lit en tête : « Chaque numéro contient une gravure de modes, un Costume de Théâtre, un Morceau de Musique, ou une Lithographie d'actualité ou de fantaisie. »

« La Propriété du *Gil Blas* est représentée par 3 000 actions de 100 francs chaque, donnant droit pour chacune d'elles à un intérêt de 5 pour 100 par an, ou à 5 lignes d'annonces par jour ».

Typ. Appert et Vavasseur, pass. du Caire, 54.

Ce no., le seul que j'ai vu, contenait une gravure de modes en couleurs.

Bib. nationale, Inv. Z, 1909.

591. — Gil Blas Paraissant le Samedi.

In-folio de 4 pages à 3 colonnes. — Vignette en tête [Gil Blas]. — Première Année. No. 1. — Samedi 2 juin 1866. — Pagès de Noyez, Rédacteur en chef. — Bureaux : Boulevard Napoléon, 55, Toulouse.

No. 24, sans vignette en tête. — No. 25, nouvelle vignette. — Dernier no. vu, No. 29, samedi 16 mars 1867.

Les premiers nos. (1-9) sortent de la « Typographie Franc, boul. Napoléon, 55, Toulouse » ; les suivants (10-21) de : « Toulouse, typ. J. Dupin, rue de la Pomme, 28 » ; les derniers (22-29) : « Toulouse, imp. Caillol et Baylac, rue de la Pomme, 34 ».

592. — Le Gil Blas Lyonnais politique, commercial, industriel et financier, militaire, théâtral et mondain. Paraissant tous les Dimanches. 10 c.

Sur la couverture extérieure : Journal illustré hebdomadaire Imprimé en quatre couleurs. — Directeur et Rédacteur en chef Victor Hugot. — Administration et Rédaction, 20 rue St-Pierre, Lyon. — 1ere année. — 11 décembre 1887.

In-8 à 2 col., pp. 8, imprimé en vert, violet, bleu, rouge.

No. 2. — 18 décembre 1887 : Directeur et Rédacteur en chef Jean Louis Toguh. — No. 3. — 25 décembre 1887, avec un supplément pour le programme des théâtres.

Bib. nationale, L^{11} c 598 (158).

593. — Gil Blas.

Journal in-fol. quotidien ; quatre pages à 6 colonnes ; le lundi 5 octobre 1908, il avait atteint son no. 10566 et sa vingt-neuvième année. — A. Périvier-P. Ollendorff, Directeurs, 11 Boulevard des Italiens.

594. — Gil Blas illustré. *Paris, 8, rue Glück,* 1891-1893, 137 n^{os} in-fol.

« La collection de ce journal illustré (supplément du *Gil Blas,* journal quotidien) est complète, au 31 décembre 1893, en 137 numéros. Le 1er numéro est plus grand de format que les suivants ; il porte comme titre :

« — Supplément du 10 mai 1891. Gil Blas. Les Excentricités de la danse.

« Ce n° se compose de 8 pp. et est illustré en couleur par Louis Legrand.

« A partir du n° suivant (3o mai 1891) ce supplément dont le directeur est M. R. d'Hubert, est imprimé par Dubuisson, devient hebdomadaire, se compose de 8 pp. et est publié à 5 centimes le numéro.

« *Année 1891* : Cette année comprend en tout 32 numéros y compris les *Excentricités de la danse*.

« Le n° 1 porte la date du 3o mai 1891 ; le n° 4 celle du 21 juin 1891 ; puis le 28 juin le journal modifie son titre et prend celui de *Gil Blas illustré* avec une nouvelle numérotation recommençant au n° 1. Le texte est imprimé sur trois colonnes ; les illustrations sont en noir et en couleur ; chaque n° a une pagination séparée.

« Le n° 1 porte la date du 28 juin 1891 ; le n° 27, celle du 27 décembre 1891.

« *Année 1892* : Cette année comprend 52 numéros (3 janvier à 25 décembre 1892).

« A partir du n° 19 de cette année, le titre porte : *Gil Blas illustré, hebdomadaire*.

« *Année 1893* : Cette année comprend 53 numéros (1er janvier-3o décembre 1893).

« Les nos 24 (11 juin) et 25 (18 juin) ne sont pas numérotés.

« Cette publication continue à paraître » (Vicaire).

— M. Ernest d'Hervilly s'est servi du pseudonyme de *Gil Blas* dans des articles du *Diogène*, de *Paris-Caprice* et autres journaux. — Cf. Quérard, *Supercheries littéraires dévoilées*.

VI. — Une Journée des Parques.

595. — 1. — Une Journée || des || Parques, || divisée || en deux séances. || Par M. Le Sage. || [fleuron]

*|| A Paris, || Chez Pierre-Jacques Ribou, Libraire ||
vis-à-vis la Comédie Françoise, à l'Image || Saint
Loüis. ||* m.dcc.xxxv. *|| Avec approbation & Privilege
du Roi.* 4 ff. n. ch. p. l. f. tit., tit. et av. propos +
pp. 74 + 3 ff. n. ch. p. l'ap. et le priv. — Double
front. grav. par Crépy.

De l'Imprimerie de G. Valleyre fils.

Priv. à Pierre Jacques Ribou, 20 fév. 1735.

Bib. nat., Inv. Y² 9370 et Y Th. 18484. — Bib. J. de
Rothschild (1553. — mar. cit., *Trautz-Bauzonnet* ; fig.
de Crépy, pp. 1 et 41). — Vente Guy Pellion (572),
cart., 20 francs.

596. — 2. — Le même. *A La Haye, chez Jean Neaulme,*
1735, in-12.

Vente Daguin (1080), 2 fig. de Crépy.

597. — 3. — Le Diable boiteux. *Amsterdam,* 1752.
(Voir No. 68. — 11.]

598. — 4. — Le Diable boiteux. *A Paris,* 1756. [Voir
No. 70. — 13.]

599. — 5. — Le Diable boiteux. *A Paris,* 1756.
[Voir No. 71. — 14.]

600. — 6. — Le Diable boiteux. *A Paris,* 1756.
[Voir No. 72. — 15.]

601. — 7. — La Journée des Parques... M.DCC.LXXIX.
A la suite de *la Valise retrouvée,* voir n° 673.

602. — 8. — Le Diable boiteux. *A Paris,* 1779.
[Voir No. 79. — 22.]

603. — 9. — Le Diable boiteux. *A Paris,* 1779.
[Voir No. 80. · 23.]

604. — 10. — Le Diable boiteux. *A Paris,* 1781.
[Voir No. 81. — 24.]

605. — 11. — Le Diable boiteux. *A Londres,* 1784.
[Voir No. 83. — 26.]

606. — 12. — Le Diable boiteux. *A Paris,* 1786.
[Voir No. 84. — 27.]

607. — 13. — Œuvres choisies de Le Sage. *Paris,*
1810. [Voir No. 2, T. I.]

608. — 14. — Le Diable boiteux. *A Paris,* 1820.
[Voir No. 94. — 37.]

609. — 15. — Œuvres de Le Sage. *A Paris,* 1821,
[Voir No. 4, T. XII.]

610. — 16. — Œuvres de Le Sage. *A Paris,* 1823.
[Voir No. 5, T. I.]

611. — 17. — ŒUVRES DE A. RENÉ LE SAGE. *A Paris,*
1828. [Voir No. 6, T. XXI.]

612. — 18. — LE DIABLE BOITEUX. *Paris,* 1867.
[Voir No. 127. — 70.]

613. — 19. — LE DIABLE BOITEUX. *Paris,* 1876.
[Voir No. 130. — 73.]

614. — 20. — ŒUVRES DE LE SAGE. *Paris,* 1878.
[Voir No. 132. — 75.]

615. — 21. — LE DIABLE BOITEUX. *Paris* [1883].
[Voir No. 136. — 79.]

Anglais.

616. — UNE JOURNÉE DES PARQUES : A Day's Work of
the Fates. Translated from the French of Mons. *Le
Sage,* Author of *Gil-Blas, Cambridge : Printed for
Charles Bathurst at the Cross-Keys in Fleet-Street,
London.* 1745, in-8, pp. 30.

British Museum, 12330. e. 13.

VII. — ROBERT CHEVALIER, DIT DE BEAUCHÈNE.

617. — 1. — LES || AVANTURES || DE MONSIEUR || RO-

BERT CHEVALIER, || DIT || DE BEAUCHÈNE, || Capitaine
de Flibustiers || dans la nouvelle France. || Rédigées
par M. Le Sage. || *A Paris,* || *Chez Etienne Ganeau,*
ruë || *Saint Jacques, près la ruë du Plâtre,* || *Aux*
Armes de Dombes. — M.DCC.XXXII. || *Avec Approba-*
tion & Privilege du Roy. 2 vol. in-12, 8 ff. prél. +
pp. 390, 4 ff. n. ch. + pp. 363.

De l'Imprimerie de L. D. Delatour, 1732.

Vol. I, 2 pl. de Bonnard, grav. par J. B. Scotin.

Vol. II, 2 pl. de Bonnard, grav. par J. B. Scotin.

Bib. nat. Inv. Y² 48588-9.

Vente Guy Pellion (570), v. fauve, aux armes de Ro-
han-Soubise, 51 francs.

618. — 2. — LES || AVENTURES || DE MONSIEUR || RO-
BERT CHEVALIER, || DIT || DE BEAUCHÈNE, || Capitaine
de Flibustiers || dans la Nouvelle-France. || Rédigées
par Monsieur Le Sage. || Avec Figures. || [fleuron] ||
A Maestricht, || *Chez Jean-Edme Dufour & Phil.*
|| *Roux, Imprimeurs-Libraires, associés.* — ||
M.DCC.LXXX, 2 vol. in-12, pp. XII-244, VIII-228.

Bib. nat., Y² 75802-3.

619. — 3. — LES AVENTURES DE MONSIEUR ROBERT
CHEVALIER, DIT DE BEAUCHÈNE, Capitaine de Flibustiers
dans la Nouvelle-France. Rédigées par Monsieur Le

Sage. Avec Figures. *A Maestricht, Chez Jean-Edme Dufour & Phil. Roux*... M.DCC.LXXXIII, 2 vol. in-12.

> Six figures.

> British Museum, 12511. d. 6.

620. — 4. — Œuvres choisies de Le Sage. *A Amsterdam,* 1783. [Voir No. 1, T. IV.]

621. — 5. — *Aventures de M. Robert Chevalier...* *Lille, Ch.-F.-J. Lehoucq,* an II (1794), 3 vol. in-18, 3 fr.

> Quérard.

622. — 6. — Œuvres choisies de Le Sage. *Paris,* 1810. [Voir No. 2, T. IV.]

623. — 7. — Œuvres de Le Sage. *A Paris,* 1821. [Voir No. 4, T. IV.]

624. — 8. — Œuvres de Le Sage. *A Paris,* 1823. [Voir No. 5.]

625. — 9. — Aventures du Chevalier de Beauchène, par Le Sage. [Médaillon] *A Paris, chez Mme Veuve Dabo, à la librairie stéréotype, rue du Pot-de-fer, n° 14,* 1824, 2 vol. in-12, pp. 258, 239.

> Senlis, Imprimerie stéréotype de Tremblay.

> Bib. nat., Inv. Y² 48590-48591.

626. — 10. — ŒUVRES DE A. RENÉ LE SAGE. *A Paris,* 1828. [Voir No. 6, T. IV].

Anglais.

627. — THE ADVENTURES OF ROBERT CHEVALIER, CALL'D DE BEAUCHENE. Captain of a Privateer in New-France. By Monsieur Le Sage, Author of Gil-Blas. In two volumes. *London : Printed and sold by T. Gardner, at Cowley's-Head, opposite S^t. Clement's Church in the Strand ; R. Dodsley, in Pall-Mall ; and M. Cooper, in Pater-noster-Row.* MDCC.XLV, 2 vol. in-12.

British Museum, 12510. b. 18.

VIII. — LE BACHELIER DE SALAMANQUE.

628. — 1. — LE BACHELIER || DE || SALAMANQUE, || ou || les Memoires || de D. Cherubin || de la Ronda, || tirés d'un manuscrit espagnol, || Par Monsieur Le Sage || [fleuron.] *A Paris,* || *Rue de la Vieille Bou-clerie, près le Pont S. Michel.* || *Chez* || *Valleyre Fils, à l'Annonciation* || *et* || *Gissey, à l'Arbre de Jessé.* || MDCCXXXVI. || *Avec Approbation & Privilege du Roi,*

in-12, 4 ff. prél. n. ch. + pp. 378 + 3 ff. n. ch.
p. l'ep. et le priv., Front.

3 fig., pp. 1, 133 et 295. — De l'Imprimerie de G. Valleyre Fils, ruë de la Vieille Bouclerie.

Priv. à Gabriel Valleyre, 9 mars 1736, pour six ans.

A la p. 378 : Fin du troisième & dernier Livre.

Bib. nat., Inv. Y² 48594. — Bib. J. de Rothschild
(1554. — m. v., *Traulz-Bauzonnel*). — Vente Guy Pellion
(573), m. r. (*Traulz-Bauzonnel*), 385 fr.

Edition originale de la première partie.

629. — 2. — *LE BACHELIER DE SALAMANQUE. Amsterdam,* 1736, 2 vol. in-12.

Brit. Museum, 245. c. 29.

630. — 3. — LE BACHELIER || DE || SALAMANQUE, ||
ou || Les Memoires || de D. Cherubin || de la Ron-
da ; || tirés d'un manuscrit espagnol || Par M. Le
Sage. || [fleuron] || *A la Haye,* || *Chez Pierre
Gosse.* || — MDCCXXXVIII, in-12, pp. 380 + 2 ff. n.
ch. p. l. tab.

Contient les livres IV-VI. — Ed. originale de la
deuxième partie. — La Haye, pour Paris.

Bib. nat., Inv. Y² 48595. (6 fig. non signées). — Bib.
J. de Rothschild (1554. — 3 fig., pp. 128, 221 et 375).
— Daguin (1083), 6 fig. non signées.

Le Sage a réimp. le vol. de 1736 avec la date de 1738,
page pour page.

« On distingue le texte de la première éd. de 1736 du
tome premier de celui de la réimp. de 1738, notamment,
en ce que, au bas du premier feuillet de chaque feuille,
à côté de la signature A, B, C, etc..., on lit les mots
Tome I, dans la réimpression, ce qui n'existe pas dans
l'original. L'édition de 1738 n'étant pas épuisée, on refit
plus tard de nouveaux titres avec la date de 1741, les uns
avec la rubrique de *Paris, Poilly...* et les autres avec celle
de *La Haye, Pierre Gosse...* Tous ces ex. sont bien de la
même impression de 1738; l'omission de la moitié du
mot *hôtellerie* à la page 44, ligne 6, dans tous les ex. de
l'une et l'autre date en est une preuve ». (Le Petit,
p. 490; fac-simile, p. 489.)

Vente Solar (1860), 2 vol., m. bl., *Duru,* 162 fr.;
1er vol., m. r., *Duru,* 50 fr.; Lebeuf de Montgermont
(1876), 2 vol., m. r., *Trautz,* 500 fr.; Cat. Fontaine
(1877), même ex., 750 fr.: Bul. Morgand (mars 1885),
2 vol. m. r., *Lortic,* 175 fr.

631. — 4. — Le || Bachelier || de Salamanque, ||
ou || les Mémoires || et Avantures || de Don Cheru-
bin || de la Ronda. || Par Monsieur Le Sage. || Nou-
velle Édition. || *A Paris,* || *Chez Cailleau, Libraire,*
Quai || *des Augustins, à S. André.* || — m.dcc.lix. ||
Avec Privilege du Roi. 4 parties in-12 en 2 vol., 18 ff.
prél. n. ch. + pp. 333, 348 + 5 ff. n. ch. p. l.
tab., front. en tête du vol. I.

A Sens de l'Imprimerie de Pelée de Varennes au Nom
de Jésus.

Bib. nat., Inv. Y² 48596-48597.

632. — 5. — Le || Bachelier || de Salamanque, ||
ou || les Mémoires || et Avantures || de Don Cheru-
bin || de la Ronda || Par Monsieur Le Sage. || Nou-
velle Édition. || *A Paris,* || *Chez Cailleau, Libraire,
Quai* || *des Augustins, à S. André.* || — M.DCC.LXV. ||
Avec Privilége du Roi, 6 parties in-12.

> Bib. nat., Inv. Y² 48598-48603 [Manquent Vol. 3
> et 5].

633. — 6. — Le || Bachelier || de Salamanque, ||
ou || les Memoires || et Aventures || de Don Cheru-
bin || de la Ronda. || Par Monsieur Le Sage. || Nou-
velle Édition. || *A Paris,* || *Chez Laurent Prault, Fils,
Libraire, Quai* || *des Augustins, au coin de la rue Gille-
Cœur.* || — M.DCC.LXVII. || *Avec Privilége du Roi,* 3
vol. in-12, pp. XLVIII (Vie de Le Sage — Ouvrages —
Anecdotes — Table) + 1 f. n. ch. ap. + pp. 265,
136, 395 [imp. 195].

> Front. en tête 1ʳᵉ partie.
>
> Bib. nat., Inv. Y² 48604-48606.
>
> Le f. d'ep. Vol. I, manque dans cet exemplaire.

634. — 7. — Le || Bachelier || de Salamanque, ||
ou || les Mcmoires || et Aventures || de Don Cheru-
bin || de la Ronda. || Par Monsieur le Sage. || Nou-
velle Édition. || *A Paris,* || *Chez Laurent Prault...* ||
M.DCC.LXVII. || *Avec Privilége du Roi,* 2 vol. in-12,

pp. XLVIII + 1 f. ap. n. ch. + pp. 392, 395, grav,

Bib. nat., Inv. Y² 48607-8.

635. — 8. — *Nouvelle édition. (Vie de M. Le Sage.) *Paris*, 1774, 2 vol. in-12.

Brit. Museum, 12511, df. 14.

Quérard cite : *Paris*, 1777, 6 parties in-12.

636. — 9. — ŒUVRES CHOISIES DE LE SAGE. *A Amsterdam*, 1783. [No. 1, T. VII.]

637. — 10. — *LE BACHELIER DE SALAMANQUE. Nouvelle édition, revue et corrigée. *Lille, Lehoucq*, 1792, 3 vol. pet. in-12.

638. — 11. — *Paris*, 1793, 3 vol. pet. in-12.

639. — 12. — *Paris, Lemarchand*, an IX (1801), 4 parties in-18, pp. XXXVI-144, 180, 180 et 143.

640. — 13. — *Édition stéréot. d'Herhan. *Paris, Nicolle ; Renouard*, 1807, 2 vol. in-18, sans fig., 2 fr. 50 ; in-12, papier fin, avec fig., 5 fr. ; in-12, papier vélin satiné, avec fig., 10 fr.

Edition dont il a été fait plusieurs tirages depuis 1807, entre autres : *H. Nicolle et A. Belin*, 1812, 2 vol. in-18, ou 1813, 2 vol. in-12 ; *Dabo*, 1819, 2 vol. in-18 ; *Vᵉ Dabo*, 2 vol. in-18.

Quérard.

641. — 14. — ŒUVRES CHOISIES DE LE SAGE. 1810.
[Voir No. 2, T. VII.]

642. — 15. — LE BACHELIER DE SALAMANQUE, ou Mémoires et Aventures de Don Chérubin de la Ronda, par Le Sage. [Médaillon] Stéréotype d'Herhan. — *Paris, de l'Imprimerie de A. Belin,* 1812, 2 vol. in-12, pp. 244, 244.

> Sur le faux-titre : 4ᵉ tirage.

> Bib. nat., Inv. Y² 48609-48610.

643. — 16. — LE BACHELIER DE SALAMANQUE, ou Mémoires et Aventures de Don Chérubin de la Ronda Par Le Sage. [Médaillon] Stéréotype d'Herhan. — *Paris, de l'Imprimerie de A. Belin,* 1813, 2 vol. in-12, pp. 244, 244

> Sur le faux-titre : 5ᵉ tirage.

> Bib. nat., Inv. Y² 48611-48612.

644. — 17. — LE BACHELIER DE SALAMANQUE, ou Mémoires et Aventures de Don Chérubin de la Ronda Par Le Sage. [Médaillon] Stéréotype d'Herhan. — *Paris, Dabo, Tremblay, Feret et Gayet, quai des Augustins,* n° 49, 1819, 2 vol. pet. in-12, pp. 244, 244.

> Senlis, Imprimerie stéréotype de Tremblay.

> Bib. nat., Inv. Y² 48613-48614.

645. — 18. — Le Bachelier de Salamanque, ou Mémoires et Aventures de Don Chérubin de la Ronda;
par Lesage. *A Paris, Chez Genets jeune, libr., rue
Dauphine, n° 14. — De l'imprimerie de Didot le
jeune.* 1820, 2 vol. in-12, pp. 330, 332. Front. en
tête des Vol.

> Bib. nat., Inv. Y² 48615-48616.

646. — 19. — OEuvres de Le Sage. *A Paris,* 1821.
[Voir No. 4, T. VI.]

647. — 20. — OEuvres de Le Sage. *A Paris,* 1823.
[Voir No. 5.]

648. — 21. — Le Bachelier de Salamanque, ou Mémoires et Aventures de Don Chérubin de la Ronda,
par Le Sage. *Paris, Menard et Desenne, fils. —*
1824, 2 vol. in-12, pp. 311, 313.

> Imprimerie de Carpentier-Méricourt, rue de Grenelle-
> Saint-Honoré, n° 59.

> Bib. nat., Inv. Y² 48617-8.

> Quérard cite : *Paris, Berquet,* 1824, 2 vol. in-32,
> 2 figures.

649. — 22. — Le Bachelier de Salamanque, ou Mémoires et Aventures de Don Chérubin de la Ronda,
par Le Sage. [Médaillon] Stéréotype d'Herhan. —
A Paris, Chez Mme Dabo-Butschert, à la librairie sté-

réotype, rue du Pot-de-fer, nº 14, 1825, 2 vol. in-12,
pp. 244, 244.

> Senlis, Imp. stéréotype de Tremblay.
>
> Bib. nat., Inv. Y² 48619-48620.

650. — 23. — ŒUVRES DE A. RENÉ LE SAGE. *A Paris,*
1828. [Voir No. 6, T. VI.]

651. — 24. — LE BACHELIER DE SALAMANQUE par Le
Sage précédé d'une notice sur la vie et les ouvrages
de Le Sage par Éloi Johanneau. *Paris, F. Dalibon
et Cⁱᵉ....* MDCCCXXIX, 2 vol. in-12, pp. 275, 300.

> La notice se trouve dans le T. I de *Gil Blas.*
>
> Imp. et fonderie de Rignoux.
>
> *Bibliothèque dédiée aux Pères de famille,...*
>
> Bib. nat., Inv. Y² 48621-2.

652. — 25. — LE BACHELIER DE SALAMANQUE. Par Le
Sage. *Paris, Au Bureau des Éditeurs, rue Saint-
Jacques, nº 156. —* 1830, 2 vol. in-12, pp. 279,
254.

> *Paris, Grimprelle. — Nantes, Suireau. — Sens, Tho-
> mas Malvin. — Angouléme, Perrez-Leclerc.*
>
> Imprimerie de Marchand du Breuil.
>
> Bib. nat., Inv. Y² 48623-4.
>
> Quérard cite : *Hiard,* 1830, 2 vol. in-18.

653. — 26. — ŒUVRES DE LESAGE. *Paris,* 1838. [Voir No. 7.]

654. — 27. — ŒUVRES DE LESAGE. *Paris,* 1857. [Voir No. 8.]

655. — 28. — LE BACHELIER DE SALAMANQUE par Lesage. *Paris, Gustave Havard, 15 rue Guénégaud.* — 1857, gr. in-8, pp. 71 à 2 col.

> Paris, — Imprimerie Dondey-Dupré.
>
> *Bibliothèque pour Tous illustrée.* — 5o centimes.
>
> Bib. nat., Inv. Y² 3668.

656. — 29. — LE DIABLE BOITEUX. *Paris,* 1885. [Voir No. 140.]

657. — 3o. — Bibliothèque nationale Collection des meilleurs auteurs anciens et modernes — Le Sage — LE BACHELIER DE SALAMANQUE. — *Paris, Librairie de la Bibliothèque nationale,* 1896-1903, 2 vol. in-32.

> Bib. nat., 8° Y² 18847.

658. — 31. — Bibliothèque nationale Collection des meilleurs auteurs anciens et modernes — Le Sage — LE BACHELIER DE SALAMANQUE. — *Paris, Librai-*

rie de la Bibliothèque nationale, 1898, 2 vol. in-32.

Bib. nat., 8° Y² 19976.

659. — M. Ricardo de Los Rios a dessiné et gravé pour une traduction anglaise (Voir n° 670) 4 eaux-fortes dont un tirage exceptionnel pour l'artiste de 80 ex. a été fait en in-4 sur papier du Japon. Ces eaux-fortes représenten les sujets suivants :

Le Bachelier de Salamanque dans un tête à tête avec Nise, est surpris par son rival. (Livre I. Chap. v).

Don Chérubin, en compagnie du Père Séraphin, se rendant chez un mourant pour l'exhorter à bien mourir. (Liv. III. Chap. iv).

Le Père Athanas jouant du luth. (Livre V. Chap. ix).

Il était déjà jour que Don Alexis et sa maîtresse ne songeaient point encore à se séparer. (Livre VI. Ch. xi).

Espagnol.

660. — I. — EL BACHILLER DE SALAMANCA, ó Aventuras de D. Querubin de la Ronda, Que sacó de un manuscrito Español, y publicó en Francès Mr. Le-Sage. Traducido al Castellano por D. Estevan Aldebert Dupont. *En Madrid, por Pantaleon Aznar. Año de 1792. Se hallarà en la Libreria de Castillo, frente à San Felipe el Real,* 2 vol. pet. in-8.

British Museum, 12490. aa. 15.

661. — 2. — EL BACHILLER DE SALAMANCA, ó Aventuras de D. Querubin de la Ronda, que sacó de un manuscrito español, y publicó en.frances M. Lesage; restituido al castellano. *Madrid, Librería de Ramos,* — 1821, 2 vol. in-12, pp. 288, 256.

> Imprenta de Kindelem.

> Bib. nat., Inv. Y² 48766-7.

662. — 3. — EL BACHILLER DE SALAMANCA, ó Aventuras de D. Querubin de la Ronda, que sacó de un manuscrito español, y publicó en frances M. Lesage; restituido al castellano. *Paris, en la Librería de Teofilo Barrois Hijo, Quai Voltaire, n° 11.* — 1821, 2 vol. in-12, pp. 351, 310.

> En la Imprenta de J. Smith.

> Bib. nat., Inv. Y² 48768-48769.

663. — 4. — EL BACHILLER DE SALAMANCA, ó Aventuras de D. Querubin de la Ronda, que sacó de un manuscrito español, y publicó en frances M. Lesage; restituido al castellano. *Paris, Libreria de Cormon y Blanc.* 1825, 2 vol. in-12, pp. 282, 248.

> Lyon, Imprenta de J. M. Boursy.

> Bib. nat., Inv. Y² 48770-48771.

664. — 5. — EL BACHILLER DE SALAMANCA ó Aventu-

ras de Don Querubin de la Ronda. El Diablo cojuelo
ó el Observador Nocturno. Dos Novelas por
A. R. Le Sage seguidas de el Diablo cojuelo verdades soñadas y novelas de la otra vida traducidas a
esta por Luis Velez de Guevara. *Paris, Baudry,*
1847, in-8.

>Vol. XLI de la *Coleccion de los Mejores Autores Espa-
>ñoles.*

>Bib. nationale. — British Museum, 12230. i. — Il y
>a également une éd. de 1835, Brit. Museum, 12230. h.

Anglais.

665. — 1. — *The Bachelor of Salamanca ; or, Memoirs of Don Cherubin de la Ronda. In three parts...
Translated by Mr. Lockman. *London, A. Bettes-
worth,* 1737-9, 2 vol. in-12.

>Brit. Museum, 12510. b. 29.

666. — 2. — The Bachelor of Salamanca or Me-
moirs of Don Cherubin de la Ronda. In three Parts.
Written originally in French, by Mr. Le Sage ; Au-
thor of the *Devil upon Two Sticks,* and *Gil Blas.*
Translated by Mr. Lockman. *Dublin : Printed by
P. Wogan,* No. 23, *Old-Bridge, and L. White,*
No. 86, *Dame-Street.* MDCCLXXXIV, pet. in-8.

>British Museum, 12510. aa. 20.

667. — 3. — THE BACHELOR OF SALAMANCA. Translated from the french of M. Le Sage, by James Townsend. *London : J.Robins and Co. Ivy Lane, Paternoster Row*, 1822, 2 vol. pet. in-8, pp. ii-351, 335.

668. — 4. — THE BACHELOR OF SALAMANCA. Translated from the French of M. Le Sage, By James Townsend. Second edition. *London : James Robins*, 1828, 2 vol. in-8.

British Museum, 12510. bb. 13.

669. — 5. — THE BACHELOR OF SALAMANCA translated from the French of M. Le Sage, Autror [*sic*] of *Gil Blas, Devil on two Sticks*, etc., etc. By James Townsend. In two volumes. *Philadelphia : Thomas W. Hartley*, 1868, 2 vol. pet. in-8.

British Museum, 12511. b. 18.

670. — 6. — Alain René Le Sage. — THE BACHELOR OF SALAMANCA translated from the French of Alain René Le Sage by James Townsend. With Four Original Etchings by R. de Los Rios. *London, J.-C. Nimmo and Bain*, 1881, pet. in-8, pp. xvi-400.

Voir No. 659.

Russe.

671. — Баккалавръ Саламанской или Похожденіе Дона Херу-
бина де ла Ронда, сочиненіе Господина ле Сажа издателя
Жильблаза де Сантилланы [2 parties, 1763].

> Часть первая — Въ Санктпетербургъ 1763 года (Titre
> + pp. 247).

> Часть вторая — Въ Санктпетербургъ 1763 года (Titre
> + pp. 240.) In-8.

> [Traduit par Андрей Нартолъ]. Cf. Tableau général
> des publications de l'Académie Impériale des sciences
> de Saint-Pétersbourg. P. II. Publications en langue
> russe. — 1875.
> N° 6059.

> Il existe encore une édition de 1784. I. 229 pages.
> — II. 323 pages.

IX. — La Valise trouvée.

672. — 1. — La || Valise || trouvée. || [Vig.] —
MDCCXL, 2 parties. *S. l. [Paris, Prault]*, in-12,
pp. viii-184, 185 à 360.

> Bib. nat., Inv. Y² 48765. — Vente Guy Pellion (574),
> m. r., *Cuzin,* 80 fr.

673. — 2. — LA || VALISE || TROUVÉE, || Par M. Le Sage. || Nouvelle Édition, à laquelle on a joint || LA JOURNÉE DES PARQUES, || par le même, & LE BIJOU-TIER || PHILOSOPHE, Comédie, traduite || de l'Anglois. || Avec Figures. || *A Maestricht,* || *Chez Jean-Edme Dufour & Phil.* || *Roux, Imprimeurs-Libraires, associés.* || — M.DCC.LXXIX, in-12, pp. IX-369.

Dans l'ex. que j'ai examiné, British Museum, 12510, dd. 20, il y a 4 figures : 1, en tête, *la Valise trouvée,* signée « J. B. P. Tardieu sculp. résidant à Malines ». — II, 1ʳᵉ S. *Journée des Parques,* sig. « J. B. P. Tardieu sculp. » — III, 2ᵐᵉ S. *Journée des Parques,* signée comme la première. — IV, *le Bijoutier philosophe,* sig. « gravé par Tardieu résidant à Malines. »

Le Bijoutier philosophe est une comédie de Dodsley.

*
* *

— « A l'occasion de la *Valise trouvée,* dont il a exhibé une édition [Maëstricht, 1779], M. A. de la Borderie attire l'attention de la Société sur ce qu'il appelle *le Le Sage inconnu,* c'est-à-dire, sur certaines œuvres de cet illustre Breton, complètement ignorées même des lettrés, quoiqu'on y trouve non seulement des traits, mais de nombreux morceaux, très dignes, par le style, l'esprit, le talent d'observation, de soutenir la comparaison avec les meilleures pages de ce grand écrivain. Telle est, en particulier, *la Valise trouvée,* recueil de lettres supposées contenant de curieuses peintures de mœurs ; — *le Point d'honneur,* l'une des comédies espagnoles de Le Sage réputées illisibles, qui renferme d'excellentes scènes de caractères ; — même le *Mélange amusant de saillies d'esprit et de traits historiques*, où Le Sage a encadré de piquantes anecdotes littéraires qu'on ne trouve nulle part ailleurs ». (*Bul. Soc. Bibliophiles bretons*, 8ᵉ année (1884-1885), Nantes, 1885, p. 33.)

*
* *

« *La Valise trouvée*, dont l'idée est empruntée au *Courrier dévalisé*, de l'Italien Pallavicino, et non à quelque Espagnol, comme l'avance Llorente, est bourrée des retailles de ses grands ouvrages, et des *Lettres d'Aristénète* qu'il retouche avec une indulgence heureuse. Enfin ce qui n'avait pu entrer dans *La Valise* fut offert au public en 1743, sous ce titre dépourvu d'artifice : *Mélange amusant de saillies d'esprit et de traits historiques des plus frappants.* Ici par exemple on sent que le sac à malices se vide. Nous relevons dans ce *Mélange* jusqu'à trois anecdotes qui se lisaient déjà textuellement dans *Estévanille*, sans compter que la mémoire de l'auteur le trahit : ne va-t-il pas jusqu'à confondre Arrien avec Appien-lui qui avait fait de si bonnes humanités ! — et à le donner pour contemporain d'Aristote ? C'était de quoi le brouiller avec le vieux Danchet ». (Lintilhac, pp. 138-9.)

674. — 3. — ŒUVRES CHOISIES DE LE SAGE. *Paris*, 1810. [Voir No. 2, T. XI.]

675. — 4. — ŒUVRES DE LE SAGE. *A Paris*, 1821. [Voir No. 4, T. XII.]

676. — 5. — ŒUVRES DE A. RENÉ LE SAGE. *A Paris*, 1828. [Voir No. 6, T. XII.]

677. — *La Vengeance trompée par l'Amour.

Tiré de la *Valise,* dans les *Romans illustrés,* Havard 1849.

Léo Claretie.

X. — Estevanille Gonzalez.

678. — 1. — Histoire || d'Estevanille || Gonzalez, || surnommé || le Garçon || de bonne humeur, || tirée de l'espagnol. || Par Monsieur Le Sage. || [fleuron] || *A Paris,* || *Chez Prault, Pere, Quay de Gêvres,* || *au Paradis, & à la Croix blanche.* || M.DCC.XXXIV. || *Avec Approbation & Privilege du Roy,* 2 parties en un vol. in-12, 4 ff. prél. n. ch. + pp. 425 + 1 f. n. ch. app. et priv.

Bib. nat., Inv. Y² 11243.

Daguin (1079): *A Paris, Chez Prault père,* 1732, in 12 en 2 parties.

679. — 2. — Histoire || d'Estevanille || Gonzalez, || surnommé || le Garçon || de bonne humeur, || tirée de l'espagnol. || Par Monsieur le Sage. || A Paris, || Chez Prault Pere, Quay de Gêvres, || au Paradis. || M.DCC.XLI. || Avec Approbation & Privilege du Roy. 4 vol. in-12.

Bib. nat., Inv. Y² 48694-97. [Manquent I, II qui forment la première partie de 1734.]

En réalité l'ouvrage parut en deux parties formant 4 vol. in-12, l'une en 1734, l'autre en 1741.

« C'est ainsi que furent publiées, à sept années de distance, les deux parties de ce roman. Lorsque Le Sage, en 1741, donna la suite qu'il intitula *Tome II*, le libraire Prault changea les titres des exemplaires du tome I qui lui restaient en magasin. Les exemplaires avec la date de 1734 méritent seuls d'être recherchés, d'autant plus qu'en 1741 Prault supprima le Catalogue qui séparait les deux parties du tome premier ; or, comme ce Catalogue commençait au verso de la p. 181, la première page, cotée 182, ne put être enlevée, en sorte que les exemplaires, ainsi remaniés, ont l'aspect d'un livre incomplet.

« Le tome I contient seul un privilège. Ce privilège, daté du 2 mai 1733, était accordé pour six ans à *Pierre Prault* ; il était expiré lorsque le tome II fut publié....

« Nous avons vu chez M. Daguin un exemplaire portant la date de 1741, où le tome I n'était plus le tome I de 1734 avec un nouveau titre, mais avait été entièrement réimprimé page pour page. Cette réimpression diffère quant à la justification de l'édition de 1734 et du tome II de 1741. La surface imprimée mesure seulement 102 millimètres sur 53 (en y comprenant même le titre courant), tandis que, dans le tome I de 1734 et dans le tome II de 1741, elle est de 120 sur 58. La différence de la justification est rachetée par la marge.

« Dans cette nouvelle édition, le verso de la p. 181 de la 1re partie est blanc ; on s'est naturellement dispensé de reproduire le commencement du *Catalogue* de 1734. »
(Cat. J. de Rothschild (1552).)

Vente Guy Pellion (571), m. r., *Cuzin*, 121 francs.

---

680. — 3. — Histoire || d'Estevanille || Gonzalez, || surnommé || le Garcon || de bonne-humeur, || tirée

de l'espagnol. || Par Monsieur le Sage. || *A Paris,* ||
Chez Musier Fils, au coin || *de la rue Pavée, à S.*
Etienne. || M.DCC.LXIII. || *Avec Approbation & Privi-*
léges, 4 vol. in-12, pp. 181, 243, 231, 264.

Bib. nat., Inv. Y² 48698-48701.

681. — 4. — LE DIABLE BOITEUX. *Paris,* [1824]. [Voir
No. 122.]

682. — 5. — HISTOIRE || D'ESTEVANILLE || GONZALEZ, ||
surnommé || le Garçon || de bonne-humeur, || tirée
de l'espagnol. || Par M. le Sage. || *A Paris, Chez*
Musier Fils, Quay || *des Augustins, au coin de la* ||
rue Pavée, à S. Etienne. || M.DCC.LXV. || *Avec Per-*
mission, 4 vol. in-12.

Bib. nat., Inv. Y² 48702-5 [Manquent Vol. III et IV].

683. — 6. — HISTOIRE || D'ESTEVANILLE || GONZALEZ, ||
surnommé || le Garçon || de bonne humeur, || tirée
de l'espagnol, || Par Monsieur le Sage. || *A Paris,* ||
Chez Musier fils, libraire, Quai des Augustins, || *au*
coin de la rue Pavée, à S. Etienne. || M.DCC.LXVII. ||
Avec Approbation, & Privilege du Roi. 4 vol. in-12.

Bib. nat., Inv. Y² 48706-9 [Manque Vol. I].

684. — 7. — ŒUVRES CHOISIES DE LE SAGE. *A Ams-*
terdam, 1783. [Voir No. 1, T. X.]

685. — 8. — ŒUVRES CHOISIES DE LE SAGE. *Paris*, 1810 [Voir No. 2, T. X].

686. — 9. — HISTOIRE || D'ESTÉVANILLE || GONZALEZ, || surnommé le Garçon de bonne humeur. || Par Lesage. || *A Paris*, || *Chez Genets jeune, libr., rue Dauphine, n° 14. — || De l'imprimerie de Didot le jeune* || 1821, 2 vol. in-12, pp. 294, 344, fig. en tête.

> Bib. nat., Inv. Y² 48710-48711.

> Quérard cite : Paris, 1792, 3 pet. in-12. — Paris, Genets, 1820, 2 in-12, 6 grav., 8 francs, ou 2 in-18, 4 fr. 50.

687. — 10. — ŒUVRES DE LE SAGE. *A Paris*, 1821. [Voir No. 4, T. VII.]

688. — 11. — ŒUVRES DE LE SAGE. *A Paris*, 1823. [Voir No. 5].

689. — 12. — ESTÉVANILLE GONZALEZ, par Le Sage. *Paris, Berquet, Quai des Augustins, n° 29.* — MDCCCXXV, 3 vol. in-16, pp. 256, 237, 243, fig. en tête des vol.

> Bibl. nat., Inv. Y² 48714-16.

690. — 13. ŒUVRES DE A. RENÉ LE SAGE. *A Paris*, 1828. [Voir No. 6, T. VII.]

691. — M. Ricardo de Los Rios a dessiné et gravé pour une traduction anglaise (voir n° 696) 4 eaux-fortes dont un tirage exceptionnel pour l'artiste de 80 ex. a été fait en in-4 sur papier du Japon. Ces eaux-fortes représentent les sujets suivants :

1. Estevanille brûle les moustaches au valiente. (Chap. i).

2. Estevanille gagne l'amitié de Don Enrique qui lui montre un registre. (Chap. x).

3. Histoire du solitaire, duel entre don Mathias et Don Félix. (Chap. xxvi).

4. Estevanille remet à la señora Dalfo les drogues qui doivent lui rendre la jeunesse. (Chap. xxxviii).

Portugais.

692. — Historia d'Estevinho Gonçalves, cognominado Rapaz de bom humor. Por Lesage, Autor da Historia de Gil Braz de Santilhana. Traduzida de Francez em Portuguez por José da Fonseca. *Paris, Na Typographia de Pillet ainé, rua de Grands-Augustins, N° 7.* — 1837, 2 vol. in-8, pp. 208, 272.

Bib. nat., Inv. Y² 48781-48782.

Anglais.

693. — 1. — *The Comical History of Estevanille Gonzalez, surnamed the Merry Fellow. Translated

from the original Spanish by Monsieur Le Sage...
Done out of French. *London*, 1735, in-12.

Brit. Mus., 12510. bbb. 18.

694. — 2. — THE COMICAL || HISTORY, || AND || HU-
MOUROUS AVENTURES || OF || ESTEVANILLE GONZALEZ, ||
Surnamed || The Merry Fellow. || — (Written by
Himself) || Translated from the Spanish by the Inge-
nious || Monsieur Le Sage, || Author of the *Devil upon
two Sticks.* — || The Second Edition Corrected. ||
— *London* : || *Printed for, and Sold by Olive Payne.
at* || *Horace's-Head, in Round-Court in the Strand,* ||
over-against York-Buildings. [Price Bound 2s.] ||
MDCCXXXVII, in-12, pp. VIII-270.

Bib. nat., Inv. Y² 11244.

695. — 3. — *Spanish Tales ; (ESTEVANILLE GONZA-
LEZ) translated from Le Sage and selected from other
authors... by J. Layton. *London*, 1816, 3 vol. in-
12.

Brit. Mus., 837. c. 34.

696. — 4. — *THE HISTORY OF VANILLO GONZALEZ...
Translated from the French... With... etchings by
R. de Los Rios. *London, J.-C. Nimmo and Bain,*
1881, in-8, pp. XI-455.

Brit. Museum, 12238. c. 2. — Voir n° 691.

Allemand.

697. — GESCHICHTE DES ESTEVANILLE GONZALEZ mit dem
zunahmen des Lustigen. *Wien, gedruckt und verlegt...
Ignaz Alberti*, 1791, 2 vol. pet. in-8

> British Museum, 12490. a. 6.

Russe.

698. — Похожденіе Естеванилла Гонзалеца прозваннаго
Весельчакомъ сочиненное Господиномъ Лесажемъ а съ Французскаго на Россійской языкъ переведенпое Я. Б.

> Томъ первой. Въ Санктпетербургѣ 1765 года (Titre
> + pp. 292).

> Томъ второй. Печатано въ Санктпетербургѣ 1766 года
> (Titre + pp. 218). In-8.

Danois.

699. — ESTEVANILLE GONZALEZ eller den lystige Fetter.
Overs. af Fransk ved Andr. Lyts. *Kjöbenhavn*,
1801-2, 3 vol.

XI. — THÉATRE.

Recueil de Pièces.

700. — LE || THEATRE || ESPAGNOL, || ou || les meil-

leures || Comedies || des plus fameux || Auteurs espa-
gnols. || Traduites en François. || [fleuron] || *A
Paris,* || *Chez Jean Moreau, ruë Galande,* || *près la
Fontaine S. Severin, à l'Image* || *S. Jean l'Evange-
liste.* || — M.DCC. || *Avec Privilege du Roy,* in-12, 8 ff.
n. ch. p. l. préf. et priv. + pp. 398.

Preface. — *Le Traistre puni.* — *Don Felix de Mendoce.*
Privilège à Jean Moreau, Versailles, 27 nov. 1699.

Bib. nat., Yg 2720.

Preface.

Ce n'est point pour prévenir le Public en faveur de
cette Traduction, que j'ay recours à une Preface ; c'est
uniquement pour luy faire connoître mon dessein, qu'il
ne peut découvrir par la lecture seule de cet Ouvrage.
Tout le monde doit convenir que le Theatre François est
parvenu pour la pureté des mœurs, à un point de perfection inconnüe aux autres Nations ; on n'y peut rien ajoûter touchant la politesse, la douceur & les beautés de
l'élocution. Tous les differens caracteres du ridicule y sont
peints avec des couleurs tres-vives & tres-réjoüissantes :
& sur ce sujet il semble qu'il ait conservé une fecondité
qui ne s'épuise point : mais il faut avoüer aussi qu'on y
voit une secheresse d'intrigue étonnante ; & je ne com-
prens pas pourquoy avec toute la délicatesse & tout le bon
goût que nous avons, nos Auteurs, & les meilleurs mêmes,
ont negligé ce qui sans contestation doit estre reputé l'ame
& le principal fondement de toute l'action dramatique.
Je ne craindray point d'avancer que les Espagnols en ont
mieux jugé que nous, & qu'ils sont nos maîtres à ima-
giner & à bien conduire une intrigue. Ils sçavent exposer
leur sujet avec un art infini, & dans le jour le plus avan-
tageux. Ils joignent à cela des incidens si agréables, si

surprenans, & ils le font avec tant de variété, qu'ils paroissent aussi inépuisables sur cette matiere, que nos
François le sont sur la diversité des caracteres ridicules.
Ce n'est pas tout, les Pieces Espagnoles sont remplies de
contre-temps ingenieux, de contrarietés dans les desseins
des Acteurs, & de mille jeux de Theatre qui reveillent à
tout moment l'attention du spectateur. Enfin leurs intrigues ont presque toutes du merveilleux ; mais ce merveilleux ne donne pas dans le fabuleux & le romanesque,
& comme ils le ramènent toûjours au vray-semblable par
les regles de l'art, il fait un admirable effet sur la Scene.

Nos François ne connoissent point ces beautés, il ne
paroit pas du moins qu'il les ayent assés recherchées dans
les Pieces qu'ils n'ont pas copiées ou imitées des Espagnols.
Il est vray, que l'imagination de ces derniers prend souvent l'essor au delà des justes bornes de la vray-semblance
& de la raison ; mais il me semble qu'en laissant ce qu'ils
ont d'outré, on pourroit les imiter en ce qu'ils ont de
brillant & d'ingenieux, & par ce moyen rendre nos Pieces
de Theatre plus parfaites, en ajoûtant les beautés qui nous
manquent, à celles que nous possedons déja.

Voilà ce qui m'a fait entreprendre cette Traduction :
je la donne au Public pour essayer son goût ; s'il n'est pas
content de ce volume, il me sçaura gré de ne luy en pas
donner davantage ; & s'il le reçoit avec quelque plaisir, je
feray incessamment imprimer d'autres Pieces qui ne seront pas plus mauvaises que celles-cy, & toûjours dans
le mesme dessein d'encourager nos Auteurs à s'attacher
plus qu'ils ne font à l'intrigue de leur Poëmes ; par là ils
rendront plus vif le plaisir que nous prenons aux spectacles.

Supposé que la decision du Public me soit favorable,
je me propose de parler dans la suite des Auteurs Espagnols, & de faire connoître les obligations que nous leur
avons de nous avoir fourni les intrigues de quelques-unes
de nos meilleures Comedies ; mais je ne veux dire icy que
les choses dont il est absolument necessaire que le Lecteur soit instruit.

Je ne me suis pas fait une religion de traduire à la lettre ; les Espagnols ont des façons de parler, que l'on ne me blâmera pas d'avoir changées. Tantost ce sont de ces figures outrées, qui font un galimatias des termes pompeux, de Ciel, de Soleil, & d'Aurore ; & tantost ce sont des saillies du Capitan Matamore, des mouvemens rodomonts, qui ne laissent pas veritablement d'avoir de la grandeur & de la force ; mais qui sont trop opposés à nos usages, pour pouvoir estre goûtés des François. J'ay donc adouci tout ce qui m'a paru trop rude ; mais je n'ay pas travesti mes Acteurs à la Françoise, comme de celebres Auteurs qui en ont fait des *Eraste* & des *Clitandre* dans quelques Pièces Espagnoles qui ont esté representées sur nôtre Theatre. J'en ay fait des Rodrigue & des D. Diegue qu'on reconnoîtra toûjours à leur maniere de penser & de parler, pour estre nez sous un autre Ciel que le nostre.

Comme les Espagnols n'observent ny l'unité de lieu, ny la regle des vingt-quatre heures, & qu'à leurs figures outrées prés, il n'y a proprement que cela qui nous blesse dans leurs Comedies, j'ay gardé un milieu entre les libertés de leur Theatre, & la severité du nostre. Quand je ne puis, sans supprimer des incidens agreables, consommer l'action en un jour ; je prens deux jours : mais cela ne va pas plus loin. Pour l'unité de lieu, il est impossible de la garder, sans oster le merveilleux, & sans tronquer les intrigues, qui sont, à mon sens, comme je l'ay déjà dit, la plus ingenieuse & la plus noble partie de l'action dramatique.

J'avoüe que lorsque nous voyons une Comedie qui commence en un Royaume, & qui finit dans un autre, nous avons raison de nous revolter contre une pareille licence ; & il m'a semblé qu'un Traducteur pouvoit se dispenser de la respecter, & prendre celle de partager en cinq Actes leurs Pieces qui n'en ont ordinairement que trois. Je mets la Scene de ces sortes de Pieces dans une Ville, où à la verité cette Scene change de lieu, quand l'interest des Acteurs & l'action le demandent ; mais pourvû que ces changemens soient bien ménagés, & que le spectateur en soit averti, je suis persuadé que c'est une fausse délicatesse de les trouver mauvais, & qu'en dépit d'Aristote & de nostre Tribunal dramatique, qui les condamnent, ils ne sçauroient nous rebuter.

Quand l'action interesse, on suit les Acteurs sans s'en appercevoir; & j'en donne deux exemples, un dans le genre héroïque, & l'autre dans le comique. Dans le Cid, nous allons volontiers avec Rodrigue du Palais du Roy chés Chimene; & la situation de cette Scene, quoy qu'elle soit contre notre usage, nous fait trop de plaisir pour en sçavoir mauvais gré à l'Auteur. Dans la Comedie du Menteur, après nous estre divertis aux Thuilleries des mensonges de Dorante, nous le suivons sans peine à la Place Royale, parce que son caractere nous divertit, & que l'intrigue commence à nous attacher.

Je diray en finissant, sans sortir du respect qui est dû à nos regles, que je veux croire fort judicieusement établies, puisque nos plus grands hommes les ont inviolablement observées, que tant qu'un Auteur gardera l'unité de lieu, il ne nous offrira que des intrigues tres-mediocres; & je crois qu'il plaira moins au Parterre par le merite de cette servitude qu'il se sera luy-même imposée, qu'il ne luy plairoit par la representation d'un grand nombre d'incidens & de contre-temps agreables, que l'incommode & gênante unité de lieu luy aura fait supprimer. Et par là il restera toujours à ses Poëmes plus de beautés, qu'il ne leur en pourra donner d'ailleurs.

701. — Le || Theatre || espagnol, || ou || les meilleures || Comedies || des plus fameux || Auteurs espagnols. || Traduites en François. || [fleuron] || *A Paris*, || *Chez Jacques-Christophe Remy*, || *Grand' Salle du Palais, au quatriéme Pillier*, || *vis à-vis les Enquestes, à l'Ecu de Venise*. || — m.dcc. || *Avec Privilege du Roy*,

in-12, 8 ff. n. ch. p. la préf. et priv. à Jean Moreau
+ pp. 398.

Même éd. que la précédente, avec un titre différent.

Bib. nat., Yg. 2721.

Vente Guy Pellion (509), m. r., *Cuzin*, 190 fr. —
Aug. Fontaine, lib., Cat. janvier 1893 (218), veau brun,
15 fr.

702. — *Le Théatre espagnol... *La Haye, Meindert
Uytwerf*, 1700, in-12, 8 ff. prél. + pp. 128.

Jolie contrefaçon de l'édition de Moreau. (Soleinne,
4831.)

*
* *

703. — Recueil || des pieces || mises au theatre fran-
çois || Par M. le Sage. || [fleuron] || *A Paris*, || *Chez
Jacques Barois Fils, Quay* || *des Augustins, à la Ville
de Nevers.* || — m.dcc.xxxix. || *Avec Approbation &
Privilege du Roy.* 2 vol. in-12, 2 ff. n. ch. p. l. tit.
et l'avis du lib. + pp. 420, 389 + 1 f. n. ch. App.
et Priv.

Tome Premier. — *Le Traitre puni*, Comedie En cinq
Actes.

« Cette piece, qui a pour titre en Espagnol, *La Traicion
busca el castigo*, la Trahison cherche le châtiment, est de
Don Francisco de Rojas. Je la traduisis en 1700 & la fis
imprimer telle qu'elle est ici. M. Dancourt dans la suite

la mit en vers & la donna au Théatre François sous le titre de la *Trahison punie*. »

Don Felix de Mendoce, Comedie de Lope de Vega Carpio.

« Cette piece est intitulée dans l'Espagnol *Guardar y Guardar se,* garder & se garder. Elle n'a jamais été représentée sur notre Théatre. »

Le Point d'Honneur, Comedie. En trois Actes.

« Le Point d'Honneur est une piece de la composition de Don Francisco de Roxas. Elle a pour titre en Espagnol : *No ay Amigo para Amigo :* Il n'y a point d'Ami pour un Ami. Je l'accommodai au Théatre François, & la fis représenter à Paris au mois de Février 1702. Elle étoit en cinq Actes, mais je l'ai réduite à trois pour la rendre plus vive. »

La Tontine, Comedie En un acte.

« Je présentai cette Comédie aux Comédiens en 1708. Ils la reçurent, & ils se disposoient à la jouer ; mais je la retirai pour des raisons, que le Public se passera bien de sçavoir, & elle n'a été représentée qu'au mois de Fevrier 1732. »

Tome Second. — *D. Cesar Ursin*, Comedie. En cinq Actes.

« Cette Comedie composée par D. Pedro Calderon de la Barca, est intitulée en Espagnol : *Peor esta que estava.* (Cela va de mal en pis). Elle fut représentée au mois de Mars à Paris 1707. sous le titre de D. César Ursin. »

Crispin rival de son maistre. Comedie.

Turcaret, Comedie. En cinq Actes, et Critique.

De l'Imprimerie de Jacques Guerin, Quai des Augustins, 1739.

Bib. nat., Inv. Yf. 3884-3885. — Bib. James de Rothschild (1300) [Ex. de E. Quentin-Bauchart, *Mes Livres*, n° 128.] — Vente Guy Pellion (508), m. r., *Hardy*, 108 fr.

Priv. du 22 août 1738, accordé pour neuf ans à Le Sage qui cède son droit à Jacques Barois fils.

*
* *

704. — ŒUVRES || DE THÉÂTRE || de Le Sage ; || Nouvelle édition, revue & corrigée. || Tome premier. || Contenant ; || *Le Traitre Puni*, Comédie. || *Dom Félix de Mendoce*, Comédie. || *Le Point-d'Honneur*, Comédie. || *La Tontine*, Comédie. || *A Paris*, || *Chez la Veuve Duchesne, Libraire, rue Saint-Jacques, au Temple du Goût.* || — M.DCC.LXXIV. || *Avec Approbation & Privilege du Roi*, in-12, pp. 396.

—·— || Tome second. || Contenant || *Dom César de Ursin*, Comédie ; || *Crispin, Rival de son Maitre*, Comédie ; || *Turcaret*, Comédie ; || *Critique de la Comédie de Turcaret*. || *Ibid.*, in-12, pp. 347.

Bibl. nat., Inv. Yf. 3886-3887.

705. — CHEF-D'ŒUVRES || DE || LE SAGE. || *A Paris.* || M.DCC.LXXXIX. in-12, pp. 142-IV/71-IV-141. Portrait.

Vie de Le Sage. — Catalogue des pièces de Le Sage. = *Crispin* — *Turcaret*.

Crispin et *Turcaret* ont chacun un titre et une pagination spéciaux.

Petite Bibliothèque des Théâtres, A Paris, Chez Belin [et] Brunet, M.DCC.LXXXIX.

Bib. nat., Inv. Yf. 5034-6.

706. — OEUVRES CHOISIES DE LE SAGE. — Edition stereotype, d'après le procédé de Firmin Didot. — *A Paris, de l'Imprimerie et de la Fonderie stéréotypes de P. Didot l'aîné, et de Firmin Didot,* 1813, in-18, pp. XIV + 1 f. n. ch. p. l'avert. + pp. 217 + 1 f. n. ch. p. l. tab.

Notice sur Le Sage, p. V [Sig. L. S. A. (uger)]. — Avertissement. — *Crispin,* p. 1. — *Turcaret,* p. 59. — *La Tontine,* p. 175.

On lit sur le faux-titre :

OEUVRES CHOISIES
de
LE SAGE

Cette édition stéréotype, en 1 vol. in-18, se vend *à Paris, Chez P. Didot l'aîné, rue du Pont de Lodi,* n° 6, *près la rue de Thionville ;*
Et chez Firmin Didot, rue Jacob, n° 24.

Prix, broché ;

Papier ordinaire.	1 fr.	
Papier fin.	1	25 cent.
Papier vélin.	3	
Grand papier vélin.	4	50

Bib. nat., Inv. Réserve Yf. 4523.

707. — THÉATRE DE LE SAGE. — Edition Fouquet. —

*Paris, Chez l'Éditeur, rue de la Huchette, n° 18.
1821, in-12, pp. 144.*

> *Turcaret. — Crispin.*
> Dans le vol. : THÉATRE FRANÇAIS. — Répertoire complet. — Le Sage, Boindin, Lafont, Desmahis et Imbert. — Edition Fouquet. — *Paris, Imprimerie de A. Belin,* 1821, in-12. — Port. de Lesage.

> Bib. nat., Inv. Yf. 5713.

708. — THÉATRE CHOISI DE LESAGE. *Paris, chez Genets jeune..., De l'imprimerie de Didot le jeune,* 1821, 2 vol. in-12, pp. 407, 234 + 109 p. de musique.

> En tête de chaque vol. fig. de Choquet, grav. de Pourvoyeur.

> I. — *Avertissement. — Crispin rival. — Turcaret. — Arlequin roi de Serendib. — Foire de Guibray. — Arlequin Mahomet. — Le Tombeau de Nostradamus. — Colombine arlequin.*

> II. — *La Querelle des Théâtres. — La princesse de Carizme. — Les Funérailles de la Foire. — Le Rappel de la Foire à la Vie. — Le Temple de Mémoire. — Musique.*

> Bib. nat., Inv. Yf. 9865-9866.

— LE MÊME, en grand papier.

> Bib. nat., Inv. Yf. 9863-9864.

709. — CHEFS-D'ŒUVRE DRAMATIQUES DE LONGEPIERRE, ET LE SAGE. *A Paris, Imprimerie de Jules Didot ainé,*

imprimeur du roi, 1824, in-12, pp. 298 + 1 f. n. ch. tab.

> *Médée.* — *Crispin,* p. 67. — *Turcaret,* p. 145.
>
> *Répertoire du Théâtre français.* — Tome XII.
>
> Bib. nat., Inv. Yf. 5586.

710. — OEUVRES DE BOISSY, LE SAGE, MARIVAUX. Nouvelle édition. *Paris, Baudouin frères...* MDCCCXXVIII, in-16, pp. 448 + 1 f. pour la table.

> Contient : BOISSY : *Les Dehors trompeurs.* — LESAGE : *Crispin rival de son maître,* pp. 93/143. — *Turcaret,* pp. 145/245. — MARIVAUX : *Le Legs.* — *Les Fausses confidences.* — *Le Jeu de l'Amour et du Hasard.*
>
> *Répertoire du Théâtre français.* — T. XII.
>
> Inv. Bib. nat., Yf. 5645.

711. — THEATRE DE LE SAGE. *A Paris, Chez Ménard et Desenne, rue Git-le-Cœur,* n° 8, 1828, in-24, pp. 318 + 1 f. n. ch.

> Notice sur Le Sage. p. v. — *Crispin.* — *Turcaret.* — *La Tontine.*
>
> Paris, Imp. de Decourchant.
>
> *Bibliothèque française.*
>
> Bib. nat., Inv. Yf. 9867. — La Notice ne se trouve pas dans cet exemplaire.

712. — THÉATRE DE LE SAGE. Précédé d'une notice

sur la vie et les ouvrages de Le Sage. Par Éloi Johanneau. *Paris, F. Dalibon et Cie.*, MDCCCXXIX, in-12,
pp. 240.

La notice est en tête de *Gil Blas*. — [Voir No. 291.]

Crispin. — Turcaret. — Critique de Turcaret.

Imp. et fonderie de Rignoux.

Bibliothèque dédiée aux Pères de famille.

Bib. nat., Inv. Yf. 9868.

713. — Théatre choisi de Lesage, précédé d'une notice. [Vig.]. *Paris. Au Bureau principal des Éditeurs.
Rue des Grès-St-Jacques, N° 10.* — 1830, in-8,
pp. 423.

Notice sur la vie et les ouvrages de Lesage [avec la lettre
du Comte de Tressan, Paris, 20 janvier, 1783]. — *Turcaret. — Crispin rival de son maître. — Le Point d'honneur. — Don César Ursin.*

Paris. — Imprimerie et Fonderie de Fain.

Bib. nat., Inv. Yf. 9870.

714. — OEuvres choisies de Le Sage. — *Paris, Librairie de Lecointe, Quai des Augustins, n° 49, 1830,*
in-24, pp. XIV-217.

Notice sur Le Sage, par L. S. A. — *Crispin rival de
son maître. — Turcaret. — La Tontine.*

Nouvelle Bibliothèque des Classiques français.

Imp. de Lachevardiere, rue du Colombier, n° 3o, à Paris.

Bib. nat., Inv. Yf. 9869.

715. — Chefs-d'œuvre des Auteurs comiques. — Brueys et Palaprat, Le Sage, d'Allainval, Lachaussée. —... *Paris, Firmin Didot*, 1845, in-12.

Crispin. — Turcaret. — Chaque pièce a une pagination différente.

Chefs-d'œuvre des Auteurs comiques, Tome III.

Bib. nat., Inv. Yf. 8590.

716. — Théatre choisi de Lesage. — I. *Crispin rival de son Maître.* II. *Turcaret.* — *Paris, L. Hachette,* 1853, in-16, pp. iv-209.

Imp. de Ch. Lahure.
Bibliothèque des Chemins de fer. Prix 1 fr. 5o.

Bib. nat., Inv. Yf. 9871.

717. — Bibliothèque nationale Collection des meilleurs auteurs anciens et modernes. — Théatre de Le Sage — *Turcaret* — *Crispin Rival de son Maitre* — *Paris, Bureaux de la Publication, 1 rue Baillif.* — 1ʳᵉ édition. — 1869, in-16, pp. 189 + 1 f. n. ch. p. l. tab.

Paris. — Typ. Rouge frères, Dunon et Fresné.

Bib. nat., Inv. Yf. 9872.

718. — Le Sage. — Turcaret. Comédie en Cinq Actes représentée pour la première fois à Paris en 1708. — Crispin rival de son maitre. Comédie en Un Acte représentée pour la première fois à Paris en 1705. — Nouvelle édition publiée par Ad. Rion fondateur Collection 100 Bons Livres 10 c. *Paris, Département, Etranger, chez tous les Libraires,* 1878, in-16, pp. 108.

> Paris. — Imp. Gauthier-Villars.

> Bib. nat., 8° Yf. 870.

719. — OEuvres de Le Sage Avec Notice et Notes par Frédéric Dillaye. — Théatre. — *Paris, Alphonse Lemerre,* mdccclxxix, in-12, pp. xvi-408 + 2 ff. n. ch. tab.

> Recto du dernier f. : Achevé d'imprimer le 15 déc. 1878 par Ch. Unsinger pour Alphonse Lemerre, libraire à Paris.

> Le Sage, auteur comique. — *Le Point d'Honneur.* — *Crispin.* — *La Tontine.* — *Turcaret.* — *La Critique de Turcaret.* — Notes.

> Il a été tiré 70 ex. sur papier Whatman et 60 sur papier de Chine numérotés et paraphés par l'éditeur.

> *Petite Bibliothèque littéraire, Auteurs anciens.*

> Bib. nat., Inv. 8° Yf. 388.

720. — Théatre de Le Sage Publié avec Notice et

Notes par Georges d'Heylli. *Paris Librairie géné-
rale 72, boulevard Haussmann et rue du Havre.* —
m.dccc.lxxix, in-18, pp. xxiii-435 + 2 ff. n. ch. p.
l. tab. et l'imp.

> Au recto du dernier f. : « Achevé d'imprimer le xv oc-
> tobre m.dccc.lxxviii. Par le typographe Alcan-Lévy pour
> la Librairie générale ».

> Portrait de Guélard, gravé par A. Lalauze.

> Tirage : 5oo exemplaires sur papier vergé.
>   100   —   — teinté.
>   15   —   — de Chine.
>   1   —   peau de vélin.
>   1   —   parchemin.
>   6̄1̄7̄ exemplaires.

> Contient : Les Comédies de Le Sage [par G. d'Heylli.]
> *Crispin. — Turcaret.* — Critique. — Théâtre de la Foire :
> *Le Tableau du Mariage; Les trois Comères;* App. : Notes
> sur le Théâtre de la Foire.

721. — Bibliothèque nationale. Collection des meilleurs auteurs anciens et modernes — Théâtre de
Le Sage — *Turcaret — Crispin rival de son maître.*
— *Paris, Librairie de la Bibliothèque nationale,*
1894, in-32, pp. 189 + 1 f. n. ch. p. l. tab.

> Bib. nat., 8° Yf. 1088.

722. — Bibliothèque nationale. Collection des meilleurs auteurs anciens et modernes — Théâtre de
Le Sage — *Turcaret — Crispin rival de son mai-*

tre. — Paris, Librairie de la Bibliothèque nationale,
1895, in-32, pp. 189 + 1 f. n. ch. p. l. tab.

Bib. nat., 8° Yf. 791.

723. — Bibliothèque nationale. — Collection des meilleurs auteurs anciens et modernes — THÉATRE DE
LE SAGE — *Turcaret* — *Crispin rival de son maitre. — Paris, Librairie de la Bibliothèque nationale,*
1898, in-32, pp. 189 + 1 f. p. l. tab.

Bib. nat., 8° Yf. 1032.

724. — Bibliothèque nationale. — Collection des meilleurs auteurs anciens et modernes — THÉATRE DE
LE SAGE — *Turcaret* — *Crispin rival de son maitre. — Paris, Librairie de la Bibliothèque nationale,*
1905, in-32, pp. 189 + 1 f. n. ch. p. l. tab.

725. — LA COMÉDIE EN FRANCE AU XVIIIe SIÈCLE par
C. Lenient Professeur à la Faculté des Lettres de
Paris. — *Paris, Hachette,* 1888, 2 vol. in-16,
pp. VIII-391, 446.

I. Chap. VI. — Le Sage (1668-1747). — Son caractère et son talent. — Le poète dramatique. — *Crispin
rival de son maître. — Turcaret,* pp. 122/150.

Bib. nationale, 8° Yf. 355.

726. — Le || Theatre || de || la Foire, || ou || l'Opera comique. || Contenant les meilleures Pieces || qui ont été representées aux Foires || de S. Germain & de S. Laurent. || Enrichies d'Estampes en Taille douce, avec une || Table de tous les Vaudevilles & autres Airs || gravez-notez à la fin de chaque Volume. || Recueillies, revûës, & corrigées. || Par Mrs. Le Sage & D'Orneval. || Tome I. || *A Paris.* || *Chez Etienne Ganeau, rue S. Jacques* || *vis-à-vis la Fontaine S. Severin, aux Armes* || *de Dombes.* || — m.dccxxi. || *Avec Approbation & Privilege du Roy,* in-12.

> Faux-titre et titre; 6 ff. n. ch. p. la préf. et la liste des pièces + pp. 388 + 2 ff. n. ch. p. l'app. + 64 p. de musique.

> App. sig. Danchet, datée du 15 juin 1720, pour les trois premiers vol. — Priv. accordé à Le Sage, 7 nov. 1720; cédé par celui-ci à Estienne Ganeau, 9 nov. 1720.

> Front. de Bonnart, gravé par F. Poilly. — 10 fig. sig. Bonnart et Bonnart fils, gravées par F. Poilly.

> *Arlequin roy de Serendib.* Piece en trois Actes. Par M. le S** Representée à la Foire de Saint Germain 1713.

> *Arlequin Thétis.* Pièce d'un Acte. Par Monsieur le S**. Representée à la Foire de Saint Laurent 1713.

> *Arlequin invisible.* Pièce d'un Acte. Par Monsieur le S**. Representée à la Foire de Saint Laurent 1713.

> *Arlequin Mahomet, et le Tombeau de Nostradamus.* Pièces chantées par les Acteurs, d'un Acte chacune, liées

par un Prologue intitulé : *La Foire de Guibray*. Par M. le S**. Representées à la Foire de S. Laurent 1714.

Arlequin Sultane favorite. Pièce en trois Actes. Par M. le T***. Representée à la Foire de Saint Germain 1715.

La Ceinture de Venus. Pièce en deux Actes. Par M. le S**. Representée à la Foire de Saint Germain 1715.

Parodie de l'Opera de Telemaque. Pièce d'un Acte. Par Monsieur le S**. Representée à la Foire de Saint Germain 1715. avec *la Ceinture de Vénus*.

Le Temple du Destin. Pièce d'un Acte. Par M. le S**. Representée à la Foire de Saint Laurent 1715.

II. *Ibid.*, mdccxxi.

Faux-titre et titre ; pp. 448 + 64 p. de musique ; 10 fig. de Bonnart fils, gravées par F. Poilly.

Arlequin Defenseur d'Homere. Pièce d'un Acte. Par Monsieur F***. Representée à la Foire de Saint Laurent 1715.

Colombine Arlequin, ou Arlequin Colombine. Pièce d'un Acte. Par M. le S**. Representée à la Foire de Saint Laurent 1715.

Les Eaux de Merlin. Pièce d'un Acte, précedée d'un Prologue. Par Monsieur le S**. Representée à la Foire de Saint Laurent 1715.

Arlequin Traitant. Pièce en trois Actes. Par M. D'or**. Representée à la Foire de Saint Germain 1716.

Les Arrests de l'Amour. Pièce d'un Acte. Par Monsieur D'Or**. Representée à la Foire de Saint Germain 1716.

Le Temple de l'Ennuy. Prologue. Par Messieurs le S**. & F*** [uselier]. Representée à la Foire de Saint Germain 1716.

Le Tableau du Mariage. Pièce d'un Acte. Par Messieurs le S**. & F***. Representée à la Foire de Saint Germain 1716.

L'Ecole des Amans. Pièce d'un Acte. Par Messieurs le S**. & F***. Representée à la Foire de Saint Germain 1716. .

Arlequin Hulla. ou la Femme repudiée. Pièce d'un Acte. Par Messieurs le S**. & D'Or*** [neval]. Representée à la Foire de Saint Laurent 1716.

Le Pharaon. Pièce d'un Acte. Par Monsieur F***. Representée à la Foire de Saint Germain 1717.

III. *Ibid.*, MDCCXXI.

Faux-titre et titre, pp. 455 + 88 p. de musique ; 9 fig. de Bonnart, gravées par F. Poilly.

Les Animaux raisonnables. Pièce d'un Acte. Par Messieurs F***. & Le G*. Representée à la Foire de Saint Germain 1718.

La Querelle des Theatres. Prologue. Par Messieurs le S**. & de la F*. Representé à la Foire de Saint-Laurent 1718. Et ensuite sur le Theâtre de l'Opera, par ordre de S. A. R. Madame.

Le Jugement de Páris. Pièce d'un Acte. Par Monsieur D'Or**. Representée à la Foire de Saint Laurent 1718.

La Princesse de Carizme. Pièce en trois Actes. Par Monsieur le S**. Représentée à la Foire de Saint Laurent 1718. Et pendant le cours de la même Foire, sur le Theâtre de l'Opera, par ordre de S. A. Royale Madame.

Le Monde renversé. Pièce d'un Acte. Par Mrs. le S**. &
D'Or**. Sur le Plan de M. de la F*. Representé à la
Foire de Saint Laurent 1718.

Les Amours de Nanterre. Pièce d'un Acte. Par Mrs. le
S**. & D'Or**. Representée à la Foire de Saint Laurent
1718. Et ensuite sur le Theâtre du Palais Royal, par
ordre de S. A. Royale Madame.

L'Isle des Amazones. Pièce d'un Acte. Par Mrs. le S**.
& D'Or**. Qui devoit être representée à la Foire de Saint
Laurent 1718. mais dont on n'eut pas besoin, & que la
suppression de l'Opera Comique a empêché d'être jouée
depuis.

Les Funerailles de la Foire. Pièce d'un Acte. Par Mrs.
le S**. et D'Or**. Representée sur le Theâtre du Palais
Royal, par ordre de S. A Royale Madame, le Jeudy 6 octobre 1718.

Avertissement. Cette Pièce fut faite sur le bruit qui
courut à la fin de la Foire de S. Laurent 1718. qu'il n'y
auroit plus d'Opera Comique. Et comme S. A. R. Madame la voulut voir representer, on la fit jouer devant
Elle au Palais Royal.

Le Rappel de la Foire a la vie. Pièce d'un Acte. Par
Mrs. le S**. et D'Or***.

Avertissement. Les Auteurs de cette Pièce l'avoient
composée pour le début de l'Opera Comique, qui s'est
rétabli à la Foire de S. Laurent de cette presente année
1721. Mais, comme la permission de r'ouvrir ce Theâtre
n'a pas été accordée aux Acteurs, qu'on aurait souhaité,
on n'a pas voulu la faire representer. Le Lecteur sera
peut-être bien aise de voir par où ces Auteurs se propo-
soient de recommencer les representations de ce Spectacle.

IV. *Ibid.*, MDCCXXIV.

Sans faux-titre ; titre; 1 f. n. ch. + pp. 502 + 40 p. de musique ; 9 fig. de Bonnart, grav. par F. Poilly.

Au verso du f. n. ch. AVERTISSEMENT. Les Pièces de ce quatrième Tome, ainsi que celle du cinquième sont de la composition de Messieurs Le Sage, Fuzelier & D'Orneval.

La Statue merveilleuse. Pièce en trois Actes. Tirée de l'Arabe.

Cette Pièce avoit été composée par les Auteurs du *Rappel de la Foire à la vie,* pour être donnée avec ce Prologue à l'Opéra Comique, dont ils espéroient le rétablissement à la Foire de S. Germain 1719. Mais ce Spectacle demeurant supprimé, ils la firent représenter en prose par la Troupe des Danseurs de Corde du sieur Francisque, qui, ne se voyant pas inquietée par les Comédiens, la joüa à la Foire de S. Laurent 1720.

Le Diable d'Argent. Prologue. Représenté par la Troupe du Sieur Francisque à la Foire S. Germain 1720. Pendant laquelle le Chant ayant été défendu, on joüa par tolerance ce Prologue & les deux Pièces suivantes en prose.

Arlequin roi des Ogres, ou *les Bottes de sept lieues.* Pièce d'un Acte. Représentée par la Troupe du Sieur Francisque à la Foire de S. Germain 1720.

La Queue de Verité. Prologue Des Deux Pièces suivantes. Représenté par la Troupe du Sieur Francisque à la Foire de Saint-Germain. 1721.

Avertissement. Quelques personnes de la premiere distinction s'étant intéressées pour cette Troupe, on la laissa joüer ce Prologue & les deux Pièces qui le suivent en prose, mêlée de Vaudevilles.

Arlequin Endymion. Pièce d'un Acte. Représentée par

la Troupe du Sieur Francisque à la Foire de Saint-Germain. 1721.

Avertissement. Les Comédiens Italiens dans ce temps-là représentèrent devant le Roi une Pièce intitulée *Diane & Endymion,* ce qui donna occasion de faire celle ci, qui contient quelques Scenes parodiées.

La Forêt de Dodône. Pièce d'un Acte. Representée par la Troupe du Sieur Francisque à la Foire de Saint Germain 1721.

La Fausse-Foire. Prologue Des deux Pièces suivantes Représenté par la Troupe du Sieur Francisque à la Foire de Saint Laurent 1721.

Avertissement. — Le Privilège de l'Opéra Comique ayant été accordé à d'autres qu'au Sieur Hamoche & à la Dlle de Lisle, (les deux Arcs-boutans de ce spectacle, sous les noms de Pierrot & d'Olivette) ces deux Acteurs se joignirent à la Troupe du Sr Francisque, & joüèrent ce Prologue avec les deux Pièces qui le suivent. Comme les Comédiens Italiens s'établirent à la Foire, le secret dépit qu'en eûrent les Comédiens François, fut favorable à la Troupe de Francisque. Ils la laissèrent paisiblement représenter des Pièces en Prose ; mais les Privilégiez ses voisins lui firent interdire par l'Opéra, non-seulement le chant & la danse, mais jusqu'aux machines & changement de Décoration.

La Boîte de Pandore. Pièce d'un Acte. Representée par la Troupe du Sieur Francisque à la Foire de Saint Laurent 1721.

La Tête-noire. Pièce d'un Acte. Représentée par la Troupe du Sieur Francisque à la Foire de Saint Laurent 1721.

Avertissement. Cette Pièce fut faite à l'occasion d'un faux-bruit qui courut à Paris, qu'il y avoit dans certaine Communauté une jeune Demoiselle, dont le visage ressembloit à une Tête de mort. On offroit, disoit-on, une

somme considérable au premier Garçon qui voudroit
l'épouser. Il se présenta effectivement, pour la voir, un
grand nombre de Jeunes-gens, qui étoient assez crédules
pour ajoûter foi à cette Fable, & qui vouloient même
entrer par force dans cette Communauté. On fut obligé,
pour les repousser, de mettre pendant plusieurs jours des
Gardes à la porte.

V. *Ibid.*, MDCCXXIV.

Titre ; 1 f. n. ch. ; pp. 431 + 1 f. n. ch. [app. et
priv.] + 56 p. de musique.

App. sig. DANCHET, datée Paris du 20 juin 1723 des
Vol. 4 et 5. — Priv. à Le Sage 7 nov. 1720..

8 fig. de Bonnart, gravées par F. Poilly.

Le Regiment de la Calotte. Pièce d'un Acte. Représentée
par l'Opera Comique à la Foire de S. Laurent le 1. Septembre 1721. avec *les Funerailles de la Foire* & son *Rappel à la Vie.* Et ces trois Pièces furent joüées au Palais
Royal par ordre de S. A. R. Madame, le 2. Octobre suivant.

L'Ombre du Cocher poete. Prologue des deux Pièces
suivantes. Representé par les Marionettes Etrangères à
la Foire de S. Germain 1722.

Avertissement. Les Auteurs de l'Opéra Comique, voyant
encore une fois leur Spectacle fermé, plus animez par la
vengeance que par un esprit d'intérêt, s'avisèrent d'ache-
ter une douzaine de Marionettes, & de loüer une Loge,
où, comme des Assiégez dans leurs derniers Retranchemens, ils rendirent encore leurs armes redoutables.
Leurs Ennemis poussez d'une nouvelle fureur, firent de
nouveaux efforts contre Polichinelle chantant ; mais ils
n'en sortirent pas à leur honneur.

Le remouleur d'Amour. Pièce d'un Acte. Representée
par les Marionettes Etrangeres à la Foire de S. Germain
1722.

Pierrot Romulus ou *le Ravisseur poli*. Representée par les Marionettes Etrangeres à la Foire de S. Germain 1722.
Cette Pièce est une Parodie de la Tragédie de Romulus que l'on joüoit en ce tems-là.

Le Jeune-Vieillard. Pièce en trois Actes, tirée des *Contes Persans*. Representée à la Foire de S. Laurent 1722. par les Comédiens Italiens de S. A. R. Monseigneur le Duc d'Orléans Régent.

Prologue Des deux Pièces suivantes. Representé à la Foire de S. Laurent 1722. par les Comédiens Italiens de S. A. R. Monseigneur le Duc d'Orléans, Régent.

La Force de l'Amour. Piéce d'un Acte. Representée à la Foire de S. Laurent 1722. par les Comédiens Italiens de S. A. R. Monseigneur le Duc d'Orleans, Regent.

La Foire des Fées. Pièce d'un Acte. Representée à la Foire de S. Laurent 1722. par les Comédiens Italiens de S. A. R. Monseigneur le Duc d'Orleans, Regent.

VI. *A Paris*, || *Chez la Veuve Pissot, Quay de Conty, à la* || *descente du Pont-Neuf, au coin de la ruë* || *de Nevers, à la Croix d'Or*. — || M.DCC.XXVIII. Avec Approbation & Privilege du Roy.

Faux-tit. ; titre ; 2 f. n. ch., pp. 493 + 1 f. n. ch. [app. et priv.], 65 p. de musique, gravé par Denise Vincent.

8 fig. dont la première de Bonnart, gravée par J. B. Scotin, les autres non signées.

App. sig. DANCHET, Paris 29 may 1728, pour le Vol. 6. — Priv. à la Veuve de Noel Pissot, 6 août 1728.

Au bas de la liste des pièces. 1er f. n. ch. :
Avertissement. Les Pièces de ce sixième Tome, sont

de la composition de Messieurs le Sage, Fuzelier & d'Orneval.

L'Enchanteur mirliton. Prologue Représenté à la Foire de S. Laurent 1725.

Le Temple de Memoire. Pièce d'un Acte, Representée à la Foire de Saint Laurent 1725. & ensuite sur le Théâtre du Palais Royal.

Les Enragez. Piece d'un Acte, Representée à la Foire Saint Laurent 1725.

Les Pelerins de la Mecque. Piece en trois Actes. Par M^rs le S** & d'Or** Representée à la Foire S. Laurent 1726. & ensuite sur le Théâtre du Palais Royal.

Les Comediens Corsaires. Prologue des deux Pièces suivantes. Representé à la Foire S. Laurent 1726. & ensuite sur le Théâtre du Palais Royal.

Avertissement. Ce Prologue fut fait peu de temps après les *Comédiens Esclaves*, Comedie du Theatre Italien, & à l'occasion du goût qui règne depuis quelques années dans les Pièces tant Françoises qu'Italiennes, dans la plûpart desquelles on voit le fond & la forme des Divertissemens Forains.

L'Obstacle favorable. Piece d'un Acte. Representée à la Foire S. Laurent 1726. & ensuite sur le Théâtre du Palais Royal.

Les Amours déguisez. Piece d'un Acte. Representée à la Foire S. Laurent 1726. & ensuite sur le Théâtre du Palais Royal.

« Nous tenons, par exemple, pour de fort agréables comédies de mœurs *les Amours déguisés,* ou ce *Tableau du Mariage* qui était si applaudi hier encore à l'Odéon, sous le titre du *Klephte,* ou ces *Amours de Nanterre* si gentiment intrigués. » (Lintilhac, *Lesage*, p. 130.)

Achmet et Almanzine. Piece en trois Actes. Par M^rs le S** & d'Or** Les Couplets des Divertissemens sont de M. F**** Representée à la Foire Saint Laurent 1728.

VII. *A Paris, || Chez Pierre Gandouin, Quai des Augustins, || à la Belle Image. —* || M.DCC.XXXI. || Avec Approbation & Privilege du Roy.

Titre ; 2 f. n. ch. [Pièces ; appr. ; priv.], pp. 436, 88 p. de musique.

De l'Imprimerie de la Veuve Garnier, rue Galande.

App. sign. DANCHET, 28 juin 1730. — Priv. à Pierre Gandoin, pour les Vol. 7 et 8, 15 déc. 1730.

9 fig. de Bonnart et Demarne.

La Penelope moderne. Piece en deux Actes. Par M^rs. le S** F** & d'Or** Representée à la Foire Saint Laurent 1728.

Les Amours de Protée. Parodie de l'Opera. Par M^rs. le S** & d'Or** Representée à la Foire Saint Laurent 1728.

La Princesse de la Chine. Piece en trois actes. Par M^rs. le S** & d'Or** Representée à la Foire Saint Laurent 1729.

Les Spectacles malades. Prologue. Par M^rs. le S** & d'Or** Representé à la Foire Saint Laurent 1729.

Le Corsaire de Salé. Piece d'un Acte. Par M^rs. le S** & d'Or**. Representé à la Foire Saint Laurent 1729.

L'Impromptu du Pont-Neuf. Piece d'un Acte. Faite par Monsieur P** Pour la Naissance de Monseigneur le Dauphin.
Representée pour la premiere fois *gratis* par l'Opéra-Comique, à la Foire Saint Laurent le 9. Septembre 1729.

Les Couplets en procès. Prologue. Par M^rs. le S^** & d'Or^**. Representé à la Foire Saint Laurent 1730.

La Reine du Barostan. Piece d'un Acte. Par M^rs. le S^** & d'Or^** Representée à la Foire Saint Germain 1730.

L'Opera-comique assiegé. Piece d'un Acte. Par M^rs. le S^** & d'Or^**. Representée à la Foire Saint Germain 1730.

Avertissement. Cette Pièce fut faite à l'occasion d'un nouveau Procès que les Comédiens François s'avisèrent d'intenter à l'Opéra Comique, & dans lequel ils eurent le démenti.

VIII. *Ibid.,* M.DCC.XXXI.

Titre ; 2 ff. n. ch. + pp. 367 + 65 (*lire* 61) p. de musique.

De l'imp. de la Veuve Garnier.

App. sign. DANCHET 11 oct. 1730. — Priv.

8 fig. de Bonnart et Demarne.

La Grand-Mere amoureuse. Parodie d'Atys en trois Actes Par M^rs F***. & D'Or***. Representée à la Foire de S. Germain 1726.

L'Industrie. Prologue Des deux Pièces suivantes. Par M^rs. le S^** F^** & d'Or^** Representée à la Foire Saint Laurent 1730.

Zemine et Almanzor. Piece d'un Acte. Par M^rs. le S^** F^** & d'Or^**. Representée à la Foire Saint Laurent 1730.

Les routes du monde. Piece d'un Acte. Par M^rs. le S^** F^** & d'Or^**. Representée à la Foire Saint Laurent 1730.

Le Mariage du Caprice et de la Folie. Pièce d'un Acte. Par M^** [Piron.]

Representée pour la premiere fois à la Foire Saint Laurent 1724. Et remise au Théâtre en 1730.

L'Indifférence. Prologue des deux Pièces suivantes. Par M^rs le S^**. F^***. & D'Or^***. Représenté à la Foire de S. Laurent 1730.

L'Amour Marin. Pièce d'un Acte. Par M^rs le S^**. F^***. & D'Or^***. Representé à la Foire de S. Laurent 1730.

L'Esperance. Piece d'un Acte. Par M^rs le S^**. F^***. & D'Or^***. Representée à la Foire de S. Laurent 1730.

[IX] Le || Theatre || de la Foire, || ou || l'Opera co-mique, || Contenant une partie || des Pièces qui ont été representées aux || Foires de S. Germain & de S. Laurent, || pendant les années 1732, 1733 & 1734. || Enrichies d'Estampes en Taille-douce, avec une || Table des Vaudevilles & autres Airs || gravés-notés à la fin du Volume. || Composées, revûës & corrigées || Par Monsieur Carolet. || Tome IX. || *A Paris,* || *Chez Prault, Fils, Quay de Conti, à* || *la descente du Pont-Neuf, à la Charité.* || — m.dcc.xxxiv. || *Avec Approbation & Privilège du Roi.*

Faux tit. et titre ; 4 ff. n. ch. pour la préf., liste des pièces et avert. ᐩ pp. 534 ᐩ 3 ff. n. ch. p. l'ap., priv. errata ᐩ 46 p. de musique.

App. signée Maunoir, 9 avril 1733 ; Priv. à Carolet pour le Vol. 9, 17 juin 1733 ; priv. cédé par Carolet à Prault, 13 avril 1734.

12 fig. au trait.

Le Reveil de l'Opera-comique. Prologue Representé à la Foire Saint-Laurent 1732.
Par Carolet.

La lanterne veridique. Piece en un acte. Representée à la Foire Saint Laurent 1732.
Par Carolet.

Le Parterre merveilleux. Prologue du Rival de lui-même. Representé à la Foire Saint Laurent 1732.
Par Carolet.

Le Rival de lui-même. Piece en un acte en Vers. Representée par les petits Comediens de l'Opera comique à la Foire Saint Laurent 1732.
Par Carolet.

La Mere jalouse. Piece en un acte. Representée à la Foire Saint Laurent 1732.
Par Carolet.

L'Allure. Piece en un acte. Representée à la Foire Saint Laurent 1732.
Par Carolet.

Compliment Fait par Mademoiselle de Lisle le Dimanche 5. Octobre 1732. pour la clôture du Théatre de l'Opera-Comique.
Par Carolet.

L'*Isle du Mariage.* Opera-comique en un acte. Representée pour la premiere fois sur le Théatre de la Foire S. Laurent le 20ᵉ jour d'Août 1733.
Par Carolet.

Le retour de l'Opera comique au faubourg S. Germain. Piece en un acte servant de Prologue. Representée le 27 Février 1734. à la Foire Saint Germain.
Par Carolet.

Le Pere rival. Piece en un acte. Representée sur le Théa-

tre de l'Opera Comique à la Foire S. Germain, le 24
Mars 1734.
Par Carolet.

Les Audiences de Thalie. Piece en un acte. Representée
sur le Théatre de l'Opera Comique à la Foire S. Germain
le 7 Avril 1734.

Les Petites Maisons. Piece en un Acte. Representée à la
Foire S. Germain, 1732.

L'Amour desœuvré, ou les Vacances de Cythere. Piece en
un acte.

IX. *A Paris,* || *Chez Pierre Gandouin, Quay des Augus-
tins,* || *la deuxième Boutique à la descente du Pont-
neuf,* || *à la Belle-Image.* || — M.DCC.XXXVII. || *Avec
Approbation & Privilege du Roi.*

Titre; 1 f. n. ch. + pp. 568 + 2 ff. n. ch. [app. et
priv.] + 66 p. de musique.

De l'Imprimerie de la Veuve Delatour. 1737.

App. sig. DANCHET, 24 Oct. 1736 du Vol. 9. — Priv.
general à Pierre Gandouin, pour le Vol. 9, 22 Nov. 1736.
Pas de gravures.

Le Sage avait arrêté sa publication au Vol. VIII et
Carolet obtint le privilege pour un Vol. IX; plus tard
Le Sage se ravisa et obtint un privilege pour un autre
Vol. IX; en sorte qu'il y eut 2 vol. IX.

Roger de Sicile, surnommé le Roi sans chagrin. Piece
en trois actes. Par Mrs Le S**. & D'Or**. Représentée à
la Foire S. Laurent 1731.

Les Desesperés. Prologue des deux pieces suivantes. Par M^rs Le S**. & D'Or***. Representée à la Foire S. Laurent, 1732.

Sophie et Sigismond. Piece d'un Acte. Par M^rs Le S**. & D'Or***. Représentée à la Foire S. Laurent, 1732.

La Sauvagesse. Piece d'un Acte. Par M^rs Le S**. & D'Or***. Représentée à la Foire S. Laurent, 1732.

La premiere Representation. Prologue Pour précéder la Pièce suivante. Par M^r Le S**. Représentée à la Foire S. Laurent, 1734.

Les Mariages du Canada. Piece d'un Acte. Par M^r Le S**. Représentée à la Foire S. Laurent. 1734.

Le Mari préféré. Piece d'un Acte Par M^r Le S**. Représentée à la Foire S. Laurent, 1736.

Les Trois Comeres. Piece en trois Actes. Par M^rs Le S**. & D'Or. Représentée à la Foire S. Germain, 1723.

Au sujet des *Trois Commères* et de son *Prologue*, Audiffret écrit, p. 121 : « Elle avoient été auparavant composées en comédies, et c'est ainsi qu'on les trouve sous les noms de ces deux auteurs [Lesage et d'Orneval] dans le manuscrit Challoup, de la Bibliothèque du Roi. Nous doutons que Piron y ait eu quelque part. »

Bib. nat., Inv. Yf. 5900-5909.

*
* *

« L'éditeur, pour éviter d'avoir deux tomes IX à cet ouvrage, fit modifier l'approbation primitive donnée à Carolet. On y indiqua qu'il s'agissait du tome X du *Théâtre de la foire* ; le privilége fut rédigé dans le même sens sans modifier les dates, et la veuve Gandouin, se substituant à Carolet, publiait le tome X du *Théâtre de*

la foire. Le même volume a paru aussi avec la désigna-
tion de tome IX, 2ᵉ partie. Mais la bonne édition du 9ᵉ
volume est celle de Prault. » (Cohen.)

*
* *

Il existe une lettre autographe signée de Lesage adressée à « M. Fuzelier, rue de l'Arbre sec, maison du vitrier,
à Paris ; ce dimanche matin », 2 pages in-4 :

« J'apprends que vous êtes disposé à publier la dernière pièce que nous avons faite ensemble, pour vous
venger des refus de la censure. Je ne pense pas que cela
soit ; car vous ne voudriez pas faire de la peine à
un de vos meilleurs amis, et moins encore l'obliger à ré-
clamer contre vous, dans un temps où tout semble présa-
ger de nouvelles contrariétés. Je prépare, en ce moment,
une réfutation contre le dernier article de nos ennemis,
et je pense trop bien de vostre esprit, ainsi que de vos
justes sentiments, pour croire que vous ne voudrez pas
leur donner la satisfaction de comparer nostre amitié à
celle des enfants de la Thébaïde. Enfin j'écris présentement au chancelier, pour qu'il daigne avoir égard à nostre
demande, et qu'il ne souffre pas que l'intrigue et la ca-
lomnie diffament plus longtemps des hommes que le public couvre de son suffrage. C'est pourquoi je vous sup-
plie, mon ancien et cher camarade, de mettre de côté vos
ressentiments et d'attendre avec patience le résultat des
démarches qu'on fait, à cette heure, pour nous, vous
suppliant de me croire à tout jamais vostre entièrement
dévoué ami. »

« Lesage. »

Inventaire des Autographes... de M. Benjamin Fillon...
1878... No. 1038.

*
* *

On trouvera dans le Tome III de la *Bibliothèque dramatique de Monsieur de Soleinne*, 1844, sous le no. 3236, une liste de pièces ayant *Arlequin* pour sujet ; ces pièces renfermées dans trois portefeuilles ont été vendues 10 francs ! :

« *Arlequin lingère du Palais*, com. ital. franç. 3 pr., par D. (de Fatouville), 1682. (Il n'y a que les scènes françaises.) — *Arlequin prothée*, com. 3 pr., par le même, 1683. — *Arlequin Jason, ou la Toison d'Or comique*, com. 3 pr., par le même, 1684. — *Grapinian, ou Arlequin procureur*, com. pr., *Paris, G. Blageart*, 1684. (C'est le 3ᵉ acte de la com. de Fatouville, extrait par Davesnes.) — *Arlequin, chevalier du soleil*, com. 3 pr., par D. (De Fatouville), 1685. — *Arlequin comédien aux Champs-Elysées*, nouvelle hist. alleg. et com. (par L. Bordelon), 1691. — *Arlequin Phaëton*, com. 3. pr., par Palaprat, 1692. — *Arlequin, défenseur du beau sexe*, com. 3. pr., par de B. (Bruguières de Barante), 1694. — *Arlequin invisible*, pièce, pr., par Le S. (Lesage), 1713. — *Arlequin, roi de Sérendib*, pièce 3., par le même, 1713. — *Arlequin Lustucru, Grand turc et Thélémaque* (sic), divertˢ com. et muets, représ. au Jeu de paume d'Orléans le 23 février 1715. (Pant. 2., avec des coupl. et un prolog.) S. n., s. d. — *Arlequin, défenseur d'Homère*, pr.. par F. (Fuzelier), 1715. — *Arlequin, sultane favorite*, 3, par le T... (Letellier), 1715. — *Arlequin traitant*, 3., par d'Or... (d'Orneval), 1716. — *Arlequin Hulla, ou la Femme répudiée*, par Le S. (Le Sage) et d'Or** (d'Orneval). — *Arlequin poli par l'amour*, com. (par Marivaux), 1723. — *Arlequin, toujours Arlequin*, com. pr., par Lelio fils (Riccoboni), Dominique (Biancolelli), et Romagnesi, 1726, in-12. — *Arlequin esprit-follet*, com. 3. pr. S. n., 1732. (C'est une satire janséniste contre les jésuites.) — *La Comédie sans pareille, ou les Noces tragiques d'Arlequin*, com. pr. et prol., par de Mermont. S. n., 1739, in-12. — *Arlequin dans l'île de Sentoriada*, com. ital. (C'est le canevas en français). S. n., s. d. —

Arlequin génie, com. ital. 4. (Canevas), 1752. — *Arlequin
soldat, magicien, ou le Canonier*, pant. Ch. Herissant, 1764.
— *L'Origine d'Arlequin avec sa naissance*, com. ital. 3. et
prol., par Bigottini, 1766. — *Arlequin Hulla*, com. (par
Dominique Biancolelli et Romagnesi), 1767. — *Les Res-
sorts amoureux d'Arlequin*, pièce com. 2 (pr., par Ansart),
Desventes de Ladoué, 1769. — *Arlequin, marchand de pro-
verbes*, complim. de clôture, par A. (Anseaume), *Vente,*
1771. — *Le Déménagement d'Arlequin, marchand de ta-
bleaux*, compl. de clot., par Favart fils, 1783. — *Arlequin garçon, marchand et esclave par amour*, com. 2. (pr.),
Cailleau, 1784. — *Arlequin roi dans la lune*, com. 3. pr.
(par Bodard de Tezay), Cailleau, 1786. — *Arlequin à
Genève*, com. 3. v. lib., par P. G. (Guigoud-Pigale),
Lyon, s. n., 1785. — *Arlequin tailleur*, vaud. (par Lam-
bert et Thierry), 1793. — *Arlequin Pygmalion, ou la
Bague enchantée*, vaud., par Dossion, 1794. — *Arlequin
afficheur*, vaud., par Radet, Desfontaines et Barré, 1795.
— *Arlequin journaliste*, vaud., par R. (Ravrio et Domil-
lier de Thésigny), 1797. — *La Sagesse humaine, ou Arlequin Memnon*, vaud. 2. (par Favart fils et V. Mullot),
Gueffier, s. d., an VI. — *Les Amours d'Arlequin et de
Séraphine*, com. pr. (par Gorgy), Cailleau, 1798. — *Arlequin décorateur*, vaud., par Année, Ferrière et Gersin,
1798. — *Arlequin sentinelle*, vaud., par E. Dupaty, 1798.
— *Arlequin tout seul*, vaud., par E. Dupaty, 1799. —
Arlequin esclave à Bagdad, ou le Calife généreux, vaud.,
par T. L. (Tolmer, dit) Vallier, 1799. — *Arlequin calife
ıe Bagdad, ou la suite d'Arlequin esclave à Bagdad*, com.
2. pr., par T. (Tolmer, dit) Vallier, 1800. — *Arlequin
portier*, vaud., par Philibert (Rozet) et J. Marty, 1800.
— *Arlequin tout seul*, vaud., par Gardy, 1801. — *Une
espièglerie d'Arlequin, ou l'Enlèvement nocturne*, vaud.,
par Maxime de Redon (Deschapelles) et Defresnoy, 1806.
— *Le nouvel Arlequiniana, ou etc. Lille*, Brocquel, s. d.
(1814), in-32. On y trouve les arlequinades suivantes en
prose : *Pierrot incrédule, le Désespoir d'Arlequin, le Fer-*

mier de Domfront, Arlequin ambassadeur, Arlequin apothicaire, Arlequin empereur dans la lune. — *Arlequin,* pant. angl. 5 a. et 11 tabl., *Beck,* 1842.

« Le type d'Arlequin est bergamasque ; importé en France par les troupes italiennes, il a subsisté au théâtre, tant qu'il s'est trouvé un bon acteur pour le jouer. Laporte, du Vaudeville, est le dernier Arlequin français. »

Dans le *Catalogue* de *l'Exposition théâtrale* avril-octobre 1908 organisée au Pavillon de Marsan par l'Union centrale des Arts décoratifs, on a reproduit p. 32 le portrait (No. 399) de Biancolelli (Giuseppe dit Dominique, né à Bologne en 1610, mort en 1688) appartenant à la collection de M. J. Sambon.

On peut ajouter à la liste ci-dessus les arlequinades suivantes tirées du même catalogue de la Bibliothèque de Soleinne :

Arlequin apprenti philosophe. Com. 3. (v. lib.) par Morand (c. à d. Berlin-Davesnes). *Vienne en Autriche, J. P. Van Ghelen,* 1752. (*Cat. Soleinne,* III, p. 157). — *Arlequin sauvage.* Com. 3 pr., par Delisle de la Drevetières. *Ch. Et. Hochereau,* 1722. (*Ibid.,* p. 156.) — *Le Divorce d'Arlequin et de Caroline,* com. ital. 3 (extrait). S. n., s. d. — *Caroline-Arlequin et Arlequin-Caroline,* com. ital. 3 (par Vernèse-Extrait). S. n., s. d. — *Les Funérailles d'Arlequin,* com. ital. S. n., s. d. (*Ibid.,* pp. 157/8). — *Le Retour d'Arlequin à la Foire,* divert. à la muette (suivi *d'Arlequin baron allemand, ou le Triomphe de la folie,* com. 3. pant. et vaud., le tout par Lesage, Fuzelier et d'Orneval. S. n. (*G. Valleyre*), 1712, in-12 (*Ibid.,* p. 173).

Au sujet du mot *Arlequin,* Chéruel (*Dict. hist. des Institutions... de la France,* I) écrit : « Ce nom, qui désigne encore aujourd'hui un des héros des farces populaires, se rattache aux légendes du moyen âge. Il vient probablement de l'allemand *Erl-Kœnig* (le roi des aunes), per-

sonnage fantastique, immortalisé par une ballade de
Goethe. D'*Erl-Kœnig,* on fit dans le latin du moyen âge
Erlechinus, Arlechinus, arlequin. Les traditions le représentent errant pendant les nuits avec une troupe de fan-
tômes, tous punis de leurs crimes. Un des plus curieux
récits de cette légende se trouve dans l'*Histoire* d'Orderic
Vital, qui écrivait au xiie siècle. Il raconte qu'un prêtre
du diocèse de Lisieux, nommé Gosselin, fut surpris pendant la nuit par la troupe fantastique et qu'il reconnut la
mesnie ou compagnie d'Herlequin. Le terrible fantôme
du moyen âge a eu le sort de la plupart des héros de
cette époque ; il a été travesti, ridiculisé par les poètes du
xvie siècle. M. Génin donne une autre origine d'*Arlequin* dans ses *Variations du langage français,* p. 451 et
suiv. Je ne la crois pas fondée. »

*
* *

Dans ses :

RECHERCHES || SUR || LES THEATRES || DE FRANCE, || De-
puis l'année onze cens soixante & un, || jusques à
present. || Par M. De Beauchamps || [fleuron] || *A
Paris,* || *Chez Prault, Pere, Quai de Gêvres,* || *au Pa-
radis.* || — M.DCC.XXXV. || *Avec Approbation & Privi-
lége du Roi,* 3 vol. pet. in-8.

Bib. nat., Inv. Yf. 1737-1739.

L'auteur consacre le paragraphe suivant à Lesage :

» 1707-1732.
...LE SAGE, de Paris, vivant en 1735.
Cesar Ursin, C. tirée de l'Espagnol en 5. actes, en prose,
représentée en 1707, non imprimée.

Crispin rival de son maître, C. en un acte, en prose, représentée en 1707, in-12. Paris, Pierre Ribou, appr. de M. de Fontenelle du 4. mars, priv. general.

Turcaret, C. en 5. actes, en prose, représentée en 1709. avec la critique, in-12, 1709. *Idem,* appr. de M. Danchet du 20 fevrier, pr. du 23.

La Tontine, C. en un acte, en prose, représentée le mercredi 20. fevrier 1732. non imprimée.

Je parlerai de ses autres pieces dans les chapitres de la comédie italienne, & de la foire.
Il a traduit en 1700. sous le titre du *Théatre Espagnol,* ou des meilleures comédies des plus fameux acteurs espagnols,
Le traître puni, C. & dom *Felix de Mandoce,* C. avec une préface, in-12, 1700. Paris, Jean Moreau, priv. du 27 novembre 1699. »

Dans son vol. III, pp. 331/9, Beauchamps a donné un chap. *Opera comique ou Theatre de la Foire* dans lequel il décrit l'édition de Ganeau, 1721, etc.

*
* *

Dans son ouvrage [No. 732], pp. 219-225, M. Barberet donne une *Table chronologique des pièces foraines de Lesage* dressée d'après les indications des collections manuscrites de la Bibliothèque nationale, nos. 25471 et 9314.
Voici d'après cette table les pièces inédites :

Les Petits-Maitres, Théâtre de la dame Baron, 19 sept. 1712.

Arlequin et Mézétin morts par amour, Théâtre de la dame Baron, 19 sept. 1712.

Arlequin gentilhomme malgré luy, Théâtre d'Octave, 3 fév. ou 17 mars 1716 (avec d'Orneval.)

Le Château des Lutins, Théâtre des Saint-Edme, Foire Saint-Germain, 1718.

Arlequin Orphée le Cadet, Ibid.

Les Filles ennuyées, Ibid.

Arlequin, valet de Merlin, Ibid.

L'Ombre de la Foire, Théâtre de Francisque, 3 fév 1720 (avec d'Orneval.)

L'Isle du Gougou, Ibid. (do.)
[Les deux dans le Ms. Challoup, de la Bib. du Roi, et dans le Ms. de Soleinne ; analysés, *L'Ombre de la Foire,* dans le *Dict. des Théâtres de France,* IV, 18 (Audiffret.), et *l'Ile du Gougou,* dans l'*Histoire de l'Opéra Comique,* II, 372..

L'Ombre d'Alard, Ibid., fév. 1721 (do.)

Magotin, Ibid., ibid. (do.)
[Ms. Challoup et Ms. Soleinne ; analysé dans le *Dict. des Théâtres de Paris,* III, 290 (Audiffret)].

Robinson, Ibid., ibid. (do.)

Arlequin Barbet, pagode et médecin, Foire S. Germain, Théâtre de Restier, 1723 (avec d'Orneval.)
[Mss. Challoup et de Soleinne. — Analyse *Dict. des Theatres de Paris,* I, 200.]

Les Captifs d'Alger	Mss. Challoup et de Soleinne. — Analyse des trois dans le *Dict. des Théâtres de Paris,* II, 56, IV, 30, et V, 479 ; et *l'Hist.* de *l'Opéra comique* de la 1re et de la 3e, II, 236 et 430.
La Toison d'Or	
L'Oracle muet	

La Pudeur à la Foire.

<table>
<tr><td>*La Matrone de Charenton*

Les Vendanges de la Foire</td><td>Mss. de Challoup et de Soleinne. — Analyse *Dict. des Théatres de Paris*, III, 348; IV, 276; VI, 66.</td></tr>
</table>

Toutes ces pièces, en collaboration avec d'Orneval, jouées en 1724, à la Foire Saint-Laurent, Théâtre de Dolet.

Les Débris de la Foire Saint-Germain.

Les Noces de Proserpine.

Ces deux pièces, en collaboration avec d'Orneval, jouées le 30 mars 1727, au Palais Royal.

Le Rival dangereux, 28 aout 1734.

Les deux Frères, 21 sept. 1734.

L'Histoire de l'Opéra comique ou *les Métamorphoses de la Foire,* 27 juin 1736.

Ces trois pièces par Lesage seul.

Les Vieillards rajeunis, avec Fromaget, 28 juin 1738.

Le Neveu supposé, par Lesage seul, 6 sept. 1738.

La Reine des Péris, avec d'Orneval (vers 1726), non jouée.

*
* *

M. Barberet écrit (1) p. 17 : « On peut trouver à la Bibliothèque nationale, sous le numéro 25. 471, le manuscrit ou plutôt les deux recueils manuscrits in-4° que l'auteur de la *Biographie universelle* de Michaut déclare y avoir inutilement cherchés. Ces deux recueils contiennent quatorze pièces foraines par Lesage et d'Orneval. Ils sont intitulés : *Pièces du Théâtre de la Foire, qui n'ont point été imprimées par MM. Lesage et d'Orneval,* et portent l'épigraphe suivante : *In memoriam carissimi amici d'Orneval De Challoup scripsit,* 1731, à Paris.

« Il y a mieux, la plupart de ces pièces existent en double dans un autre manuscrit de la Bibliothèque nationale (collection de M. de Soleinne, n° 9314). Ce recueil contient vingt-trois pièces foraines où figure le nom de Lesage, parmi lesquelles les premières et les dernières de cet auteur.

« Restent six pièces ou prologues, dont la disparition semble définitive (2). Elles étaient destinées à des danseurs de corde, et il y a lieu de croire que Lesage ne les a pas jugées dignes d'être conservées. »

*
* *

Au surplus, voici la description de ces deux manuscrits :

(1) M. Barberet aurait dû ajouter qu'Audiffret a écrit depuis (*Liste Chronologique,* pp. 114/5) : « Ce n'est que sur l'autorité de la Petite Bibliothèque des Théâtres que, dans l'Article *Le Sage* de la *Biographie Universelle,* nous avions cité ce manuscrit, que l'on ne put découvrir alors (1819). Il a été retrouvé depuis, et nous l'avons sous les yeux. »

(2) Ce sont : *Le Chateau des Lutins* (1718) ; *Arlequin Orphée le Cadet* (1718) ; *les Filles ennuyées* ; *Arlequin, valet de Merlir* (1718) ; *l'Ombre d'Alard* (1721) ; *Robinson* (1721.)

I

— Pieces du Théatre de la Foire qui n'ont point esté imprimées — Par Messieurs Le Sage et d'Orneval — On verra dans la page suivante le Catalogue des pieces contenuës dans ce volume. *In memoriam carissimi amici D'Orneval.* — De Challoup scripsit 1731. A Paris.

> Bib. nat., Ms. Fr. 25471, in-4, pp. 171 et 456.
>
> Contient :

Vol. 1.

Les Captifs d'Alger. Prologue en écriteaux. — Représenté par la troupe du Sieur Dolet a la foire St Laurent. 1724.

La Toison d'Or. Piece d'un acte en Ecriteaux. Représentée par la troupe du Sieur Dolet a la foire St Laurent. 1724.

L'Oracle Muet. Piece d'un acte en Ecriteaux. Représentée par la troupe du Sieur Dolet a la foire St Laurent. 1724.

La Pudeur a la Foire. Prologue en Ecriteaux — Représenté par la Troupe du Sieur Dolet a la Foire St Laurent. 1724.

La Matrône de Charenton — Piece d'un Acte en Ecriteaux. — Représentée par la troupe du Sieur Dolet a la Foire St Laurent. 1724.

Les Vendanges de la Foire. — Pièce d'un Acte en Ecriteaux — Représentée par la Troupe du Sieur Dolet a la
Foire St Laurent 1724.

Divertissement préparé pour le Roy au Voyage de
Chantilli 1724. — Par Messieurs Le Sage et d'Orneval
— Cette piece faulte de temps n'a pas esté représentée.
Le Roy ayant moins demeuré qu'on ne s'y estoit attendû.

La Reine des Péris — Parodie de l'Opera de ce nom —
Par Messieurs Le Sage et d'Orneval.

Vol. 2.

Arlequin Gentilhomme malgré luy. Ou l'amant supposé.
Comédie en trois actes. Par M^rs Le Sage et d'Orneval.
Représentée pour la premiere fois par la Troupe italienne
du Sr Octave. Le 3e Fevrier 1716.

L'Ombre de la Foire. Prologue en Monologue. Représenté par la Troupe du Sieur Francisque a la Foire
St Germain. 1720.

L'Isle de Gougou. Piece en deux Actes en Monologue.
Representée par la troupe du Sieur Francisque a la Foire
St Germain. 1720.

Magotin. Piece d'un Acte meslée de Vaudevilles — Par
M^rs Le Sage et d'Orneval. — Représentée par la troupe
du Sieur Francisque. A la Foire de St Germain, 1721.

Arlequin Barbet, Pagode et Médecin. Piece chinoise de
deux Actes en Monologue. Par M^rs Le Sage et d'Orneval.
Représentée par la Troupe du Sieur Restier a la Foire
de St Germain. 1723.

Les Trois Commères. Piece en trois Actes. Représentée
par la troupe du Sieur Restier — A la Foire St Germain
1723. Par Messieurs Le Sage et d'Orneval.

L'Arbitre des Différents. Comédie en trois actes avec un Prologue — Par M^rs Le Sage et d'Orneval. Représenté pour la première fois par les Comédiens Italiens du Roy a l'hostel de Bourgogne le Dixième Avril 1725.

II

Collection de Soleinne, 73.

Bib. nat., Ms. Fr. 9314, in-fol.

Contient :

Les Petits Maîtres, Divertissement par Écriteaux. Représenté a la foire de St Laurent 1712. Par M^r Le Sage.

Arlequin et Mézétin morts par Amour. Pièce par Écriteaux. Representée à la foire de St Laurent 1712. 19 sept.

Arlequin Gentilhomme malgré luy. Opera comique en trois actes avec Divertissements. Representé a la foire St Germain 1716. 27 mars. Par MM. Le Sage et Dorneval.

L'Ombre de la Foire. Prologue en Monologue. Par M^rs Le Sage et d'Orneval. Représenté par la troupe du Sr Francisque a la foire de Saint-Germain, 3 février 1720.

L'Isle du Gougou :…

Magotin…. février 1721.

Prologue du Jeune Vieillard, Comedie représentée sur le theatre italien de la foire le 25 juillet 1722. Par MM. Le Sage et d'Orneval et Fuzelier.

Arlequin Barbet, Pagode et Médecin….

Les Captifs d'Alger....

La Conquête de la Toison d'or....

L'Oracle Muet....

La Pudeur a la Foire....

La Matrone de Charenton....

Les Vendanges de la Foire....

L'Arbitre des différends. [Prologue]...

La Reine des Péris. Parodie de l'Opera de ce nom. Par M^{rs} Le Sage et d'Orneval. — Faite pour être représentée sur le theatre de l'Opera comique de la foire composé vers 1726. Non jouée.

Les Debris de la Foire Prologue et *les Noces de Proserpine.* Pièce en un acte par Mr Dorneval.

Le Rival Dangereux. Opéra comique en un acte avec un divertissement. Représenté a la foire St Laurent. 1734. 28 aoust. Par M. Lesage.

Les Deux freres. Opera Comique en un acte, avec un divertissement representé à la foire St Laurent 1734. 21 sept. Par M. Le Sage.

L'Histoire de l'Opéra Comique ou, Les Métamorphoses de la foire. Opéra comique en quatre actes avec un Prologue. Par MM. Lesage et Panard. Foire St Laurent 1736, 27 juin.

Les Vieillards rajeunis. Opera comique. Représenté a la foire St Laurent le 28 juin 1738. Par Mrs Lesage et Fromaget.

Le Neveu supposé. Opera Comique. Piece d'un acte. Foire St Laurent 1738. Par Mr Lesage.

Ce Ms. est marqué sous le titre de Théâtre inédit de Lesage dans le *Catalogue de la Bibliothèque dramatique de M. de Soleïnne*, III, 1844.

727. — OEUVRES CHOISIES DE LE SAGE. *A Amsterdam,* 1783. [Voir No. 1, T. XII, XIII, XIV, XV.]

728. — OEUVRES CHOISIES DE LE SAGE. *Paris,* 1810. [Voir No. 2, T. XIII, XIV, XV, XVI.]

729. — THÉATRE DE LA FOIRE. Recueil de Pieces Représentées aux foires Saint-Germain et Saint-Laurent précédé d'un essai historique sur les Spectacles forains par Eugène d'Auriac. *Paris, Garnier frères,* 1878, in-12, pp. 492 + 1 f. n. ch. p. l. tab.

Essai historique sur les Spectacles forains. — *Les Forces de l'Amour et de la Magie,* divertissement comique en trois intermèdes. — *Arlequin, roi de Serendib,* pièce en trois actes, de Lesage. — *La Ceinture de Vénus,* pièce en deux actes, avec un divertissement, par Lesage. — *Le Temple du Destin,* pièce en un acte, par Lesage. — *Arlequin Traitant,* opéra comique en trois actes, en prose et en vaudevilles, par Dorneval. — *Les Amours de Nanterre,* opéra comique en un acte, par Autreau, Lesage et Dorneval. — *La Forêt de Dodone,* pièce en un acte, par Fuzelier, Lesage et Dorneval. — *Le Rémouleur d'Amour,* pièce en un acte, par Lesage, Fuzelier et Dorneval. — *Les Comédiens Corsaires,* prologue par Lesage, Fuzelier et Dorneval. — *Les Amours déguisés,* pièce en un acte, par Lesage et Dorneval. — *Achmet et Almanzine,* pièce en trois actes, par Lesage et Dorneval.

Bib. nat., Inv. Yf. 11906.

730. — Le Théâtre de la Foire la Comédie italienne et l'Opéra-comique Recueil de pièces choisies Jouées à la fin du XVIIe siècle aux premières années du XIXe siècle avec étude historique, notes et table chronologique par Maurice Drack. — Première série 1658 à 1720. — *Paris, Firmin Didot,* 1889, in-12, pp. 433 + 1 f. n. ch. p. l. tab.

Histoire des théâtres de la Foire, première période, 1678-1720. — *Les Forces de l'Amour et de la Magie,* 1678. — *Le Divorce,* 1688. — *La Coquette,* 1691. — *La Foire Saint-Germain,* 1695. — *Arlequin, roi de Serendib,* 1713. — *La Ceinture de Vénus,* 1715. — *Le Temple du Destin,* 1715. — *Arlequin traitant,* 1716. — *Les Amours de Nanterre,* 1718. — *Œdipe travesti,* 1719. — Table chronologique des pièces representées sur la scène de la Comédie italienne et sur les Théâtres de la Foire de 1658 à 1720.

Bib. nat., 8° Yf 443.

« La Foire Saint-Laurent, établie sur les terrains de l'enclos Saint-Lazare, s'étendait dans l'espace compris entre les rues du Faubourg Saint-Denis et du Faubourg Saint-Martin, au-dessus de l'église Saint-Laurent, à peu près sur les terrains où se trouve installée aujourd'hui la gare du chemin de fer de l'Est.

. . . .

« La Foire Saint-Laurent durait trois mois et s'ouvrait, dans la plus belle saison de l'année, du 28 juin au 29 septembre.

. . . .

« La Foire Saint-Germain, établie sur les dépendances de l'abbaye Saint-Germain des Prés, était de toutes les foires la plus ancienne, car il en est déjà fait mention dans une charte de 1176.

« A partir du quinzième siècle elle fut fixée définitivet
ment au mois de février. Elle s'ouvrait au commencemen-
de ce mois, le lendemain de la Chandeleur et se prolon-
geait jusqu'au dimanche des Rameaux, ne prenant fin
qu'à la semaine sainte.

. . . .

« Elle occupait l'emplacement dont le Marché Saint-
Germain tient aujourd'hui une notable partie et, des
abords de Saint-Sulpice et de la rue de Tournon, descen-
dait aux environs du carrefour où la rue de Buci coupe
de la sorte la rue de Seine. »

(Pages 3-4.)

731. — Liste chronologique des pièces que Le Sage
a composées seul ou en société avec d'autres auteurs, pour les théatres de la Foire depuis 1712
jusqu'en 1738. (Œuvres de Le Sage, *Renouard*,
1821, Notice d'Audiffret, pp. 111/128).

Voir No. 4.

732. — Lesage et le Théatre de la Foire. — Thèse
présentée à la Faculté des Lettres de Paris par
V. Barberet Agrégé des Lettres, Professeur au Lycée
de Dijon. — *Nancy, Paul Sordoillet,* 1887, in-8,
pp. 266.

Voir pages 219-225, Table chronologique des pièces
foraines de Lesage.

Bib. nat., 8° Yf — 318.

Crispin rival de son maître.

733. — 1. — Crispin || rival || de son Maître. || Co-
medie. || Par Monsieur Le S**. || Le prix est de dix-
huit sols. || *A Paris,* || *Chez Pierre Ribou, sur le* ||
Quay des Augustins, à la descente du || *Pont-Neuf, à*
l'Image S. Loüis. || — mdccvii. || *Avec Approbation*
& Privilege du Roy. in-12, pp. 80 + 1 f. n. ch. p.
l. priv.

> Priv. accordé à Le Sage, pour trois années, daté 8 mai
> 1707, et cédé à Pierre Ribou.

> Edition originale.

> Fac-simile dans Cat. Guy Pellion et Jules Le Petit,
> p. 479, qui cite les prix : Vente Guy Pellion (505), m. r.,
> *Lortic,* 310 fr. — Bul. Morgand (1887), mar. v., *Trautz,*
> 200 fr.

> Bib. nat., Inv. YTh. 4251. — Yf. 7694. — Bib. J.
> de Rothschild (1300).

734. — 2. — Crispin, rival de son maistre. Comedie.
Par M^r. Le Sage. (*Théâtre françois, ou Recueil des*
meilleures pièces de Théâtre, XI, *A Paris,* 1737,
in-12, pp. 541/616.)

> Bib. nat., Inv. Yf. 5170.

735. — 3. — Recueil des pieces par M. le Sage, 1739,
[Voir No. 703.]

736. — 4. — ŒUVRES DE THÉATRE, 1774. [Voir No. 704.]

737. — 5. — ŒUVRES CHOISIES DE LE SAGE. *A Amsterdam*, 1783. [Voir No. 1, T. XI.]

738. — 6. — CRISPIN, || RIVAL || DE SON MAITRE, || Comédie || Par Monsieur Le Sage. || Nouvelle Edition. || *A Paris,* || *Chez Delalain, rue & à côté de la Comédie* || *Françoise.* || — M.DCC.LXXXIV. || *Avec Approbation & Privilege du Roi.* || in-8, pp. 36 [ch. 35 par erreur].

Bib. nat., Inv. YTh. 4254.

739. — 7. — CRISPIN, || RIVAL || DE SON MAITRE. || Comédie. || — Nouvelle édition. || — *A Londres :* || *Chez T. Hookham, Libraire, dans Bond* || *Street.* || M.DCC.LXXXVI, in-8, pp. 59.

Forme la deuxième pièce du Tome VII du : RECUEIL DES PIÈCES DE THÉATRE, lues Par Mr. Le Texier, en sa maison, Lisle Street, Leicester Fields. *A Londres : Chez T. Hookham, Libraire, dans Bond-street, au Coin de Bruton-street.* MDCCLXXXVII.

Bib. nat., Inv. Yf. 6168.

740. — 8. — CHEF-D'ŒUVRES, 1789. [Voir No. 705.]

741. — 9. — CRISPIN, RIVAL DE SON MAISTRE, comédie

en un acte, en prose ; Représentée par les Comédiens François ordinaires dn Roi, le 12 Mars 1707,
s. l. n. d., in-12, pp. 72.

Bib, nat., Inv. YTh. 4252.

742. — 10. — Crispin rival de son maitre, Comédie
en un acte. *S. l. n. d.*, in-12, pp. 67.

Bib. nat., Inv. Yth 4253.

743. — 11. — Crispin rival de son Maitre, Comédie
en un acte et en prose, de Le Sage, Représentée
pour la premiere fois le 15 mars 1707. (*Répertoire
du Théâtre françois...* Par M. Petitot. — XIX,
Paris, mdccciv, in-8, pp. 1/75.)

Bib. nat., Inv. Yf. 5214.

744. — 12. — OEuvres choisies de Le Sage. *Paris,*
1810. [Voir No. 2, T. XII.]

745. — 13. — Crispin rival de son maitre, Comédie,
Par Le Sage, Représentée, pour la première fois, le
15 mars 1707. (*Répertoire général du Théatre français,* xxxviii, Second ordre, *A Paris, Chez Ménard et
Raymond,* 1813, in-12, pp. 5/72.)

Notice sur Le Sage.

Bib. nat., Inv. Yf. 5256.

746. — 14. — OEUVRES CHOISIES, 1813. [Voir No. 706.]

747. — 15. — CRISPIN RIVAL DE SON MAITRE, Comédie en un acte et en prose, de Le Sage, Représentée, pour la première fois, le 15 mars 1707. (*Répertoire du Théatre françois... Par M. Petitot. Nouvelle édition. xx. Paris, Foucault,* 1818, in-8, pp. 421/486.)

Bib. nat., Inv. Yf. 5669.

748. — 16. — CRISPIN RIVAL DE SON MAITRE, Comédie, par Le Sage, Représentée pour la première fois, le 15 mars 1707. (*Répertoire général du Théatre français,* T. 58, *Paris, H. Nicolle,* MDCCCXVIII, in-12, pp. 83/154.)

Bib. nat., Inv. Yf. 5327. — Voir No. 751.

749. — 17. — CRISPIN RIVAL DE SON MAITRE, Comédie en un acte, de Le Sage ; Représentée, pour la première fois, par les Comédiens ordinaires du Roi, le samedi 12 mars 1707. Nouvelle édition, conforme à la représentation. — Prix : 1 fr. 50 cent. — *A Paris, Chez Barba, Libraire, au Palais-Royal, derrière le Théâtre Français,* n° 51, 1819, in-8, pp. 43.

Imprimerie de Fain, Place de l'Odéon.

Bib. nat., Inv. Yth. 4255.

750. — 18. — Crispin || Rival de son Maitre, '|
Comédie en un acte, || de Le Sage ; || Représentée,
pour la première fois, par les Comédiens || ordi-
naires du Roi, le samedi 12 mars 1707. || Nouvelle
Édition, || conforme a la représentation. || Prix :
1 fr. 50 cent. || *A Paris,* || *Chez Barba...* 1819,
in-8, pp. 43.

Bib. Nat., Yth. 4255.

751. — 19. — Crispin rival de son maitre, Comédie,
Par Le Sage, Représentée, pour la première fois, le
15 mars 1707. (*Répertoire général du Théatre français,* T. 58, *A Paris, Chez Théodore Dabo,* 1821,
in-12, pp. 83/154.)

Bib. nat., Inv. Yf. 5394. — Voir No. 748.

752. — 20. — Théatre, 1821. [Voir No. 707.]

753. — 21. — Théatre choisi, 1821. [Voir No. 708.]

754. — 22. — Oeuvres de Le Sage. *A Paris,* 1821.
[Voir No. 4, T. XI.]

755. — 23. — Oeuvres de Le Sage. *A Paris,* 1823.
[Voir No. 5.]

756. — 24. — Chefs-d'œuvre, 1824. [Voir No. 709.]

757. — 25. — Oeuvres de A. René Le Sage. 1828. [Voir No. 6, T. XI.]

758. — 26. — Oeuvres de Boissy, 1828. [Voir No. 710.]

759. — 27. — Théatre, 1828. [Voir No. 711.]

760. — 28. — Théatre, 1829. [Voir No. 712.]

761. — 29. — Théatre, 1830. [Voir No. 713.]

762. — 30. — Oeuvres choisies, 1830. [Voir No. 714.]

763. — 31. — Crispin rival de son maitre. Comédie en un acte — 1707. (*Répertoire du Théatre français. — Second Ordre. — Boissy. — Le Sage. — Marivaux. — Paris, Bazouge-Pigoreau,* 1834, in-16, pp. 93/143.)

    Bib. nat., Inv. Yf. 5634.

764. — 32. — Oeuvres de Lesage. *Paris,* 1838. [Voir No. 7.]

765. — 33. — Le Sage. — Crispin Rival de son Maitre, Comédie. — 1707. — Turcaret, Comédie en cinq actes et en prose. Pet. in-8, pp. 130.

    Dans le T. III, des *Chefs-d'œuvre des Auteurs comiques, Paris, Firmin Didot,* 1845.

766. — 34. — Théatre choisi, 1853. [Voir
No. 716.]

767. — 35. — Oeuvres de Lesage. *Paris,* 1857. [Voir
No. 8.]

768. — 36. — Bibliothèque nationale, 1869. [Voir
No. 717.]

769. — 37. — Turcaret, 1878. [Voir No. 718.]

770. — 38. — Oeuvres, 1879. [Voir No. 719.]

771. — 39. — Théatre, 1879. [Voir No. 720.]

772. — 40. — Lesage. — Crispin rival de son maitre.
Comédie en un acte et en prose avec introduction
littéraire par Charles Simond. *Paris, Henri Gautier,*
s. d., in-16, pp. 32.

> *Nouvelle Bibliothèque Populaire à 10 cent.,* No. 189.

> Angers, Imp. Burdin.

> Bib. nat., 8° Z 10658.

773. — 41. — Bibliothèque nationale, 1894. [Voir
No. 721.]

774. — 42. — Bibliothèque nationale, 1895. [Voir No. 722.]

775. — 43. — Bibliothèque nationale, 1898. [Voir No. 723.]

776. — 44. — Bibliothèque nationale, 1905. [Voir No. 724.]

*
* *

Voir l'article *Crispin* dans le *Grand Dictionnaire* de Larousse ; il analyse *Crispin médecin,* de Hauteroche ; *Crispin bel-esprit,* de l'abbé Abeille ; *Crispin rival de son maître.*

*
* *

Le Catalogue de la Bibliothèque dramatique de M. de Soleinne, III, 1844, renferme (No. 3235) un certain nombre de pièces de théatre sur les Crispins :

Crispin gentilhomme, ou l'Enfant retrouvé, com. de Montfleury réduite à 3 .v. (par Collé), 1770. — Crispin précepteur, com. par La Tuillerie (l'abbé G. Abeille), 1680. — Les Grisettes, ou Crispin chevalier, com. (par Chevillet de Champmeslé), 1683. — Crispin bel esprit, com. par La Tuillerie (Abeille), 1705. — Crispin médecin, com., par (Lebreton) de Haute-Roche. — Crispin musicien, com., par le même, 1674. — Crispin rival de son maître, com., par Lesage, 1707. — Le Naufrage, ou la.Pompe funèbre de Crispin, com., par D. L. F. (De Lafont), 1710. — Crispin devenu riche, ou l'Agioteur puni, com. 5 .v. (par Mayet). S. n., 1789. — Crispin amoureux, com. par Delon, 1780. — Crispin tout seul, scène com. mêl. de vaud., par H. Pessey. Barba 1802.

A cette énumération était ajoutée cette note : « Nous ignorons le créateur du type de *Crispin*, mais nous attribuons le choix de son surnom à un souvenir de la satire d'Horace : *Ecce iterum Crispinus*, plutôt qu'à une analogie quelconque avec le verbe *crisper*. »

Littré donne comme étymologie : « Lat. *Crispinus*, nom propre, dérivé de *crispus*. Hauteroche et Regnard ont plusieurs fois employé ce personnage. Poisson, comédien célèbre, en détermina le caractère. »

Imitations et Traductions.

777. — Neck or Nothing, a Farce in two Acts. As it is performed at the Theatre Royal in Drury-lane. *London : Printed for T. Becket and Co. near Surry-Street, in the Strand.* MDCCLXVI. [Price One Shilling], in-8, pp. 38.

Par David Garrick.

British Museum, 643. i. 2/4.

778. — Neck or Nothing. A Farce in two Acts. As it is performed at the theatre-royal in Drury-Lane.

Aude aliquid brevibus Gyaris, & carcere dignum,
  Si vis esse aliquis. —
A new edition. *London : Printed for T. Becket, in the Strand.* MDCCLXXIV. [Price One shilling].. in-8, pp. 39 + 1 f. pour l'av. et les personnages.

> — « Trifling as it is, the following Farce is an imitation of the *Crispin Rival de Son Maitre* of Le Sage. » [Advertisement.]

Par Garrick,

British Museum, 643. i. 6/3.

779. — *DRÄNGEN SIN HERRES RIVAL, kom. 1 a. af Le Sage (*Crispin rival de son maître*). Traduction.

> Représenté au Théâtre *Humlegården* 5 fois du 20 mai 1778 au 8 sept. 1780 ; 6 fois au Théâtre *Eriksberg* du 30 mai 1781 au 13 mai 1784 ; au Théâtre de Munkbron, le 25 août 1785 ; avec le titre *Crispin sin herres rival,* 4 fois du 30 nov. 1798 au 18 fév. 1800, au Théâtre *Arsenalen,* en tout 16 fois.

Dahlgren, 457.

780. — IL FURBO CONTRO IL FURBO, or Diamond cut Diamond : a comic opera, In Two Acts, as represented at the King's Theatre, in the Hay-Market with additions and alterations, by S. Buonaiuti. The Music by Fioravanti. The second edition curtailed. *London : Printed by Brettell & Co... and sold at M. Zotti's...*

1808, Price two shillings (and no more), in-8,
pp. 87.

« The Plot is taken from Le Sage's « Crispin Rival de
son Maitre ». (*Sketch of the Fable*)

Texte Italien et anglais.

British Museum, 1777. b. 9/3.

*
* *

781. — « *Crispin rival de son Maître*, Opéra-comique
en deux actes, livret arrangé d'après la comédie de Le
Sage, musique de M. Sellenick, représenté au Théâtre-
Lyrique, le 1ᵉʳ septembre 1860. Interprètes : Fromant,
Wartel, Balanqué, Mˡˡᵉˢ Faivre et Durand. Trop d'esprit
dans le livret ; pas assez de ces situations morales qui
seules conviennent à la musique. Cervantes, Le Sage,
Balzac ne valent pas, pour un compositeur, un Zeno. un
Métastase, ni même un Lorenzo da Ponte... ». (*Diction-
naire lyrique...* par Félix Clément... et Pierre Larousse...)

Turcaret.

Représenté le 14 février 1709.

782. — I. — Turcaret. || Comedie. || Par Monsieur
Le Sage. || Le prix est de vingt sols. || [Fleuron] ||
A Paris, || *Chez Pierre Ribou, sur le Quay* || *des Au-
gustins, à la Descente du Pont* || *Neuf, à l'Image*
S. Loüis. || —M.DCC.IX. || *Avec Approbation, & Privi-*

lege du Roy. in-12, pp. 166 + 8 ff. n. ch. p. le priv. et la Critique,

> Priv. du 23 fév. 1709, accordé à Pierre Ribou, pour trois ans...

> Facsimile dans le cat. Guy Pellion (506), mar. r., *Cuzin*, 300 fr., et dans Jules Le Petit, p. 480, qui cite les prix suivants : Bul. Morgand (1881), ex. dérelié, 300 fr., (1887), mar. v., *Trautz*, 400 fr., vente Lessore (1882), veau, 70 fr.

> Bib. nat., Inv. Yf. 7695. — Bib. J. de Rothschild (1302).

« Les admirateurs de Lesage et tous ses biographes, notamment le consciencieux Audiffret, accusent l'hiver de 1709 d'avoir interrompu les représentations de *Turcaret*, à la septième, en « faisant fermer le théâtre ». C'est une erreur. Le théâtre ferma le 13 janvier, et du 14 au 23, mais il rouvrit le 24, pour ne plus fermer. Or la première de *Turcaret* est du 14 février. L'hiver est donc innocent. Il l'est d'autant plus qu'à vrai dire l'échec de *Turcaret* fut très mitigé, si même il y eut échec. Qu'on en juge.

« La pièce fit, à la septième et dernière représentation, une recette de 653 livres 4 sols. Voilà le fait, mais pour l'interpréter, il faut consulter les mœurs théâtrales du temps.

« Si l'on prend la moyenne des représentations et des recettes des comédies jouées au Théâtre Français pendant une douzaine d'années avant 1709, on constate d'abord que sept représentations donnent un chiffre honnête pour l'époque.

. . . .

« Turcaret eut neuf représentations, du 13 au 29 mai 1730, et dix-huit pour l'année théâtrale de 1730 à 1731,

avec une triomphante recette de 1 037 livres le 24 mai. »
(Lintilhac, pages 72-3, 76.)

783. — 2.. — TURCARET, || Comedie. || Par Monsieur
Le Sage. || Le prix est de trente sols. || [fleuron || *A
Paris,* || *Chez la Veuve de Pierre Ribou,* || *rue & vis-
à-vis la Comedie Françoise,* || *à l'Image Saint Louis.*
|| M. DCC.XXXV. || *Avec Approbation & Privilége du
Roy.* in-12, pp. 116.

> B. N., Inv. Y.Th. 17750.

> P. 3-6, 113-116 : *Critique de la Comédie de Turcaret,
par le Diable Boiteux.*

> On lit au bas de la dernière page : « Le Privilége pour
l'impression de la Comédie de *Turcaret* & de sa *Critique,*
a été accordé à Pierre Ribou, le 23 Février 1709, & registré sur le Livre de la Communauté le premier de
Mars suivant. Et la réimpression de cette Comédie a été
permise à la veuve dudit Pierre Ribou, comme faisant
partie du Théâtre François, dont elle a obtenu le Privilège général le 19 Aout 1734, registré le deux Octobre
de la même année. »

784. — 3. — TURCARET. Comedie. Par M^r. Le Sage.
(*Theâtre françois, ou Recueil des meilleures pièces de
Théâtre,* XI, *A Paris,* 1737, in-12, pp. 367/540.)

> Avec la *Critique.*

> Bib. nat., Inv. Yf. 5170.

785. — 4. — RECUEIL DES PIECES... par M. le Sage,
1739. [Voir No. 703.]

786. — 5. — Turcaret, || Comedie || en cinq actes. ||
Par M^r. Le Sage. || [Fleuron]. || *A Paris,* || *Chez*
Gandouin, Quai des Augustins. || m.dcc.l. || *Avec*
Approbation & Privilége du Roi. || in-8, pp. 100.

Bib. nat., Inv. Y.Th. 17756.

787. — 6. — Œuvres de Théatre, 1774. [Voir No.
704.]

788. — 7. — Turcaret, Comedie. Par M^r. Le Sage.
in-12, pages 368 à 540.

Bib. nat., Inv. YTh. 17754.

789. — 8. — Œuvres choisies de Le Sage. *A Ams-*
terdam, 1783. [Voir No. 1, T. XI.]

790. — 9. — Chef d'œuvres, 1789. [Voir No. 705.]

791. — 10. — Turcaret, || Comédie || en cinq actes ;
|| Représentée pour la première fois, en 1709. ||
S. l. n. d., in-12, pp. 167.

Bib. nat., Inv. YTh. 17753.

792. — 11. — Turcaret, Comédie en cinq actes et
en prose, de Le Sage, Représentée pour la première
fois le 14 février 1709, (*Répertoire du Théâtre fran-*

çois..., Par M. Petitot, X, *de l'Imp. de P. Didot l'aîné, Chez Perlet,* m.dccciv, in-8, pp. 283/442.)

> Notice sur Le Ságe. — Acteurs. — Examen de *Turcaret.*

> Figure de Perin, gravée par Godefroy fils, sous la direction de Gault de St Germain.

> Bib. nat., Inv. Yf. 5205.

793. — 12. — Œuvres choisies de Le Sage. *Paris,* 1810. [Voir No. 2, T. XII.]

794. — 13. — Turcaret, Comédie, par Lesage, Représentée, pour la première fois, le 14 février 1709. (*Répertoire général du Théatre français,* xxxviii, Second ordre, *A Paris, chez Ménard et Raymond,* 1813, in-12, pp. 73/207.)

> Bib. nat., Inv. Yf. 5256.

795. — 14. — Œuvres choisies, 1813. [Voir No. 706.]

796. — 15. — Turcaret, Comédie en cinq actes et en prose, de Le Sage, Représentée, pour la première fois, le 14 février 1709. (*Répertoire du Théatre françois...,* Par M. Petitot. Nouvelle édition. X, *Paris, Foucault,* 1817, pp. 257/398.)

> Ut supra. — L'*Examen,* le même qu'en 1804 qui n'était pas signé, est signé (T. L.).

> Bib. nat., Inv. Yf. 5.659.

797. — 16. — Turcaret, Comédie, par Le-Sage, Re-
présentée, pour la première fois, le 14 février 1709.
(*Répertoire général du Théatre français... T. 58,
Paris, H. Nicolle,* mdcccxviii, in-12, pp. 155/294.)

Bib. nat., Inv. Yf. 5327.

798. — 17. — Turcaret, Comédie, Par Le-Sage,
Représentée, pour la première fois, le 14 février
1709. (*Répertoire général du Théalre français,
T. 58, A Paris, chez Théodore Dabo,* 1821, in-12,
pp. 155/294.)

Bib. nat., Inv. Yf. 5394.

799. — 18. — Théatre, 1821. [Voir No. 707.]

800. — 19. — Théatre choisi, 1821. [Voir No. 708.]

801. — 20. — Œuvres de Le Sage. *A Paris,* 1821.
[Voir No. 4, T. XI.]

802. — 21. — Œuvres de Le Sage. *A Paris,* 1823.
[Voir No. 5.]

803. — 22. — Chefs-d'œuvre, 1824. [Voir No. 709.]

804. — 23. — Turcaret, Comédie en Cinq Actes ;

par Lesage. —Prix : 40 cent. — *A Paris, chez l'Editeur, rue Richelieu*, n° 87-1826, in-32, pp. 96.

Imprimerie de Marchand du Breuil, rue de la Harpe, n° 80.

Bib. Nat., Inv. Y.Th. 17757.

805. — 24. — ŒUVRES DE A. RENÉ LE SAGE. *A Paris,* 1828. [Voir No. 6, T. XI.]

806. —25. —ŒUVRES DE BOISSY, 1828. [Voir No. 710.]

807. — 26. — THÉATRE, 1828. [Voir No. 711.]

808. — 27. — THÉATRE, 1829. [Voir No. 712.]

809. — 28. — THÉATRE CHOISI, 1830. [Voir No. 713.]

810. — 29. —ŒUVRES CHOISIES, 1830. [Voir No. 714.]

811. — 30. — TURCARET, Comédie en Cinq Actes. — 1709. (*Répertoire du Théatre français.* — Second Ordre. — Boissy. — Le Sage. — Marivaux. — *Paris, Bazouge-Pigoreau*, 1834, pp. 145/245.)

Bib. nat., Inv. Yf. 5634.

812. — 31. — ŒUVRES DE LESAGE. *Paris*, 1838. [Voir No. 7.]

8i3. — 32. — CHEFS D'ŒUVRE, 1845. [Voir No. 715.]

8i4. — 33. — THÉATRE CHOISI, 1853. [Voir No. 716.]

8i5. — 34. — ŒUVRES DE LESAGE. *Paris,* 1857. [Voir No. 8.]

8i6. — 35. — BIBLIOTHÈQUE NATIONALE, 1869. [Voir No. 717.]

817. — 36. — Le Sage. — TURCARET Comédie en cinq actes réimprimée sur la première édition, 1709 et précédée d'une notice par F. de Marescot. *Paris Librairie des Bibliophiles Rue Saint-Honoré,* 338- MDCCCLXXII, in-16, pp. XII-161 + 1 f. n. ch.

> On lit au verso du faux-titre :
>
> « Il a été fait un tirage spécial de :
> 25 exemplaires sur papier de Chine (nos 1 à 25).
> 25   —   sur papier Whatman (nos 26 à 5o).
> ___
> 5o exemplaires numérotés. »
>
> A la fin, verso d'un f. n. ch. : Imprimé par D. Jouaust pour la collection des *Petits chefs d'œuvre* Mars 1872.
>
> Bib. nat., Inv. Réserve Yf. 4524.

818. — 37. — CHEFS-D'ŒUVRE DRAMATIQUES DU XVIIIᵉ SIÈCLE ou Choix des pièces les plus remarquables de Regnard, Lesage, Destouches, Beaumarchais, Mari-

vaux, etc. Edition ornée de portraits en pied coloriés dessinés Par M. Geffroy, Sociétaire de la Comédie française et précédés d'une notice sur chaque auteur par Jules Janin de l'Académie française. *Paris, Laplace, Sanchez et C*^{ie}*, s. d.* [1872], 2 vol. in-12.

I. — Le Sage. — *Turcaret,* pp. 357/444.

Bib. nat., Inv. Yf. 8596-8597.

Il y a une éd. en un vol. gr. in-8, br., 18 fr.

819. — 38. — TURCARET, 1878. [Voir No. 718]

820. — 39. — ŒUVRES, 1879. [Voir No. 719]

821. — 40. — THÉATRE, 1879. [Voir No. 720]

822. — 41. — Le Sage. — TURCARET. — Cinq dessins de Valton gravés par Gaujean. — *Paris, Maison Quantin, s. d.* [1886], in-12, pp. 172.

Bib. nat., Inv. Y.Th. 22258.

50 ex. numérotés sur papier du Japon. — Fait partie de la *Petite Bibliothèque de poche.*

823. — 42. — BIBLIOTHÈQUE NATIONALE, 1894. [Voir No. 721]

824. — 43. — BIBLIOTHÈQUE NATIONALE, 1895. [Voir No. 722]

825. — 44. — Bibliothèque nationale, 1898.]Voir
No. 723]

826. — 45. — Bibliothèque nationale, 1905. [Voir
No. 724]

*
* *

827. — *Turcaret, comédie en cinq actes de Le
Sage, traduite par C. Envallsson.

> Représenté 13 fois, six au Théâtre Eriksberg du
> 16 mars au 11 oct. 1784, et sept au Théâtre de Munk-
> bron, du 13 déc. 1784 au 16 janvier 1788.

> Dahlgren (1), 2402.

Divers.

La Tontine.

> Cette pièce reçue à la Comédie-Française en 1708, ne
> fut jouée que le 20 février 1732 ; elle eut cinq représen-
> tations :

> Mercredy 20 février 1732, *Agrippa* et première repré-
> sentation de *la Tontine* : 966 livres 10 sols.
> Vendredi 22 : 593 livres.

(1) Förteckning öfver Svenska Skådespel uppförda på Stock-
holms Theatrar 1737-1863 och Kongl. Theatrarnes Personal
1773-1863 met flera Anteckningar af F. A. Dahlgren. *Stockholm*, 1866, *Norstedt*, pet. in-8.

Dimanche 24 : *Agrippa, la Tontine, le Magnifique* : 1027 livres 10 sols.

Mardy 26 : *Bourgeoises de qualité, Tontine, Pourceaugnac:* 511 livres.

Jeudy 28 : *Comte d'Essex, Tontine* : 223 livres 10 sols (*Registres de la Comédie-Française*).

Cf. Léo Claretie, Préface d'*Arlequin Colonel* et *Revue des Provinces de l'Ouest*, 19 mai 1892.

828. — 1. — Recueil des pièces... par M. Le Sage. [Voir No. 7o3.]

829. — 2. — Oeuvres de Théatre, 1774. [Voir No. 7o4.]

83o. — 3. — Oeuvres choisies de Le Sage, *A Amsterdam*, 1783. [Voir No. 1, T. XI.]

831. — 4. — Oeuvres choisies de Le Sage. *Paris*, 1810. [Voir No. 2, T. XII.]

832. — 5. — Oeuvres choisies, 1813. [Voir No. 706.]

833. — 6. — Oeuvres de Le Sage. *A Paris*, 1821. [Voir No. 4, T. XII.]

834. — 7. — Oeuvres de A. René Le Sage. *A Paris*, 1828. [Voir No. 6, T. XII.]

835. — 8. — Théatre, 1828. [Voir No. 711.]

836. — 9. — Oeuvres choisies, 183o. [Voir No. 714.]

837. — 10. — Oeuvres, 1879. [Voir No. 719.]

838. — Le Sage. — Arlequin Colonel Opéra-comique
en deux actes publié par H. de Rothschild Préface
de Leo Claretie — *Paris, Calmann Lévy,* 1893,
gr. in-8 carré, pp. viii-48.

Imprimerie Lahure, rue de Fleurus, 9, Paris.

Nous tirons de la Préface les renseignements suivants :

« Audiffret, dans sa liste chronologique des œuvres de Le
Sage, mentionne en 1714 : *Arlequin Colonel,* en un acte.
Le *Dictionnaire des Théâtres de Paris,* t. 1, p. 5, et l'*Histoire de l'Opéra-Comique,* t. II, p. 5o5, mettent cette
pièce au nombre des ouvrages de Le Sage ; ils n'en disent
rien dans l'ordre alphabétique. Les *Mémoires pour servir
à l'Histoire des spectacles de la Foire* n'en font aucune
mention.

« Dans un manuscrit que le catalogue de Pont de Vesle
attribue à Fuzelier, et qui a pour titre : *État des Pièces
jouées aux Foires Saint-Germain et Saint-Laurent depuis
l'année 1710,* on lit : « *Arlequin Colonel,* par Le Sage,
donnée en 1732, et jouée une seule fois à la Comédie-
Française, sous le titre de *la Tontine* ; encore tombée. »

« Cette note renferme quelques erreurs. *Arlequin Colonel* est en deux actes et non en un ; cet opéra-comique
est différent de la comédie : *la Tontine.*

« Celle-ci a été jouée cinq fois et non une ; enfin c'est
la Tontine, et non *Arlequin Colonel,* qui fut jouée en
1732 à la Comédie-Française.

« Ce manuscrit dont ne parle pas l'*Histoire des spec-*

tacles de la Foire, et sur lequel on a si peu de renseignements, nous l'apportons aujourd'hui au public.

. . . .

« Le manuscrit est en parfait état de conservation. Il
compte trente pages. Plusieurs vers ou couplets ont été
biffés par la censure ou par le directeur du théâtre forain.

« Un manuscrit entier de Le Sage est une rareté. On
connaissait son écriture par deux lettres seulement, l'une
à Pontchartrain, que le catalogue Bovet adresse à tort au
marquis de Torcy, l'autre à Fuzelier. C'est la collection
de M. H. de Rothschild qui posséde ces deux actes entièrement recopiés par la main de Le Sage. Ce serait déjà
suffisant pour en expliquer la valeur ; ajoutons qu'il sont
encore inédits et peu connus.

« Ce manuscrit présente ce caractère bien curieux qu'il
est l'adaptation pour les jeux de la foire d'une comédie
reprise du Théâtre-Français. » [*La Tontine.*]

Le Point d'Honneur.

839. — 1. — RECUEIL DES PIÈCES... par M. Le Sage,
1739. [Voir No. 703.]

840. — 2. — OEUVRES DE THÉATRE, 1774. [Voir
No. 704.]

841. — 3. — OEUVRES CHOISIES DE LE SAGE. *A Amsterdam,* 1783. [Voir No. 1, T. XI.]

842. — 4. — OEUVRES CHOISIES DE LE SAGE. *Paris,*
1810. [Voir No. 2, T. XII.]

843. — 5. — OEUVRES DE LE SAGE. *A Paris,* 1821.
[Voir No. 4, T. XI.]

844. — 6. — THÉATRE CHOISI, 183o. [Voir No. 713.]

845. — 7. — OEUVRES, 1879. [Voir No. 719.]

846. — A été copiée sous le titre L'*Arbitre des Différends*
dans le Ms. « De Challoup », Bibliothèque nationale
Franç. 25471 (La Vallière 179²).

Don César Ursin.

Comédie imitée de Calderon ; jouée en 1707. — Imprimée en 1739.

847. — 1. — RECUEIL DES PIÈCES... par M. Le Sage,
1739. [Voir No. 703.]

848. — 2. — OEUVRES DE THÉATRE, 1774. [Voir
No. 704.]

849. — 3. — OEUVRES CHOISIES DE LE SAGE. *Paris,*
181o. [Voir No. 2, T. XII.]

850. — 4. — OEUVRES DE LE SAGE. *Paris,* 1821. [Voir
No. 4, T. XI.]

851. — 5. — THÉATRE CHOISI, 183o. [Voir No. 713.]

Le Traitre puni.

852. — 1. — Recueil des pièces... par M. le Sage,
1739. [Voir No. 703.]

853. — 2. — Oeuvres de Théatre, 1774. [Voir
No. 704.]

854. — 3. — Oeuvres choisies de Le Sage. *Paris,*
1810. [Voir No. 2, T. XI.]

855. — 4. — Oeuvres de Le Sage. *A Paris,* 1821.
[Voir No. 4, T. XI.]

Don Félix de Mendoce.

856. — 1. — Recueil des pièces... par M. le Sage,
1739. [Voir No. 703.]

857. — 2. — Oeuvres de Théatre, 1774. [Voir
No. 704.]

858. — 3. — Oeuvres choisies de Le Sage. *Paris,*
1810. [Voir No. 2, T. XI.]

85g. — 4. — OEUVRES DE LE SAGE. *A Paris,* 1821.
[Voir No. 4, T. XI.]

L'Epreuve réciproque.

86o. — L'ÉPREUVE || RÉCIPROQUE, || Comédie de
R. Alain. || Représentée en 1711. in-12, pp. 47.

> On lit au verso du 1er f. : « Cette Piece a été impri-
> mée chez Jacques le Febvre en 1711, sous le nom du
> sieur R. Alain ; cependant le Grand s'en est déclaré l'Au-
> teur ; sans doute parce qu'il l'avoit au moins aidé dans la
> composition. »
> « Beauchamps dit qu'il a connu l'auteur, Robert
> Alain, sellier-carrossier, mort de la poitrine à 34 ans :
> l'éditeur des œuvres de Legrand prétend, au contraire,
> qu'il faut attribuer cette comédie tout entière à Legrand
> qui y eut part dans tous les cas. Nous avons vu ailleurs
> qu'elle était de Le Sage, qui se nommait *René Alain* ou
> *Alain René.* » (*Cat. de M. de Soleinne,* II, 1844,
> No. 165o.)

> Bib. nat., Inv. YTh. 6117.

861. — * DET DUBBLA PROFVET, kom. 1 a. af R. Alain
(*L'Epreuve réciproque*). Traduit par C. G. Schy-
lander.

> Représenté du 16 juillet 1794 au 6 mai 1832, en tout
> 134 fois.

> Dahlgren, 463.

Arlequin invisible.

Voir No. 726.

862. — *DEN OSYNLIGE ARLEQUIN, lusts. på vers 1 a.
de Le Sage (*Arlequin invisible*).

Représenté 1 fois, le 14 fév. 1769 et au Théâtre *Humlegården* (13 fois) du 21 oct. 1774 au 10 juin 1778.

Dahlgren, 1827.

Le Temple de l'Ennui..

Voir No. 726.

863. — *LEDSAMHETENS TEMPEL, kom. 1. a. af Le
Sage och Fuzelier. (*Le Temple de l'Ennui*), trad.
par P. Lindahl.

Représenté en 1740 au Théâtre *Bollhuset*.

Dahlgren, 1452.

864. — LE TEMPLE DE L'ENNUI eller Ledsamhetens
Tempel. Comedie. Ofversatt af P. L, och upförd på
Swenska Theatern i Stockholm. *Stockholm, tryckt
uti Kongl. Tryckeriet,* 1747. in-8, pp. 16.

[Traduit par Peter Lindahl.]

Arlequin Hulla.

Voir No. 726.

865. — Au sujet d'une pièce, le *Marchand de pastèques,* jouée au Vaudeville, M. Gustave Larroumet, dans son feuilleton du *Temps* du 29 septembre 1902, fait allusion à *Arlequin Hulla* dans ces termes :

« Je vous rendais compte lundi dernier d'une gentille piécette, le *Marchand de pastèques,* jouée au Vaudeville et donnée comme le développement scénique d'un conte arabe. En deux mots, je vous rappelle le sujet : Un vieux notaire arabe a répudié sa femme ; il la regrette, mais il ne peut la reprendre, car le Coran ne permet, en fait de femmes répudiées, d'épouser que celles qui l'ont été par d'autres. Il paye donc un pauvre diable qui consent à épouser la femme et doit la lui rendre intacte, après une nuit de noces fictive. Le pauvre diable, qui est jeune, fait de cette fiction une réalité et garde la femme.

« Je me demandais à ce propos si ce sujet était vraiment arabe ou de l'invention des auteurs. Une communication amicale d'un de mes lecteurs a levé mes doutes. Le sujet n'est pas inventé, mais imité, peut-être d'un original arabe, peut-être simplement d'un vieil opéra-comique. J'inclinerais à penser que les auteurs de l'opéra-comique et ceux de la comédie ont puisé à la même source orientale.

« Voici donc ce que m'écrit le très artiste et très lettré inspecteur général des beaux-arts, M. Henry Havard, qui connaît et aime à fond le théâtre, jusque dans le répertoire de second et de troisième ordre :

« ... Le 30 septembre 1805, Lachabeaussière et Etienne faisaient représenter à l'Opéra-Comique *Gulistan ou le*

Hulla de Samarcande, dont le sujet se trouve préalable-
ment expliqué en quelques phrases que je résume et
surtout que j'abrège :

Le Cadi. — Venons au fait : vous voulez reprendre
votre femme ?

Taher. — Oui, seigneur Cadi.

Le Cadi. — Vous connaissez la loi de Mahomet. Désor-
mais elle ne peut être unie à vous, qu'auparavant elle
n'ait été mariée à un autre homme et répudiée par lui.

Taher. — Voilà ce qui me désole...

Le Cadi. — Vous savez que le second mari, autre-
ment appelé le hulla, doit au moins passer une nuit
tête-à-tête avec votre femme.

Taher. — Voilà, sur mon honneur, une loi bien sin-
gulière.

Le Cadi. — Vous avez, du moins, le droit de choisir à
votre gré celui qui vous remplace... Que ne prenez-
vous, comme cela se pratique, un misérable étranger ?

... Je connais un homme qui vous conviendrait à
merveille... N'avez-vous pas rencontré un pauvre diable
qui va chanter dans les caravansérails ?

Taher. — Ah ! je vois qui vous voulez dire : Gulistan ?...

« Ainsi, sauf la différence des professions, voilà bien les
mêmes personnages aux prises, et le même cadre d'action.

« Faut-il ajouter que les deux intrigues continuent jusqu'au bout d'être identiques ? Comme Ahmed, Gulistan
épouse, comme lui il garde la femme du confiant di-
vorcé, après avoir passé une nuit avec elle.

« S'il n'y a là qu'une simple coïncidence, elle est au
moins curieuse. J'ajouterai cependant, que *Gulistan* était
en trois actes, et que Dalayrac en ayant fait la musique,
la pièce ancienne se complique d'une mise en scène fort
belle, figuration nombreuse, chœurs, cortèges, cérémo-
nies et défilés de chameaux, qui durent grandement ré-

jouir nos grands-papas. Sous ce rapport nos contempo-
rains me semblent inférieurs à leurs prédécesseurs.
J'espère pour eux qu'ils l'emportent au point de vue
littéraire.

« Vous pouvez au surplus vous édifier sur les mérites de
Gulistan. La pièce a été publiée en 1826 par Lepeintre
dans le tome LXXVIII de la *Suite du répertoire du théâtre français.*

« Pardon du temps que je vous ai fait perdre... »

Je répondrai à notre obligeant confrère, comme la
petite sous-préfète du *Monde où l'on s'ennuie* :

« Le temps perdu est bien souvent du temps gagné,
comme dit M. de Tocqueville. »

« Et, avec ma reconnaissance, je suis sûr de lui expri-
mer celle de mes lecteurs.

« Disons pour conclure que le galant et piquant sujet
des deux pièces doit sortir de quelque recueil analogue
aux *Mille et une nuits.*

« Au reste, ni MM. Elzéar et Jaëggly, ni Lachabeaussière et Etienne ne s'étaient avisés les premiers qu'il y
eût un sujet de pièce dans l'aventure du « hulla ». Je
relève, dans les répertoires de l'ancien théâtre, *Arlequin
hulla ou la femme répudiée,* opéra comique en un acte de
Lesage et d'Orneval, joué en 1716 à la foire Saint-Laurent et *Arlequin hulla,* comédie en un acte de Dominique et Romagnesi, jouée en 1728 au Théâtre-Italien, l'une
et l'autre avec un vif succès. »

Le Monde renversé.

Voir No. 726.

866. — LE MONDE RENVERSÉ, opéra comique en un
acte. De Mrs. L. S. Do... et A. Représenté pour la

première fois à l'Opéra Comique le 2 Avril 1753. & repris à la Foire S. Laurent de la même année. Le prix 24. sols avec les airs notés. *A Paris, Chez Duchesne...* MDCCLIII. *Avec Approbation & Privilège du Roi,* in-8, pp. 49 + pp. 5 pour la musique.

British Museum, 164. c. 1.

Quérard cite : *Paris, Duchesne,* 1755, in-8.

867. — LE MONDE RENVERSÉ pièce d'un acte par Lesage & d'Orneval Sur le plan de M. de la Font Représentée à la Foire Saint-Laurent en 1718. Reprise au Théâtre de l'Odéon, le 4 février 1899, précédée d'une conférence par Léo Claretie. *Paris, Librairie théâtrale,* 30, — 1899, in-12, pp. 72.

Bib. nat., Inv. 8° Yth 28839.

868. — *DE VERKEERDE WAERELDT. Kluchtige Opera... Ten deelen gevolgt na het Fransche van de Heeren Le Sage et d'Orneval, door M. v. Hattum. Amsteldam,* 1742, in-8.

Brit. Mus., 11754. b. (1).

Les Amours de Nanterre.

Voir No. 726.

869. — LES || AMOURS || DE || NANTERRE, || Opera-co-

mique || en un acte : || Par Messieurs Le S** &
d'Or**. || Représentée à la Foire de S. Laurent, en
1718, || & ensuite sur le Théâtre du Palais Royal,
par || Ordre de S. A. Royale, *Madame*. || — Le prix
est de 24 sols avec la Musique. || — *A Paris,* ||
Chez Duchesne, Libraire, rue Saint Jacques, || *au-des-*
sous de la Fontaine Saint Benoît, || *au Temple du*
Goût. || — M.DCC.LXIV. || *Avec Approbation & Privi-*
lege du Roi, in-8, pp. 63.

Dans le Tome XXIV du : RECUEIL D'OPÉRA-COMIQUES DE
DIFFERENS AUTEURS. *A Paris, Chez Vente,* M.DCC.LXXIII.

Bib. nat., Inv. Réserve Yf. 3814.

Le Diable d'Argent.

Voir No. 726.

870. — *PENNINGE-DJEFVULEN, prologue en un acte de
Le Sage et d'Orneval. (*le Diable d'argent.*)

Représenté 2 fois le 20 mars et le 25 mai 1784 au
Théâtre Eriksberg.

Dahlgren, 1856.

871. — *PROLOGUE, KALLAD MAMMON ELLER PENNINGE-
DJEFVULEN. *Stockholm, tryckt uti Kongl. Tryckeriet,*
år 1748. in-8, pp. 24.

Arlequin Endimion.

Voir No. 726.

872. — *Arlequin Endimeon; Kluchtsp. U. h. Fr.
van : Le Sage, Fuzelier et d'Orneval. Verrijkt met
een voorspel. Het Fr. van verre gevolgd, en op onze
tijden en zeeden toegepast, enz. (d. Nicolini). *Amst.*,
1743, in-8.

> *Catalogus der Bib. van de Maatschappij d. Nederl. Letter
> Kunde te Leiden, 1877. — Nederlandsch Tooneel. (2479.)*

Les Nouveaux Calotins.

Voir No. 726.

873. — Les nouveaux calotins, opera comique. Re-
présentés pour la premiere fois, le 19 Septembre
1760. & jours suivans. *A Paris, Chez Cuissart, Quai
de Gêvres, à l'Ange Gardien.* m.dcc.lx, in-8, pp. 42.

> British Museum, 11738. dd. 10/5.

> Fernand Drujon, *Les Livres à Clef*, II, col. 696, donne
> le titre suivant :

> — *Les Nouveaux Calotins, opera comique en un
> acte, en prose, mêlée de vaudevilles, par Harny de Guer-
> ville. — *Paris, Cuissart*, 1766, in-8.

> Il ajoute : « Cette pièce, représentée le 19 septembre

1760, n'est guère qu'une adaptation du *Régiment de la Calotte,* de Lesage, Fuzelier et d'Orneval ; — Harny n'a fait qu'y joindre quelques scènes en introduisant des personnages faciles à reconnaître. Les scènes ajoutées portaient sur les querelles qui agitaient alors le monde littéraire, fort ému par les récentes publications des « Philosophes » de Palissot et de l' « Ecossaise » de Voltaire. — On y reconnaissait surtout Fréron, si malmené, dans cette dernière pièce, sous le nom de *Frélon.* »

874. — Les nouveaux || Calotins, || Opera comique || Représentés pour la premiere fois, le 19. || Septembre 1760. & jours suivans. || [fleuron] || *A Avignon,* || *Chez Louis Chambeau, Imprimeur-Libraire* || *près les R. R. P. P. Jésuites.* || — m.dcc.lx, in-8, pp. 25.

Bib. nat., Z Bengesco 581.

Les Pélerins de la Mecque.

Voir No. 726.

875. — Les || Pelerins || de || la Mecque. || Pièce en trois Actes. || Par Mrs Le S**. & D'Or***. || Représentée par l'Opéra Comique || du Sieur Francisque, à la Foire || S. Laurent 1726. || Le prix est de 20 sols. || [fleuron] || *A Paris,* || *Chez Flahault, ruë du Hurepois, au bout* || *du Quay des Augustins, au Roi de*

Portugal. || — *Avec Approbation & Privilege du Roy.* || M.D.CC.XXVI. in-12, pp. 120.

Bib. nat., Inv. YTh. 13715.

Vente Guy Pellion (507), parchem., 20 fr.

876. — *DE MUSULMANNISKE PELEGRIMERNE ou Det oförtänkte mötet, opéra comique 3 a. de L. H. Dancourt. (*Ali et Rezia, ou la Rencontre imprévue*) (Cf. *Les Pélérins de la Mecque* de Le Sage et d'Orneval), trad. par C. Envallsson, musique de Gluck.

37 représentations au théâtre de Munkbron du 20 juin 1786 au 13 mai 1796.

Dahlgren, 1692.

877. — *DE MUSULMANNISKE PELEGRIMERNE, eller Det Oförtänkte Mötet. Opera comique uti tre acter. Upförd första gängen på Nya Svenska Theatern den 20 Junii 1786. *Stockholm, tryckt i Kongl. Tryckeriet* 1786. in-8, pp. 88.

[L'original : « *Les pélerins de la Mecque* par A.-R. Lesage et d'Orneval. » Traduit par C. Envallsson, Musique de C. W. v. Gluck.]

Achmet et Almanzine.

Voir No. 726.

878. — ACHMET || ET ALMANZINE, || Opera comique ||
en trois actes. || De Le Sage & d'Orneval. || Remis
au Theâtre par le Sieur Anseaume. || Représenté
devant Leurs Majestés, || à Fontainebleau, le 25 Oc-
tobre 1776. || [fleuron] || *De l'imprimerie* || *De P.
Robert-Christophe Ballard, seul Imprimeur* || *pour la
Musique de la Chambre & Menus-Plaisirs* || *du Roy, &
seul Imprimeur de la grande Chapelle de Sa Majesté.*
|| — M.DCC.LXXVI. || *Par exprès Commandement de
Sa Majesté.* in-8, pp. 111.

> Dans le Tome XXXI du : RECUEIL D'OPÉRA-COMIQUES DE
> DIFFÉRENS AUTEURS. *A Paris, Chez Vente, Libraire des
> Menus-Plaisirs du Roi & des Spectacles de Sa Majesté, rue
> des Anglois.* — M.DCC.LXXXI.

> Bib. nat.. Inv. Réserve Yf. 3821.

La Reine du Barostan.

Voir No. 726.

879. — *LA REINE DU BAROSTAN, opéra comique en un

acte. Par Mrs. Le S** et d'Or.**. *La Haye*, 1750, in-8.

Brit. Mus., 163. c. 64.

Les Amants jaloux.

880. — *Les Amans jaloux. Comédie en 3 actes (pr., par Le Sage). *Paris, Charles de Poilly*, in-12, fig.

> « Cette comédie, qui est rare, n'a pas été recueillie dans la plupart des éditions du Theatre et des Oeuvres de Le Sage, faites de son vivant ou après sa mort. — La gravure manque dans presque tous les exemplaires. » (*Cat. de M. de Soleinne*, II, 1844, No. 1628, p. 61.)

N'est pas à la Bib. nationale.

Quérard cite : 1736, in-12.

881. — Oeuvres de Le Sage. *A Paris*, 1821, [Voir No. 4, T. XII.]

882. — Oeuvres de A. René Le Sage. *A Paris*, 1828. [Voir No. 6, T. XII.]

Le Miroir sans fard.

883. — *Le Miroir sans fard, opéra-comique en un acte (en prose, mêlé de vaudevilles). *La Haye, Paupie*, 1745, in-8.

884. — * — — *La Haye, J. Neaulme,* 1749, in-8.

Quérard.

Le Miroir Magique.

Voir No. 726.

885. — LE MIROIR || MAGIQUE, || Opera comique || en un acte. || [fleuron] || — MDCCLII, in-8, pp. 48. (*Nouveau Theatre de la Foire,* Nouvelle édition, I, *A Paris, chez Duchesne,* M.DCC.LXIII, in-8).

> AVERTISSEMENT. — Cette Pièce a paru en 1720, en trois Actes, d'abord en Prose, & depuis, mêlée de Prose & de Couplets, sous le titre de la *Statue merveilleuse.* On a cru la rendre plus piquante en la réduisant en un Acte, & en la débarassant d'une intrigue qui eût paru peut-être aujourd'hui ennuyeuse ou du moins inutile. C'est ce qui a obligé de supprimer bien des Scenes, de donner un nouvel arrangement à celles qui subsistent, de changer quelques anciens Couplets, en conservant les pensées, & enfin d'en fabriquer de nouveaux pour la liaison : Les principaux changemens sont marqués en marge par une étoile. »

Retouché par J. Fleury.

Bib. nat., Inv. Yf. 5914.

886. — * — — *Paris, Duchesne,* 1755, in-8.

Brit. Mus., 11738. e. 33 (3).

887. — *Nouveau Théatre de la Foire. I, 1763. in-8.

Brit. Mus., 11735. d. 2. [Voir No. 885.]

Les Petits-Maîtres.

888. — Dans son ouvrage sur *Lesage,* M. Lintilhac a donné, pp. 127-8, quelques couplets de cette pièce restée inédite.

Le Honteux à la Cour.

889. — Le *Catalogue de la Bib. de M. de Soleinne* (4844) cite un Ms. : *Le Honteux à la Cour,* comédie en trois actes, de don Gabriel Tirso de Molina, traduite de l'espagnol, in-4, pp. 94, et l'attribue avec un ? à Lesage.

Mariage par haine.

890. — Die || Heyrath aus Rache. || — Eine Novelle || nach Le Sage. || — *Danzig,* 1792. || *Verlegt in der Brücknerschen Buchhandlung.* pet. in-8, pp. 96.

XII. — OEuvres Diverses.

Don Quichotte de la Manche.

891. — Nouvelles || Avantures || de l'admirable ||

Don Quichotte || de là Manche, || composées || Par
le Licencié Alonso Fernandez || de Avellaneda : || Et
traduites de l'Espagnol en François, || pour la pre-
miere fois. || [fleuron] || *A Paris,* || *Chez la Veuve de
Claude Barbin,* || *au Palais, sur le second Perron* ||
de la Sainte Chapelle. || —m.dcciv. || *Avec Privilege
du Roy.* 2 vol. in-12, 8 ff. n. ch. p. l. tit., pref.,
tab., er. et app. + pp. 447, 1 front. et 7 ill. de
A. Clouzier, 4 ff. n. ch. p. l. tit. et la tab. +
pp. 509 + 3 ff. n. ch. priv. et cat. du lib., 1 front.
et 7 ill. de Clouzier.

> App. sig. Fontenelle, Paris, 25 oct. 1702. — Priv. à
> Gabriel Martin, pour huit années, 29 oct. 1702 ; aban-
> donne le priv. de *Don Quichotte* au traducteur, Lesage,
> 10 nov. 1702, qui le cède à Madame Barbin, 11 déc. 1702.

> Edition originale de la traduction de Lesage.

> Cat. Daguin, 1905 (1064 et 1065), 2 front. et 15 fig.
> de Clouzier.
> Bib. nat., Inv. Y² 15163-15164.

892. — *Nouvelles Avantures de l'admirable Don
Quichotte de la Manche,* composées par le Licencié
Alonso Fernandez de Avellaneda et traduites de
l'espagnol en François pour la première fois (par
Lesage). *A Amsterdam, aux dépens d'Estienne Ro-
ger,* 1705, 2 vol. in-12.

> Vente Daguin (1439), 1905 : 2 frontispices et 16 fig.
> copiées d'après celles de Clouzier, illustrant la première
> éd. de cette traduction.

893. — Nouvelles || Avantures || de l'admirable ||
Don Quichotte || de la Manche. || Composées || Par
le Licencié Alonso Fernandez || de Avellaneda : || Et
traduites de l'Espagnol en François, || pour la pre-
miere fois. || *A Paris,* || *Par la Compagnie des Li-*
braires. || m.dccxvi. || *Avec Privilege du Roy,* 2 vol.
in-12, 8 ff. n. ch. + pp. 447, 4 ff. n. ch. +
pp. 509 + 1 f. n. ch., 16 fig. de A. Clouziér.

Priv. à la Veuve Jombert, Versailles, 31 août 1710.

Bib. nat., Inv. Y² 10969-10970.

894. — Œuvres de Le Sage. *A Paris,* 1821. [Voir
No. 4, T. IX et X.]

895. — Œuvres de A. René Le Sage. *A Paris.* 1828.
[Voir No. 6, T. IX et X.]

896. — M. Ricardo de Los Rios a dessiné et gravé 16 eaux-
fortes dont un tirage exceptionnel pour l'artiste de 80
ex. a été fait en in-4 sur papier du Japon. Ces eaux-fortes
représentent les sujets suivants et ne font pas double
emploi avec celles de l'édition Jouaust.

Don Quichotte lisant les livres de chevalerie. (Livre I.
Chap. i.)
Don Quichotte terrasse le Biscayen. (Livre II. Chap. ix.)
. Et tous deux se détournèrent un peu du chemin, se
mirent à considérer... (Livre III. Chap. xix.)

Les forçats font pleuvoir une grêle de pierres sur Don Quichotte. (Livre III. Chap. xxii.)

Don Quichotte bénit Sancho. (Livre III. Chap. xxv.)

La Princesse Micomicona aux pieds de Don Quichotte. (Livre IV. Chap. xxix.)

Tout à coup, au milieu de cette confusion, de ce labyrinthe, de ce chaos... (Livre IV. Chap. xliv.)

Don Quichotte est ramené dans la cage. (Livre IV. Chap. lii.)

Don Quichotte et Carrasco à table, causant chevalerie. (IIᵉ partie. Chap. iii.)

Combat de Don Quichotte avec le Chevalier des Miroirs. (IIᵉ partie. Chap. xiv.)

L'Aventure des Lions. (IIᵉ partie. Chap. xvii.)

Sancho chez la Duchesse. (IIᵉ partie. Chap. xxxviii.)

Don Quichotte explique à Sancho comment il doit gouverner. (IIᵉ partie. Chap. xlii.)

Don Quichotte et Sancho prennent congé du Duc. (IIᵉ partie. Chap. lvii.)

Sancho s'inflige la pénitence qui doit désenchanter Dulcinée. (IIᵉ partie. Chap. lxxi.)

Mort de Don Quichotte. (IIᵉ partie. Chap. lxxiv.)

897. — *A Continuation of the Comical History of the most Ingenious Knight Don Quixote de la Mancha. By Alonzo Fernandez de Avallenada... Being a third volume, etc. Translated [from the French Version of Le Sage]. by J. Stevens. *London,* 1705, in-8.

Brit. Mus., 12490. e. 10.

898. — *A Continuation of the History and Adven-

TURES OF... DON QUIXOTE DE LA MANCHA... Translated into English [from the French Version of Le
Sage]. by W. A. Yardley. *London,* 1784, 2 vol.
in-8.

B. M., 1207. b. 8.

*
* *

« Son *Don Quichotte* [de Lesage] eut quatre éditions
de son vivant et un succès durable, qu'il constatera lui-
même, en 1707, dans la première préface du *Diable boiteux.* Il est même très probable qu'il prit assez de goût
au thème de Cervantès pour le varier à sa guise, et nous
croyons avoir reconnu sa main en divers endroits de ces
suites de *Don Quichotte* que conserve la Bibliothèque de
l'Arsenal. Quoi qu'il en soit, à dater de son *Don Quichotte,*
il est manifeste que Lesage cherche à dégager de plus en
plus sa personne littéraire de l'imitation des Espagnols ».
(Lintilhac, pages 35-36.)

Les Mille et un Jours.

899. — LES || MILLE & UN JOUR. || Contes persans, ||
traduits en françois || Par M. Pétis de la Croix, ||
Doïen des Secretaires-Interpretes du Roy. || Lecteur
& Professeur au College Royal. || [fleuron] || *A Pa-
ris,* || *En la Boutique de Claude Barbin,* || *Chez la
Veuve Ricœur, au Palais, sur* || *le second Perron de*

la Sainte-Chapelle. — || MDCCX. |¦ *Avec Privilege du Roy,* 6 ff. n. ch. p. la préf., app., priv., tab. + pp. 333, 3 ff. n. ch. + pp. 317, 1 f. n. ch. + pp. 332, 1 f. n. ch. + pp. 340, 2 ff. n. ch. + pp. 364.

T. II. *En la Boutique de Claude Barbin, Chez la Veuve Jombert.* MDCCXI.
T. III. *Ibid.*
T. IV. *A Paris, Chez Michel David, l'aîné, Quay des Augustins, à la Providence,* MDCCXII.

T. V. *A Paris, Chez Hilaire Foucault, ruë S. Jacques, dans la vieille Poste, au fond de la cour.* MDCCXII.

Au bas de la p. 333 du T. I, on lit : De l'Imprimerie de G. Paulus du Mesnil 1710.

Bib. nat., Inv. Y² 9159-9163.

900. — *The Persian and the Turkish Tales, compleat. Translated formerly from those languages into French by M. Pétis de la Croix... and now into Englsh (sic) from that translation by... Dr King, and several other hands. To which are added, Two letters from a French Abbot to his friend at Paris ; giving an account of the island of Madagascar ; and of the French Embassador's reception by the King of Siam. London,* 1714, 2 vol. in-12.

Brit. Mus., 12513. b. 37.

901. — *The Thousand and One Days. Persian Tales...*

translated from the French by Mr Philips... The
third edition. *London*, 1722, 3 vol. in-12.

Brit. Museum, 12512. b. 33.

902. — *Sixth Edition. *London*, 1750, 3 vol. in-12.

B. M., 12614. ccc. 26.

903. — *[Another Edition]. *London*, 1783, 3 vol. in-8.

B. M., 1207. b. 3.

904. — *THE THOUSAND AND ONE DAYS. Persian Tales,
edited by J. H. Mc Carthy. *London, Chatto & Win-
dus*, 1892, 2 vol. in-8.

B. M., 757. bb. 17.

905. — *TAUSEND UND EIN TAG. Das ist : Persianische
Historien... anfangs aus der persianischen Sprache
in die frantzösische übersetzt von Hrn. Pétis de la
Croix... anietzo ins Hoch-Deutsche gebracht. *Leipzig,*
1745, in-8, pp. 928.

Roland l'Amoureux.

906. — NOUVELLE || TRADUCTION || DE || ROLAND L'A-
MOUREUX. || De Matheo Maria Boyardo Conte || di
Scandiano. || Deux volumes in-12. ornez de Figures.

|| Le prix est de 5 livres. || [fleuron] || *A Paris,* ||
Chez Pierre Ribou, sur le Quay des || *Augustins, à la*
descente du Pont-Neuf, à || *l'Image Saint-Louis.* || —
M.DCC.XVII. || *Avec Approbation & Privilege du Roy,*
2 vol. in-12, 8 ff. n. ch. tit., pref., tab., priv. +
pp. 471, 4 ff. n. ch. tit. et tab. + pp. 464.

> Fig. non sig. — Privilege 16 fév. 1717, à Pierre Ribou, pendant dix ans.
>
> Edition originale de cette traduction.
>
> Bib. nat., Yd. 2204-2205.

907. — Nouvelle || traduction || de || Roland l'A-
moureux || de || Matheo Maria Boyardo || Conte di
Scandiano. || Deux Volumes in-douze, ornez de Fi-
gures. || Seconde edition. || *A Paris,* || *Chez la Veuve*
de Pierre Ribou, Libraire de || *l'Académie Royale de*
Musique, Quai des Augustins, || *à la descente du Pont-*
Neuf, à l'Image S. Loüis. || — M.DCC.XXI. || *Avec*
Approbation & Privilege du Roi, 2 vol. in-12, 8 ff.
n. ch. tit., pref., tab. priv. + pp. 471, 4 ff. n. ch.
tit. et tab. + pp. 464.

> Fig. non sig. — Privilege 16 fév. 1717 à Pierre Ribou, pendant dix ans.
>
> Bib. nat., Yd. 2212-2213.

908. — Nouvelle traduction || de || Roland || l'Amou-
reux, || de Matheo Maria Boyardo, || Comte di Scan-

diano. || Deux volumes in douze, ornés de Figures.
|| Troisieme edition. || [fleuron]. || *A Paris,* || *Chez*
|| *Valleyre, rue saint Severin, à* || *l'Annonciation.* ||
Clousier, rue saint Jacques, à l'Ecu || *de France.* ||
M.DCC.XLII. || *Avec Approbation & Privilege du Roy,*
2 vol. in-12, 6 ff. n. ch. p. l. pref. et le tit. +
pp. 462 + 1 f. n. ch. priv., 4 ff. n. ch. + pp. 451.

Privilege 22 déc. 1736 à Pierre Jacques Ribou, pour
six ans. Ribou a cédé son priv. à Valleyre, le 24 déc.
1736, et ce dernier la moitié à Clousier, le 5 oct. 1740.

Bib. nat., Yd. 2210-2211.

909. — Nouvelle traduction || de || Roland l'Amou-
reux, || de || Matheo Maria Boyardo, || Comte di
Scandiano. || Par Monsieur le Sage. || Nouvelle edi-
tion. || *A Paris.* || *Chez la Veuve David, Libraire,*
Quai des || *Augustins, au S. Esprit.* || — M.DCC.LXIX.
|| *Avec Approbation & Privilege du Roi.* 3 vol. in-12,
4 ff. n. ch. p. l. f. tit., tit., pref. + pp. 261 + 1 f.
n. ch. tab., 4 ff. n. ch. f. tit., tit., tab. + pp. 320,
6 ff. n. ch. p. f. tit., tit., tab. priv. + pp. 252.

Privilege à François Babuty, libraire, 8 nov. 1768. —
Reconnaissance de Babuty, 5 déc. 1768 que Barois,
Guillin, Caillau, Bailly, veuve David sont intéressés dans
le privilege.

Bib. nat. 8° Yd 378.

910. — OEUVRES CHOISIES DE LE SAGE. *A Amsterdam,* 1783. [Voir No. 1, T. VIII.]

911. — OEUVRES CHOISIES DE LE SAGE. *Paris, 1810.* [Voir No. 2, T. VIII et IX.]

912. — OEUVRES DE LE SAGE. *A Paris,* 1821. [Voir No. 4, T. VIII et IX.]

913. — OEUVRES DE A. RENÉ LE SAGE. *A Paris,* 1828. [Voir No. 6, T. VIII et IX.]

Mélange amusant.

914. — MESLANGE || AMUSANT || de saillies d'esprit || et || de traits historiques || des plus frappans. || Par M. le Sage. || [Fleuron] || *A Paris,* || *Chez Pierre Prault,* *Quay de* || *Gèvres au Paradis.* || — M.DCC.XLIII. || *Avec Approbation & Privilege du Roy,* pet. in-8, 2 ff. n. ch. p. l. tit. et *l'Auteur au Lecteur* + pp. 216 + 2 ff. n. ch.

> Les 2 derniers ff. contiennent *l'Approbation* du 23 Aoust 1742 et le *Privilege du Roy* à Pierre Prault du 20 décembre 1737 pour: *Nouveau Recüeil de Pièces de Théâtre Italien; le Diable boiteux; Histoire d'Osman, Premier du nom; la Vérité triomphante de l'Erreur.*
>
> L'AUTEUR AU LECTEUR.
>
> « Lecteur, mon ami ou mon ennemi, car je ne sçai pas

trop bien lequel tu seras quand tu aura lû cet ouvrage ;
je l'ai pourtant fait pour te divertir : mais souvent on
t'ennuye en voulant t'amuser. Je me suis donné la peine de
recueillir un assez grand nombre de repartie [*sic*] vives &
de saillies brillantes qui sont échappées dans des conver-
sations où je me suis trouvé : j'ai entremêlé ces éclairs
d'esprit de traits historiques des plus frappans, & j'ai crû
que ce mêlange pourroit être de ton goût. Si les traits
d'histoire & de morale que j'ai choisi ne te paroissent pas
insipides, ni les bonnes saillies noyées dans les mauvaises,
tu dois être content de mon travail. Je n'ai plus qu'une
chose à te dire : c'est que si par hasard tu trouves dans
ce recueil quelque bon mot que tu te souviennes d'avoir
lû ailleurs & qui soit échappé au soin que j'ai pris de l'é-
viter, que cela ne te révolte point contre l'ouvrage ; songe
que nous pouvons entendre avec plaisir un homme qui
nous raconte une chose qui nous a déjà plû dans la bouche
d'un autre. »

Vente Guy Pellion (575), m. violet dent. int. tr. dor.
(*Brany*) 29 fr.

915. — Oeuvres choisies de Le Sage. *Paris,* 1810.
[Voir No. 2, T. XI.]

916. — Oeuvres de Le Sage. *A Paris,* 1821. [Voir
No. 4, T. XII.]

917. — Oeuvres de A. René Le Sage. *A Paris,* 1828.
[Voir No. 6, T. XII.]

Le Pouvoir de l'Amitié.

918. — Сила пріятельства или Донъ Жуанъ и Дона Теодора. —

Шпанска повѣсть изъ Ле — Сажевы кньнга превео Димитріі
П. Тиролъ. — У Београду, 1835, in-18, pp. 132.

Bibl. Nat., Inv. Y² 48789.

Apocryphes.

919. — LA || PROMENADE || DE || SAINT CLOUD, || ou || la
Confidence || reciproque. || Premiere Partie. || [fleu-
ron] || *A Paris,* || *Chez Gregoire-Antoine Dupuis,* ||
Grand'Salle du Palais, au S. Esprit. || — MDCCXXXVI.
|| *Avec Approbation & Privilege du Roy.* in-12,
pp. 251 + 2 ff. n. ch. app. et priv.

Approbation : A Paris le 27 août 1735.

Privilege au Sieur ***, Versailles, 20 avril 1736.

— — Seconde Partie. *Ibid.,* in-12, pp. 192.

Approbation : A Paris, le 25 Avril 1736.

Barbier cite : Paris, Dupuis, 1736 et 1737, 3 vol. in-
12. — Paris, Brocas, 1757, 3 vol. in-12, et en attribue
la paternité à Nic. Fromaget.

920. — *LA PROMENADE DE SAINT-CLOUD ou la Confi-
dence réciproque, par M. Lesage. *La Haye,* 1738.

Par Fromaget. — Voir Léo Claretie, p. 74.

Voir : *Rodriguez Vexillario,* No. 373. — *Alphonse de
Lirias,* Nos. 566-573.

XIII. — Ouvrages relatifs a Lesage.

921. — [Lettre de Le Sage à Monseigneur. — *A Paris* ce 18e. juin 1715]. 3 ff. in-4.

> Facsimile par la Lith. de C. de Last.
>
> Bib. nat., Ln^{27} 12412.

922. — Extrait des Mémoires de l'Académie des Sciences, Inscriptions et Belles-Lettres de Toulouse. — Moralistes et romanciers du dix-huitième siècle. Lesage. Par M. Delavigne, in-8, pp. 16.

> A la fin : Impr. Louis & Jean-Matthieu Douladourc.
>
> Bib. nat., Ln^{27} 28832.

923. — Éloge de Lesage, Discours qui a partagé le prix d'éloquence, décerné par l'Académie française. dans sa séance du 24 aout 1822. Par M. Malitourne. *A Paris, Chez Firmin Didot,* MDCCCXXII, in-4. pp. 30.

> Bib. nat., Ln^{27} 12413.

924. — Éloge de Lesage, Discours qui a partagé le prix d'éloquence, décerné par l'Académie française. dans sa séance du 24 août 1822. Par M. Patin.

A Paris, Chez Firmin Didot, MDCCCXXII, in-4, pp. 42
+ 1 f. n. ch.

Bib. nat., Ln²⁷ 12414.

925. — ÉLOGE DE LESAGE, Par M. St.-Marc Girardin.
Discours qui a remporté l'accessit au concours de
l'Académie française. *Paris, Firmin Didot,* MDCCCXXII,
in-8, pp. 30.

Bib. nat., Ln²⁷ 12415.

926. — ÉLOGE DE LESAGE Discours qui a obtenu la
première mention honorable, au jugement de l'Académie française, le 15 août 1822. *Paris, C. J. Trouvé,*
1822, in-8, pp. 42.

Bib. nat., Ln²⁷ 12416.

927. — *L'ANNOTATEUR DE BOULOGNE (Jeudi, 3 mars
1825).

Note et lithographie : La Maison qu'habitait Lesage à
Boulogne. (Léo Claretie.)

Non cité par Hatin. — L'ex. de la Bibliothèque nationale commence à 1826.

928. — J.-M. Quérard. — LA FRANCE LITTÉRAIRE, V,
1833.

Lesage, pp. 225-233.

929. — La Littérature française contemporaine
1827-1849... par M. Félix Bourquelot et M. Alfred
Maury, V, 1854.

Lesage, pp. 108/9.

930. — Le Sage. (Quérard, *Supercheries littéraires*, II,
1870, pp. 763/766.)

931. — Alain René Lesage. (*The Miscellaneous Prose
Works of Sir Walter Scott. — Vol. III. — Biographical Memoirs of Eminent Novelists. Paris, Baudry*,
1837, pp. 209-229.)

Vol. CCVI de la *Collection of Ancient and Modern British Authors.*

932. — D. Nisard. — Histoire de la Littérature
française. 2ᵉ édition. *Paris*, 1844-1861, 4 vol.
in-8.

✕ 933. — Quelques réflexions sur la vie et les ouvrages de Le Sage, écrivain breton. créateur du
roman de caractère, par M. Priou, Docteur en médecine, lues, le 7 décembre 1842, dans la séance géné-
rale de la Société royale académique du Département de la Loire-Inférieure. in-8, pp. 18.

A la fin : *Nantes, Imprimerie de Camille Mellinet.*

Bib. nat., Ln²⁷ 12417.

934. — Gil Blas, par Le Sage. (Collection Lefèvre.)
(*Causeries du Lundi* par C.-A. Sainte-Beuve, II,
Paris, Garnier, MDCCCLI, pp. 332/352.)

Lundi 5 août 1850.

935. — Anecdotes, Observations, and Characters,
of Books and Men... By the Rev. Joseph Spence.
WithNotes and a Life of the Author by Samuel
Weller Singer, F. S. A. Second Edition. *London :
John Russell Smith*, 1858, pet. in-8.

Spence consacre plusieurs passages à Lesage ; il écrit,
p. 188 :

« His house is at Paris in the Faubourg St-Jaques
(sic); and so, open to the country air : the garden laid
out in the prettiest manner that ever I saw, for a town
garden. It was as pretty as it was small, and when he
was in the study-part of it, he was quite retired from the
noise of the street, or any interruptions from his own
family. The garden was only of the breadth of the house,
from which you stept out into a raised square parterre,
planted with a variety of the choicest flowers. From this,
you went down, by a flight of steps on each side, into a
Berceau ; which led to two rooms or summer-houses
quite at the end of the garden. These were joined by an
open portico, the roof of which was supported with co-
lumns; so that he could walk from the one to the other
all under cover, in the intervals of writing. The berceaux
were covered with vines and honeysuckles, and the space
between them was grove-work. It was in the right-hand
room as you go down that he wrote *Gil Blas.* »

936. — The Bibliographer's Manual of English Literature... By William Thomas Lowndes. — New edition revised, corrected and enlarged by Henry G. Bohn. Part V. *London, 1860, pet. in-8.*

Le Sage, page 1343.

937. — History of Spanish Literature by George Ticknor. In three Volumes. *London, Trübner, 1863,* 3 vol. in-8.

A différentes reprises, Ticknor parle de Lesage ; voir en particulier, III, pp. 294/298, *Padre Isla and Le Sage.*

✗ 938. — Notice biographique sur Alain-René Le Sage lue, en la chapelle du Collége communal le 28 mai 1876 à l'Assemblée solennelle de la Société Polymathique (50ᵉ anniversaire de sa fondation) par Henri Guesdon, Membre de la Société polymathique du Morbihan. *Vannes, Imprimerie Galles, 1876, in-8.* pp. 14.

Bib. nat. Ln²⁷ 29293.

« Rédigée sur les notes de M. l'abbé Luco, travail unique, très neuf et très amplement informé sur la famille, le pays et la jeunesse de Lesage. Il n'y a rien de mieux, et rien d'autre. » (Léo Claretie, p. 442.)

939. — Histoire de la Littérature française depuis

LES Origines jusqu'à nos jours par J. Demogeot...
Dix-huitième édition. *Paris*, 1881, in-16.

Pages 5oo-5o2.

94o. — LES ENFANTS D'ALAIN-RENÉ LE SAGE et la
maison où il est mort à Boulogne-sur-Mer (Par M.
l'abbé Luco). (*Bul. Soc. polymathique du Morbihan
— Année 1881. — Vannes*, 1882, pp. 45-54.)

D'après des notes de M. V. J. Vaillant, de Boulogne-
sur-Mer.

Cf. dans le même recueil, 1883, pp. 171-179, *Sarzeau*
par l'abbé Luco.

941. — CATALOGUE des livres rares et précieux composant la Bibliothèque de M. P. G. P. — *Paris,
A. Durel*, 1882, in-8, pp. XXIII-215, tab. des Prix,
pp. 29.

Lesage, No. 5o5-5o9, 566-575.

942. — GUIDE DE L'AMATEUR. BIBLIOGRAPHIE DES OU-
VRAGES ILLUSTRÉS DU XIXe SIÈCLE principalement des
livres à gravures sur bois par Jules Brivois. *Paris,
L. Conquet*, 1883, in-8.

Lesage, pages 256-262.

943. — SMOLLETT ET LESAGE par F. J. Wershoven.
Berlin, librairie Weidmann, 1883, in-8, pp. 33.

944. — Le Sage. Irodalomtlörténeti életrajz tekin-
tettel a xviii. Század elején nyilvánuló Tendenczia-
kra. — Irta Vajda Károly. — *Fehértemplom. Wun-
der gyula Könyvnyomdájából.* 1885, in-8, pp. 48.

945. — Henry Cohen — Guide de l'Amateur de
Livres a gravures du xviiie siècle — Cinquième
édition revue, corrigée et considérablement augmentée par Le Baron Roger Portalis. *Paris, P. Rouquette,* 1886, in-8, pp. xxii-755 à 2 vol. + 1 f. n.
ch. tab.

> Tiré à 100 ex. sur pap. de Hollande et 1000 ex. sur
> papier vélin.

946. — Catalogue des Livres composant la Bibliothèque de feu M. le Baron James de Rothschild. II.
Paris, Damascène Morgand, 1887, in-8.

> Nos. 1300-1302, 1547-1554.

> On sait que ce remarquable travail bibliographique est
> dû à M. Émile Picot, de l'Institut.

947. — Etudes critiques sur l'histoire de la Littérature française par Ferdinand Brunetière. Troisième Série. *Paris, Hachette,* 1887, in-18.

> Le Sage, pages 63-120.

948. — Bibliographie des principales Editions Ori-

GINALES D'ÉCRIVAINS FRANÇAIS DU XVe AU XVIIIe SIÈ-
CLE par Jules Le Petit. Ouvrage contenant environ
3oo fac-similés de titres des livres décrits. — Paris,
Quantin, 1888, gr. in-8.

> Lesage, pages 479-490.

949. — *Olivier de Gourcuff, *Préface* au livre LA
MORALE DE LESAGE, *Nantes,* 1888.

> Arthur du Chêne, LA MORALE DE LESAGE DANS GIL BLAS,
> sujet mis au concours de la Société Nantaise *le Grillon,*
> joliment et finement traité dans cette petite brochure,
> Nantes, 1888.

> Léo Claretie.

950. — Extrait du *Bulletin de la Société Polymathique
du Morbihan.* — LES ÉCRIVAINS DU PAYS DE VANNES
par l'Abbé Max. Nicol. — *Vannes, Imprimerie Galles,*
1889, in-8.

> XII. Alain-René Le Sage, pp. 76/84.

> Bib. Nat., Ln²⁵ 349.

951. — Le Roman en France au début du XVIIIe
siècle — LESAGE ROMANCIER d'après de nouveaux do-
cuments par Léo Claretie Ancien élève de l'Ecole
Normale Supérieure, Docteur ès lettres. *Paris, Armand Colin,* 1890, in-8, pp. VII-447.

> Il y a dans l'App. II une *Bibliographie des œuvres de*

Lesage, pp. 43o/435 ; elle est assez complète, mais sommaire.

Bib. Nat., Ln²⁷ 4oor5.

952. -- LESAGE. (*Grand Dictionnaire*, de Larousse.)

953. — LESAGE. Par Philippe Berthelot. (*Grande En-
cyclopédie*, XXII, pp. 8o/2.)

954. — REVUE ILLUSTRÉE DES PROVINCES DE L'OUEST
publiée sous la direction de M. Léon Séché. —
Tome VII. *Paris, 119, rue Notre-Dame des Champs,*
1892, in-4.

> Le no. de Mai 1892 est consacré à LESAGE et com-
> prend :
> Lettres de MM. Jules Simon et Claretie. — Deux
> Parvenus (Jean-Marie GORGES). — Étude généalogique
> (René KERVILER). — Les maisons de Le Sage à Sarzeau
> et Boulogne-sur-Mer (Léon SÉCHÉ). — Le Mexique de
> Le Sage et la question de Gil Blas. (Eug. LINTIL-
> HAC). — *La Tontine* de Le Sage (Léo CLARETIE). —
> Le Sage devant la Critique. — Autour de Le Sage (Léon
> SÉCHÉ). — Les Autographes de Le Sage (Léon SÉCHÉ).
> — Bibliographie Lesagienne (O. de GOURCUFF). —
> Stances à Le Sage (Léon SÉCHÉ). — Catalogue de
> l'Exposition Lesagienne Foyer de l'Odéon. — La Fête
> de Le Sage à l'Odéon. — Programme de la Matinée du
> 19 mai 1892. — Illustrations.

955. — Collection des Classiques populaires — LE-

SAGE par Léo Claretie Ancien élève de l'Ecole normale supérieure, Agrégé des Lettres, Docteur ès
Lettres — Ce volume contient plusieurs illustrations.
Paris, Lecène, Oudin et Cie, 1894, in-8, pp. 238
+ 1 f. n. ch. p. l. tab.

Bib. nat., Ln^{27} 42792.

956. — MANUEL DE L'AMATEUR DE LIVRES DU XIXe
SIÈCLE... par Georges Vicaire. *Paris*, V, 1902.

Le Sage, col. 236-248.

× 957. — Les Grands Ecrivains français. LESAGE par
Eugène Lintilhac. *Paris, Hachette et Cie*, 1903.
in-16, pp. 206 + 1 p. p. l. tab.

Portrait de Lesage d'après J.-B. Guélard.

958. — CATALOGUE DE BEAUX LIVRES RARES & PRÉ-
CIEUX ANCIENS & MODERNES AYANT APPARTENU à M^r
E. DAGUIN... *Paris, A. Durel*, 1905.

Troisième partie, in-8, nos. 1062-1087. — Quatrième
partie, in-8, no. 1439.

959. — [Acte de baptême, Sarzeau, Morbihan, 13
nov. 1668. — Acte d'inhumation, Boulogne-sur-
Mer. Paroisse de la H^{te} Ville, 18 nov. 1747.] (Fer-
nand Bournon, *Actes d'état-civil de personnages célè-*

bres dans *La Correspondance hist. et archéol.*,
Juillet-Août 1907, p. 229.)

* *

Les autographes de Lesage sont fort rares ; nous en
avons signalé un No. 726, ainsi que le Ms. d'*Arlequin
Colonel*, No. 838.

Un autre autographe de Lesage est connu ; il est indiqué par M. Léo Claretie (*Lesage romancier*, p. 429)
ainsi que le précédent. Dans le *Catalogue de la précieuse collection d'autographes... de M. Alfred Bovet*, No. 708. figure
une lettre autographe signée de Lesage, datée de Paris,
18 juin 1715, 6 pages in-4, adressée à Monseigneur (le
Marquis de Torcy ? dit le Catalogue ; à Pontchartrain,
dit M. Claretie.) ; voici la note du catalogue :

« Lesage, chargé par le ministre de rédiger un rapport
sur une demoiselle Petit, constate la grande différence
qui existe entre les mémoires de ladite demoiselle, et ceux
qui viennent de lui être communiqués. D'après les premiers, la demoiselle Petit, nouvelle fiancée du roi de
Garbe, aurait joué dans le Levant un rôle honorable.
« Elle avoue qu'on la regardoit à Erivan comme une
houri, mais elle proteste qu'elle n'y faisoit point le bonheur
des Mahométans, pas mesme du vieux Kan qui l'adoroit.
L'amour de ce bon seigneur n'avoit rien de matériel, ce
qui s'accorde fort avec l'opinion que nous avons de la
chasteté des Levantins. Elle n'a mesme jamais eu de
complaisances criminelles pour monsieur Fabre, quoy
qu'en puisse dire tout l'équipage de monsieur de Turgy.
Cette Cléopatre du Bourbonnois, plus heureuse que celle
de la Grèce, a le privilège de charmer les hommes sans
corrompre leurs mœurs. » Loin de causer du scandale,
elle n'a pas moins servi la religion que la patrie. « Voilà,

Monseigneur, en abrégé, le portrait que j'aurois fait de
la demoiselle Petit. En suivant ses mémoires fabuleux,
je me serois attaché à peindre ses disgrâces d'une manière
qui eut intéressé le public pour elle. J'aurois fait valoir
jusqu'à ses dérèglements et tourné tout à son profit. C'est
ainsi que les historiens trahissent quelquefois la vérité en
s'imaginant la faire connoistre. » Mais les mémoires de
M. Michel et la lettre du consul d'Alep ont renversé
toutes ses idées. « La plume que je tenois preste à justi-
fier une femme qui me paroissoit pouvoir n'estre pas si
coupable, me tombe des mains, et je ne vois plus qu'une
aventurière dont la vie me semble moins digne d'estre
offerte à la curiosité des hommes que dérobée à leur con-
noissance. » En conséquence il demande les ordres du
ministre pour savoir s'il doit faire son rapport ou ne plus
s'occuper de cette affaire. »

Les aventures de Mlle. Petit ont été racontées d'agréable manière par R. de Maulde-La Clavière dans le petit
volume intitulé : *Les Mille et une Nuits d'une Ambassa-
drice de Louis XIV*, Paris, Hachette, in-16.

960. — A. Rébelliau. — UNE LETTRE INÉDITE DE LE
SAGE. (*Annales de Bretagne*, VIII, No. 1, Nov. 1892,
pp. 119/120).

Lettre adressée par Lesage à Fuzelier, datée Paris,
15 juillet, appartenant à la Bibliothèque municipale de
Nantes, dans la collection Labouchère.

FIN.

TABLE DES MATIÈRES

CE VOLUME

TIRÉ A 205 EXEMPLAIRES

A ÉTÉ IMPRIMÉ

PAR

MM. DURAND, IMPRIMEURS

A CHARTRES

www.ingramcontent.com/pod-product-compliance
Ingram Content Group UK Ltd.
Pitfield, Milton Keynes, MK11 3LW, UK
UKHW020121130726
13696UKWH00001B/154